KB253168

같이 살아도
서로 다른 세계를 산다면

같이 살아도 서로 다른 세계를 산다면

지은정 지음

마흔에 자폐를 알게 된
남편을 통해 보는
신경다양성의 세계

새로온봄

추천의 글

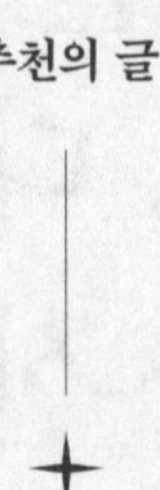

이 책을 읽는 동안 나는 작가의 삶 한가운데를 함께 지나고 있다는 느낌을 받았다. 한 사람의 이야기를 따라가다 보니, 어느새 정신과 의사로서의 내가 그 여정의 한 장면, 하나의 페이지가 되어 있었다는 사실이 낯설면서도 설렘으로 다가온다.

정신과 의사가 익숙하게 사용하는 DSM은 본래 정신과적인 질환에 대해 통계적 합의와 공통 언어를 위해 만들어진 진단 편람이었지만, 시간이 흐르며 점점 단단한 틀이 되었고, 그 진단적 틀에 잘 들어맞지 않는 많은 경험을 마치 존재하지 않는 것처럼 바꾸어버렸다. 실제로 나는 오래된 정신병리 교과서 속에 있는, '분명 존재하지만 이제는 그 이름을 잃어버린' 경험들을 대할 때마다, 이 경험이 무엇인지 몰라 고민하고 있을 그 누군가에 대해 연민하곤 했다.

이 책은 바로 그 이름 없는 경험들에 대해 이야기한다. 진단명으로는 다 담기지 않는 삶의 결, 관계 속에서 생겨난 오해와 피로, 그리고 '이상하다'라는 말로 정리되어 온 감각들에 대해 조심스럽게 말을 건다. 신경다양성이라는 접근이 모든 답을 주지는 않지만, 적어도 자신의 어려움을 혼자만의 문제로 짊어지고 있던 사람들에게는 하나의 숨 고를 틈이 되어줄 수 있을 것이다.

진단을 대체하지 않으면서도, 진단 바깥에 남아 있던 사람들의 이야기를 놓치지 않으려는 이 책의 태도가 오래 기억에 남는다. 이 책이 독자 각자가 자신의 방식으로 살아온 시간을 돌아보게 하는, 조용한 동반자가 되기를 바란다.

이재원

현 서울이음정신건강의학과 대표원장
전 서울대병원 정신건강의학과 진료교수

《같이 살아도 서로 다른 세계를 산다면》은 자폐, ADHD, 난독증이라는 진단명 이면에 존재하는 우리 모두가 지니고 있는 다양성, 세계를 받아들이는 느낌과 인식, 그리고 반응의 차이를 신경다양성이라는 언어로 자연스럽게 받아들이게 하는 책이다.

이 책은 특정한 진단을 설명하거나 규정하기보다, 각자가 느끼는 불편함과 긴장이 삶 안에서 어떻게 조율되어 가는지를 보여준다.

진단에 따른 약물치료조차 '고쳐진다'를 강조하기에 앞서, 삶이 조금 더 편안해지고 일상이 감당 가능한 범위로 돌아오는 과정으로 섬세하게 그려낸 점이 인상 깊다. 이는 치료의 목적이 정상화가 아니라, 살아갈 수 있음에 있다는 사실을 일깨운다.

이 책을 읽다 보면 "나에게도, 우리에게도 저런 순간이 있다"는 느낌이 매번 먼저 찾아온다.

그 공감의 순간들이 쌓이며, 우리는 생각보다 훨씬 서로 닮아 있다는 사실을 깨닫게 된다.

이 책은 그 닮음 위에서, 다름을 이해하는 가장 정직한 방식으로 독자를 이끈다.

최정아

좋은나무 두뇌과학 심리연구소 대표
임상심리사, 뇌과학 기반 아동·청소년 심리전문가

저자 지은정의 책을 읽는 동안 신기하게도 읽고 있는 게 아니라 듣고 있다는 생각을 하게 된다. 저자의 다른 책《난독증을 읽다》에서도 그랬듯 술술 읽히는 정도를 넘어서서 마치 누군가의 이야기를 듣고 있는 느낌이다. 귀 기울여 듣고 있노라면 절묘한 표현력으로 공감의 미소를 짓게 만든다. 그렇다고 그 이야기가 결코 가볍지 않다. 자폐적인 남편 스누피와 살아가며 터득한 지혜와 심지어 전문 지식까지 겸비하게 된 그녀의 이야기는 객관적 관찰자인 자폐 전문가의 이야기와는 또 다르게 인생의 동반자 시점으로 본 내밀한 이야기를 경험하게 만든다. 탁월한 이야기꾼의 책이다.

고윤주
루돌프어린이사회성발달연구소 소장
《루돌프 코는 정말 놀라운 코》 저자

요즘 서점에 가면 이혼을 주제로 한 책들이 유독 자주 눈에 띕니다. 이는 많은 사람들이 더 이상 서로의 다름을 조율하거나 견뎌내기보다는 헤어짐을 비교적 손쉬운 선택지로 받아들이고 있다는 의미일지도 모르겠습니다. 관계를 이어가는 일보다 정리하는 일이 더 쉬워진 시대에 살고 있다는 생각도 듭니다.

그런데 다른 한편에는, 다정함과 따뜻함을 말하는 책들 또한 적지 않게 놓여 있습니다. 경쟁을 통해 앞서가는 방식이 점차 설득력을 잃어가면서 이제는 서로를 이해하고 함께 나아가는 일이 더 중요한 가치로 떠오르고 있기 때문일 것입니다.

흔히 '공감'이라는 말로 번역되는 심퍼시sympathy와 엠퍼시empathy 는 종종 같은 의미로 사용되지만, 그 사이에는 분명한 차이가 존재 합니다. 심퍼시가 나의 자리에서 상대의 감정에 반응하고 위로하는 마음이라면, 엠퍼시는 상대의 입장에서 그 감정이 생겨난 이유를 헤 아려보는 하나의 '능력'에 가깝습니다. 그리고 이 능력은 의식적인 노력과 연습을 통해 충분히 길러질 수 있습니다.

이 글은 수많은 다름을 지닌 사람들이 엠퍼시를 통해 상대의 입 장에 단 한 번이라도 닿아보기를 바라는 마음에서 시작되었습니다. 그 과정에서 서로를 조금 덜 미워하고 조금 더 따뜻하게 보듬을 수 있게 된다면, 전혀 상상도 하지 못했던 방식으로 관계가 회복될 수 도 있을 테니까요.

이 책에서는 각자가 세상을 인식하고 해석하는 서로 다른 방식 을 설명하기 위한 개념으로 '신경다양성'이라는 말을 자주 사용합 니다. '신경다양성'은 뇌의 신경학적 차이를 다양성으로 이해하는 관 점으로, 여기서는 자폐스펙트럼, ADHD, ADD, 난독증 등을 아우르 는 이름입니다.

ADD는 ADHD에서 '과잉행동'만 빠진 형태로, 흔히 '조용한 ADHD'라 불리기도 합니다. ADHD의 하위 유형인 'ADD'를 굳이 언 급하는 이유는 이들이 우리 주변에 있지만 조용하기 때문에 더 알아 차리기 어렵고, 그래서 도움을 받기가 더 힘들 수 있기 때문입니다.

참고로, ADHD 역시 자폐스펙트럼처럼 연속선상에 존재하는 특성의 스펙트럼입니다. 정확하게는 'ADHD 스펙트럼'이라고 부르는 것이 맞겠지만, 공식 진단명에는 '스펙트럼'이 포함되어 있지 않고 일상에서도 'ADHD'라는 명칭이 더 널리 쓰입니다. 따라서 이 책에서는 ADD를 ADHD의 일부로 포함하여 사용하고, '스펙트럼'이라는 단어는 생략해 'ADHD'라 칭합니다. 그렇지만 ADHD가 연속적인 스펙트럼 위의 다양한 특성으로 존재한다는 전제를 바탕으로 글을 썼음을 미리 밝힙니다.

난독증 또한 스펙트럼으로 존재하지만, 이 책에서는 편의상 '난독증'이라 표기합니다. 그리고 난독증의 명칭보다는 그에 따른 여러 특성과 경험들을 중심으로 다루고 있습니다.

전문가가 진단명을 내리지 않더라도, 혹은 이름을 붙이는 것이 조심스러운 경우라도, 우리 주변에는 신경다양성을 지닌 성인들이 아주 흔하게 존재합니다. 다만 우리는 그들을 쉽게 알아보지 못합니다. 이 책의 주인공으로 등장하는, 바로 제 옆에 있는 사람처럼요. 그는 마흔이 넘어서야 비로소 자신을 이해하게 되었습니다. 책 속에는 그에 이르는 과정이 담겨 있습니다. 독자 여러분 곁에도 분명 그런 누군가가 있을 것입니다.

이 책이 독자 여러분 자신이나 주변 사람들의 특성을 이해하는 데 작은 길잡이가 되었으면 좋겠습니다. 정확한 진단이나 도움이 필요하다면 반드시 전문가와 상의하시길 권합니다.

떨어진 두 개의 조각

"호주에서 십 년 사셨어요? 우와 진짜 부럽네요! 빨리 영어 공부해서 호주 같은 나라에 가서 살면 너무 좋겠어요!"

참으로 속 모르고 하는 말이었다. 나는 '호주' '오스트레일리아' 'Australia' 'ghwn'('호주'를 실수로 영어로 칠 때 나오는 철자)가 모두 다 한동안 듣기조차 싫었으니까.

내가 호주를 멀리하고 싫어했던 이유는 말도 안 되는 것 같지만, 대학 1학년 때 호주관광청 주최로 열린 영어스피치대회가 출발이다. 거기서 1등 상으로 받은 2주간의 호주 여행에서 처음으로 '나는 영어를 못한다'는 절망감을 느꼈다. 중고등학교 시절 내내 영어로 상을 휩쓸었는데 막상 호주에 가서는 공항 픽업 담당자의 인사조차 알아듣지 못했기 때문이다. 비행기 안까지만 해도 하늘을 찌르던 자신감은 순식간에 바닥으로 떨어졌고, 귀국 후에는 반년 넘게 영어책을 펼치지 못했다. 그 뒤로 '호주'는 피하고 싶은 단어가 되어 내 삶에 다시 등장하지 않기를 간절히 바랐다.

1990년대, 나는 혼자서 1년 반 동안 영국, 캐나다, 이스라엘, 이집트, 홍콩 등지를 떠돌았다. 캐나다의 혹독한 겨울을 지나 따뜻한 곳으로 피신하듯 향한 나라가 뉴질랜드였다. 사과를 따고 농장에서 일하며 여비를 마련하기 위해서였다.

뉴질랜드에 도착한 첫날, 어느 백패커즈 backpackers 루프탑 바에서 나는 내 다른 조각, 미래의 '첫 번째' 남편을 만났다. 그는 너무나도 전형적인 영국 신사의 인상을 풍겼다. 옆에는 마치 투명한 탑 해트 tophat를 쓰고 있는 듯한 실제 영국인 친구와 함께였다. 그래서 당연히 그도 영국인일 것으로 생각했는데… 아뿔싸… 그는 호주인이었다!

그 시절 나는 오랫동안 여행하며 얼굴엔 로션도, 선크림도 바르지 않았다. 피부는 오븐에서 과하게 구운 초코칩 쿠키처럼 그을렸고, 머리는 귀찮다고 짧게 잘라버려 고슴도치의 가시털 같았다. 어디를 가던 아무도 나를 한국인으로 알아보지 못했다. 사람들은 나를 홍콩인, 일본인, 혹은 필리핀인이라고 여겼다. 하지만 그는 단박에 내가 한국인임을 알아봤다. 어떻게 알았을까?

그는 내 '강한 미국식 억양'을 듣고 자연스레 추리했다고 했다. 홍콩과 일본은 영국식 영어를 배우고, 필리핀은 독특한 억양이 있으니 남는 건 한국뿐이었다는 것이다. 그는 한국의 위치와 역사도 잘 알고 있었다. 프랑스어와 러시아어를 전공하고, 유엔에서 일하는 것이 꿈이라던 그는 여러 언어에 관심이 많았다. 전공으로 공부하는 언어 외에도 광둥어Cantonese를 좀 하고, 인도네시아어도 몇 마디 할 줄 알았고, 독일어는 읽을 줄 알았다.

나는 언어에 대해 얘기하는 것을 무척 좋아했지만, 사람들은 대개 "미안한데 모든 사람이 너처럼 그런 거(언어, 언어학, 문화)에 관심이 있지는 않거든."이라고 했다. 하지만 그는 정말 정성을 다해 내 말에 귀 기울여주고 자신의 의견도 주었다.

이런 저런 대화 가운데 이집트를 떠난 이후부터 자주 듣던 이집트 음악 테이프를 꺼내 보이며 나는 이집트 음악이 너무 좋다고 했다. 그때까지 내 취향의 이집트 음악을 함께 좋아해 줬던 사람은 단 한 명도 없었는데, 그는 너무나도 기뻐하며 좋아해 주었다. 자신은 인도 음악을 좋아한다면서 서로 테이프를 (CD도 아니고 카세트테이프 맞다!) 바꿔서 듣자고도 했다.

내가 하는 말에 귀 기울여주는 사람, 내가 좋아하는 것을 '이상하다' 하지 않는 사람, 내가 누구인지 진심으로 호기심을 가지는 사람, 내 고슴도치 머리를 멋진 개성이라고 진심으로 밝게 웃으며 말하는 사람, 그는 내 삶에 처음으로 그런 사람이었다. 그와의 대화는 처음으로 내가 '이상하지 않아도 되는' 시간이었다.

그런 그라면 나의 문화, 내 가족을 편견 없이 이해할 수 있을 거라고 믿었고, 나는 그런 믿음에 기대어 그와 결혼했다. 하지만, 결혼 이후 펼쳐진 것은 꽃길이 아니라 고생길이었다.

남편은 영재학교를 졸업한 수재였지만, 대화는 전혀 통하지 않는 것 같았다. 결혼 전에는 '유일하게 대화가 통하는 사람'이라 생각했는데, 결혼 후에는 벽과 이야기하는 기분이었다. 왜 모든 걸 일일이 **논리**로 설명해야 하는지, 왜 내 감정이 **비합리적**이라는 이유로 무시되어야 하는지, 이해할 수 없었다.

나에게는 너무나 당연한 것을 남편은 알지 못했고, 내가 아무리 화가 나서 길길이 날뛰어도 그런 나를 이해하지도, 같이 화를 내지도 않았다. 솔직히 고백하자면, 나는 '이 사람과는 더 이상 못 살겠다'는 생각을 달의 주기보다 자주 했다. 늘 나만 참고, 나만 이해하고, 나만 감당하는 불공평한 결혼이라 느꼈으니까.

그러다 어느 날부터는 '이제 나도 살아야겠다'고 생각했고, 내 속의 불만을 직접적으로, 무척 직선적으로 말하기 시작했다. 남편은 불평불만을 쉼 없이 쏟아내는 내가 항상 자신을 공격한다고 생각했고, 그의 불안 지수는 무척 높아졌다. 그러다 그는 결국 패닉 상태에 빠졌다. 한참 패닉 상태가 지속되던 어느 날 남편은 감정을 통제할 수 없을 만큼 극도로 예민해져서 울면서 말했다. "떠나고 싶으면 떠나라고… 그 뭐 누군지, 당신이 그렇게 좋아하고 맨날 얘기하는 타일런가 뭔가 하는 사람하고.”

순간 뇌 정지가 왔다. 그 말은 너무나 비현실적이어서, 나는 멍하니 서 있다가 결국 웃음이 났다.

그리고 그때 분명히 알았다. ‘나는 이 사람을 떠날 수 없겠구나.’

이전에 나는 문화와 관련된 글을 쓰느라 타일러에 대해 이런저런 궁금증을 가졌었다. ‘타일러는 한국에 살고 싶을까?’ ‘타일러는 한국어를 어떻게 공부했을까?’ ‘타일러는 차별을 받을까?’ 등등. 남편 앞에서도 이런 얘기를 자주 했었는데 그걸 토대로 방송인인 그와 같이 살라니, 이건 초등학생이 들었어도 말이 안 됨을 알았을 것이다.

결국 나는 나의 마음을 가감 없이, 끊임없이 화살처럼 쏘아대는 것은 누구에게도 도움이 되지 않는다는 것을 알아차렸다. 그리고는 공부하기 시작했다. 그와 나를 알기 위한 공부를. 서로 너무나도 다른 우리가 무고한 어떤 방송인의 명성도 훼손하지 않고 평화롭게 살 수 있기를 바라면서.

그에 대해 알기 전, ‘카산드라 증후군[+]’이라는 개념을 먼저 만났다. 비로소 내 상태를 설명해 줄 단어를 찾은 것 같았다. 겉으로는 완벽해 보이는 남편을 둔 아내들이 누구에게도 이해받지 못해 느끼는

[+] 카산드라 증후군: 친밀한 관계(특히 배우자)에서 파트너의 공감 능력 부족으로 인해 외로움, 좌절감, 정서적 소진 등을 겪는 심리 상태. 이는 아스퍼거 증후군과 같이 공감 능력이 부족한 파트너와 겪는 지속적인 관계에서 발생하는 경우가 많다.

정서적 고립감. '아, 이게 바로 내가 겪는 감정이구나.' 그 깨달음이 길고 긴 이 여정의 첫걸음이었다.

그리고 곧이어 질문이 하나 떠올랐다. '그렇다면 이 사람은 자폐일까?' 그 질문이 내 신경다양성 공부의 시작이었다. 나는 근본적으로 다른 우리의 방식과 서로의 차이를 그가 상처받지 않고 수용할 수 있게 알려주고 싶었다. 그런데 어떻게 말문을 열어야 할지 알 수가 없었다.

고민 끝에, 그는 논리적이고 근거 있는 설명에 더 귀 기울일 사람이라는 결론에 이르렀다. 그래서 나는 믿을 만한 글을 찾아 보여주기로 했다.

내가 찾아낸 글은 그레이스 마이힐Grace Myhill의 〈아스퍼거 결혼: 색다른 렌즈로 관계 보기Asperger Marriage: Viewing Partnerships thru a Different Lens〉였다. 오래된 글(2008)이었지만 신경다양성 커플 코칭의 선구자로 불리는 저자의 글은 내가 찾던 핵심을 정확히 담고 있었다.

나는 그에게 솔직히 말했다. "내 말은 당신에게 신빙성이 없을 것 같아서 이 글을 가져왔어. 여기 적힌 특징들이 당신과 많이 닮았어. 마음이 있으면 한 번만 천천히 읽어봐 줘. 바로 읽고 싶지 않아도 언젠가는 꼭 한 번 읽어주면 고마울 것 같아."

그리고 다음 날, 그는 차분히 말했다. "그 글을 읽고 있자니 마치 나를 보고 쓴 것 같더라." 그 글을 반복해서 읽고 반박할 논문과 글을 찾아봤지만, 공통으로 드러나는 특징들이 결국 자신을 가리키고 있었다고 했다.

그렇게 우리의 삶은, 그날을 경계로 '비포'와 '애프터'로 나뉘었다. 새 남편, '스누피'를 만나기 전과 그 이후로.

나는 신경다양성 공부를 거듭하며 알게 되었다. 남편의 불안, 강박, 감정 통제의 어려움, 그 모든 것이 '성격'이 아니라 '특징'이었다는 걸. 그는 자신 스스로를 이해하지 못해 왔고, 다른 그 누구도 그를 이해해주지 못했다. 평생 자신을 그저 감추고, 회피하고, 부인하며 살아온 것이었다.

몇 년 전, 그는 아무렇지 않게 지나가는 말처럼, 하지만 지나칠 수 없는 말을 했다. "왜 나는, 내 자폐를 진작 몰랐을까…. 알았더라면 불필요하게 에너지를 낭비하지 않고 나에게 맞는 방법을 찾아봤을 텐데."

그는 자신의 이야기를 쓰라고 했다. "몇 명이라도, 내 이야기를 읽고 다르게 살 수 있다면 그걸로 충분해." 창가에 앉은 그의 눈가에 조용히 번지던 한줄기 눈물. 그때 나는 그의 진심을 느꼈다.

하지만 그가 평생 숨겨 온 치부(?)를 어디까지 드러내어도 괜찮을지 나는 알지 못했다. 그가 '온전히 모두 다'라고 몇 번을 거듭거듭 확신시켜 준 후에야 글을 쓸 수 있었다. 나는 세상을 보는 그와 나의 너무나도 다른 방식을 기록해 나가기 시작했다. 지난 일들을 회고하고, 그때의 다양한 감정을 떠올리고, 감정을 추스르고 애써 타자화해 가면서.

내가 그를 만나 함께 산 오랜 동안 그는 자기 생각을 내가 알아듣는 말로 표현하지 못했고, 나는 그의 머릿속을 읽어내지 못했다. 그는 찰스 M. 슐츠의 〈피너츠Peanuts〉 만화에 나오는 노랑새, 우드스톡이었다. 우드스톡의 말은 언제나 지렁이처럼 꼬불거린 선으로 흘러나온다. 그러나 주인공 찰리 브라운의 반려견인 스누피는 그 낙서 같은 소리의 굴곡마다 의미를 읽어낸다. 스누피 말고는 '아무도' 그의 말을 이해하지 못하는 우드스톡은 나의 '첫 번째' 남편이었다.

그러다 내가 세상을 보는 다양한 방식을 공부하고 나서는 그가 적어도 내게는, 우드스톡이 아닌 스누피가 되었다. 스누피는 찰리 브라운과 그의 친구들처럼 '말'로 소통하지는 않지만, 그의 머릿속 내용을 말풍선 속에 써서 선명하게 보여준다. 스누피는 사람들의 말을 이해하지만, 그의 생각은 말풍선 속에서만 드러난다. 그 말풍선을 읽을 수 있는 이는 만화 속 인물이 아니라, 오직 전지적 시점을 가진 독자들 뿐이다. 그래서 친구들은 스누피를 오해하기도 하지만, 정작 스누피는 그들의 반응에 크게 영향을 받지 않는다. 답답한 것은 언제나 스누피가 아니라 사람 쪽이었을 것이다.

내 '첫 번째' 남편, 우드스톡은 내게 '꼬불거리는 선의 언어'를 유창하게 흘렸지만 나는 전혀 이해하지 못했다. 그런데 이제 드디어 그 '꼬불선'들이 말풍선 속 스누피의 언어로 바뀐 것이었다. 우드스톡과 같았던 그가 내게 스누피가 된 것이다. 남편의 세계를 이해하기 위해 고군분투하던 나는 마침내 스누피의 말풍선을 통해 그의 마음을 읽을 수 있게 되었다.

만약 스누피가 아주 드문 예외였다면, 나는 이 책을 쓰지 않았을 것이다. 그저 나의 배우자를 이해하게 된 것만으로도 충분했을 테니까. 하지만 수년 동안 나는 너무 많은 '스누피가 되지 못한 우드스톡들'을 보았다.

"저희는 부부상담도 많이 받았어요. 하지만 아무 도움이 안 됐어요."

"저는 공감을 원하는데, 남편은 사실만 말하면서 상처를 줘요. 그런데 일부러 그러는 건 아닌 것 같아요."

"남편은 사람들과 어울리기 힘들다면서, 자기 취미 모임에서는 너무 즐거워해요."

이런 이야기를 들을 때마다 나는 알게 되었다. 세상에는 다정함을 표현하지 못해 오해받는 사람들, 감각과 사고의 결이 달라 혼자 외로워진 사람들이 생각보다 훨씬 많다는 것을. 그리고 대부분은 자신이 '다르다'는 사실조차 모르고 살아가고 있었다.

우리는 모두 서로 다른 방식으로 세상을 인식한다. 그것은 성격의 문제가 아니라, 뇌의 작동 방식의 차이다. 이 차이를 '신경다양성Neurodiversity', 또는 조금 더 직관적으로는 '뇌다양성'이라 부를 수 있다. 각자의 뇌가 세상을 다르게 해석하는 건 '이상함'이 아니라 '인간 다양성의 한 형태'다.

같은 공간, 같은 시간 속에서도 상대와 나는 전혀 다른 방식으로 세상을 인지하며 살아간다. 어쩌면 우리는 어느 누구와도 '정확히 같은 세상'에 살고 있지 않을지도 모른다.

세상은 하나이지만, 태생적으로 다른 우리의 뇌는 같은 정보를 각기 다른 방식으로 받아들이고 해석한다. 그 가운데는 대표적으로 '**선형적**'으로 세상을 이해하는 사람. '**이미지**'로 세상을 읽는 사람, '**패턴적**'으로 사고하는 사람이 있다.

선형적

많은 이들이 시간의 축을 따라 사고한다. 즉, 원인과 결과, 단계와 절차처럼 순차적인 흐름으로 세상을 이해한다. 그에게 세상은 단어와 문장이다.

이미지

어떤 사람은 이미지를 중심으로 사고한다. 그는 단어보다 장면으로 이해하고 기억한다. 그에게 세상은 문장이 아니라, 수많은 이미지로 이루어진 스크린의 세계다.

패턴적

또 어떤 이는 패턴으로 세상을 본다. 그는 규칙과 반복 속에서 질서를 찾아낸다. 그에게 세상은 하나의 구조이자 리듬이다.

각각의 인간은 이러한 사고방식을 하나만 가지고 있는 것은 아니다. 누구나 자신만의 주된 사고의 결 위에 다른 방식들이 겹치거나 엷게 포개진다. 어떤 이는 하나의 결이 두드러지고, 또 어떤 이는 서로 다른 방식들이 고르게 섞여 있다. 인간의 인식 세계는 그렇게 무수한 조합으로 존재한다.

지금껏 '이해할 수 없다고 여겨 참아왔던 일들'이 사실은 '뇌다양성'에서 비롯된 것임을 알게 되면, '이해는 안 되지만 참는 관계'에서 '어렵지만 이해할 수 있는 관계'로 바뀐다. 그때 우리는 조금 더 조화롭게 살아갈 수 있을 것이다. 이해는 공감의 시작이고, 공감은 협력의 출발점이니까.

사람들과 대화를 나누다 보면 자주 듣는 질문이 있다.

"MBTI 뭐예요? T죠?"

"아닌데, F 같아요… 일하는 거 보면 확실히 T 같은데."

"E예요? I예요?"

나는 MBTI 검사를 몇 번 해봤지만 결과는 매번 달랐다. 너무 당연한 이야기지만 나는 언제나 외향적이거나, 언제나 감성적인 사람이 아니다. 누구를 만나느냐, 어떤 일을 하느냐, 어떤 상황에 놓이느냐에 따라 나의 모습은 달라진다. 그럼에도 MBTI가 한국에서 주도적인 위치를 차지한 이유는, 서로 이해하기 어려울 때 사람들을 간단히 '분류'해 주는 것처럼 보이기 때문일 것이다. 실제로 잘 이해하지 못했던 상대를 MBTI 덕분에 "아, 저 사람은 T라서 그렇구나" 하고 받아들일 수 있었다는 말도 자주 듣는다.

하지만 이러한 분류는 사람의 겉모습이나 경향을 설명하는 데 그칠 뿐이다. 그 사람이 왜 힘들어하는지, 무엇이 어려운지 같은 내부적 고통이나 신경적 특성까지는 설명해 주지 못한다. 이러한 성향 분류의 편리함은 서로를 이해하는 데 도움이 되기도 하지만 피상적으로 이해하는 데 그치게 한다. 인간의 복잡한 신경적 특성을 온전히 드러내기에는 부족하다.

ADHD에 대한 오해 역시 이와 비슷하다. 많은 이들이 ADHD를 '환자'나 '병'으로 받아들이지만, 톰 하트만이 말한 것처럼 이는 유전자에 내재한 생존 전략의 차이일 수도 있다. 즉흥성과 민첩성이 강점이던 수렵사회에서 농경사회로 넘어오며 계획, 협력, 지속적 주의가 강조되었다. 이러한 변화에 어려움을 겪었던 이들이 '장애'로 규정되었다면, 그건 개인의 결함이라기보다 환경과의 부조화에 가깝다.

한국에서는 신경다양성의 특징 중 특히 ADHD가 가장 널리 알려져 있다. 하지만 '신경다양성'이라는 말이 포괄하는 범위는 훨씬 넓다. ADHD, 난독증, 자폐스펙트럼, 불안, 강박… 이들은 종종 함께 나타나고, 서로 겹치는 특징도 많다. 그럼에도 한국에서는 우울함이나 불안에 대한 약만 처방하는 경우가 흔하고, 어렵게 진단을 받아도 대부분 ADHD로만 설명되는 경향이 있다.

한 여성은 한국에서 계속 우울증 약만 처방받다가 일본에서 검사를 다시 받고 자폐스펙트럼으로 진단받았다. 다른 여성은 40대에

ADHD를 진단받았지만, 이야기를 나눠보니 난독증의 특징도 뚜렷했다. 한 남성은 자신의 아이가 난독증과 ADHD를 진단받게 된 후 자신에게도 같은 특성이 있음을 뒤늦게 깨달았는데, 그 과정에서 자폐스펙트럼의 특성도 드러났다.

왜 이렇게 많은 사람이 제때 자신을 이해할 기회를 얻지 못하는 걸까?

한글을 잘 읽는 성인의 난독증은 겉보기로는 파악하기 어렵고, 성인 자폐스펙트럼을 제대로 평가할 전문가 또한 한국에는 매우 부족하다. 사회생활을 무난히 해내는 것처럼 보이면 오히려 "자폐스펙트럼일 리 없다."는 말로 단정되기도 한다. 그러다 보니 많은 이들이 자신의 어려움이 어디에서 비롯되는지, 그 '근본적 양상'을 이해할 기회를 얻지 못한 채 우울함이나 불안 같은 표면적 증상만 해결하려고 오랜 시간을 헤매게 된다.

내가 만난 어느 기업 대표는 이렇게 말했다. "저는 가면이 여러 개 있어요. 사람이나 그룹에 따라 다른 가면을 쓰죠. 한 그룹에서 저를 본 사람이 다른 자리에서 저를 보면 완전히 다른 사람 같다고 해요." 그의 이야기를 들으며 나는 그에게 자폐스펙트럼 특성이 있을지도 모른다고 느꼈다. 실제로 컴퓨터 업계, 예술계, 사업가들, 연구원과 학자들 중에는 자폐스펙트럼, ADHD, 난독증 특성을 가진 사람들이 많다. 그 특성이 하는 일과 잘 맞기 때문이다.

ADHD는 드러나는 특징을 많이 가지고 있지만, 조용한 ADHD

라 불리는 ADD는 겉으로는 알아차리기 거의 불가능하다. 자폐스펙트럼이나 난독증도 마찬가지다. 스스로 자신의 어려움과 특성을 말해주지 않는 이상 외부에서 알아차리기 어렵다. 특히 사회적 규범을 더 잘 따르려 애쓰고 '가면 쓰기'에 익숙한 여성들은 자신이 자폐스펙트럼인지조차 모른 채 살아가는 경우가 많다. 어떤 이는 "본인조차 모른다면 굳이 알 필요가 있느냐"고 말할지 모르지만, 알고 나면 훨씬 더 '자기다운 방식'으로 살 수 있게 된다. 평생 맞지 않는 옷을 억지로 입은 듯한 삶 대신에 말이다. 자신이 아닌 모습의 가면을 쓰고 사회가 요구하는 방식으로 살아가는 것은 매우 고통스러운 일이다.

서양에서는 이미 자폐스펙트럼 관련 논의가 활발하다. '자폐인 Autistic person'이라고 불러야 할지, '자폐를 가진 사람person with autism'이라고 해야 할지, 사라진 용어인 '아스퍼거'를 사용할지 말지, '비자폐인'과 '신경전형인'을 어떻게 구분할지, 자폐를 결함으로 볼지 다양성으로 볼지 등 사회적 논의가 끊임없이 진행된다.

반면 한국에서는 이들이 얼마나 넓은 스펙트럼으로 존재하는지, 얼마나 주변에 많이 있는지조차 잘 알려지지 않았다. 여전히 많은 부모가 "아이에게 난독증/ADHD/자폐스펙트럼 진단이 나와 하늘이 무너졌다"라고 말하고, 방송에서는 이를 어둡고 비극적으로 다루는 장면이 반복된다. 그러나 정작 문제가 있는 쪽은 이들이 아니라, 이들을 이해하고 품기 어려운 사회와 교육 시스템에 있다. 이제는 이 사실을 정면으로 바라봐야 한다.

서양에서 신경다양성을 바라보는 인식이 영화 〈레인맨〉의 '레이먼드'를 거쳐 시트콤 〈빅뱅 이론〉의 '쉘든'에 한참 머물러 있다가 이제는 '왼손잡이'나 '이민자들'처럼 일상의 일부로 자리하고 있다면, 한국에서는 영화 〈말아톤〉의 '초원이'에서 드라마의 '우영우'까지가 아직 상상할 수 있는 거의 전부일 것이다. 그러나 나는 머지않아 우리 주변의 많은 사람들을 그들의 다양한 특성과 함께 온전히 바라볼 수 있게 되리라 생각한다. 그들이 '문제 있는 존재'가 아니라, 사회가 충분히 품어주지 못했던 다양한 뇌의 방식임을 이해하면서 말이다.

예일대학교 정신의학과 나종호 교수는 진료실에서 만난 환자들의 숨은 이야기를 세상에 전함으로써, 그들에 대한 편견을 조금이라도 걷어낼 수 있기를 바랐다. 그는 "내가 편견을 가지고 있는 대상이 내 눈앞에서 스스로의 의미 있는 삶을 소개하고 함께 이야기를 나누는 것만으로 사람들은 자기도 모르게 간직하고 있던 편견에서 벗어나게 된다."고 말했다.

수많은 신경다양인을 직접 만나기 어려운 대부분의 사람들에게, 나와 스누피의 이야기가 그런 '편견을 넘어서는 창'이 되었으면 한다. 지나치게 어둡고 부정적인 면만 강조되어 온 신경다양성의 이미지가 조금은 옅어지고, 신경다양인이 더 이상 '낙인'이 아닌 또 다른 '이름'으로 받아들여지는 날이 온다면, 우리 모두의 삶은 지금보다 조금 더 평등하고 따뜻해질 것이라 믿는다.

그 믿음으로 나는 스누피의 말풍선을 번역하듯, 내가 어떻게 그의 세계를 이해해 갔는지, 서로 완전히 다른 두 조각이 어떻게 하나의 퍼즐이 되어갔는지를 지금부터 천천히 풀어가려 한다. 이 책은 한 사람의 특별한 이야기로 시작하지만, 결국 우리 모두의 이야기로 이어질 것이다.

이제 곧 스누피의 세계로 들어가 보려 한다. 그의 세계는 이미지와 패턴으로 짜여있다. 그의 세계를 여행하다 보면, 우리 각자가 세상을 이해하는 방식이 그와 얼마나 닮아있고 또 얼마나 다른지를 마주하게 될 것이다. 그러다 보면 스누피는 더 이상 '다른 사람'이 아니라, 우리 곁의 배우자, 가족, 친구, 동료의 얼굴과 자연스레 겹쳐 보일 것이다. 이 책을 덮는 순간에는 스누피를, 그리고 우리 모두를 조금 더 따뜻한 시선으로 바라볼 수 있게 되기를 바란다.

차례

1부 + 그의 세계

I. 감각의 세계 • 34

예민한 청각 | 노이즈 캔슬링 | 예상치 못한 소리의 습격 | 쇼핑도 연습이 필요해 | 약 하나 넣는 데도 준비가 필요해 | 예민한 후각 | 천둥번개에 매료 | 내 몸을 건드리지 마 | 입안에 감기는 단어나 문장 | 기분 좋은 압박 | 피가 나도록 다리 긁기 | 밀집된 공간의 불편함

II. 인식의 세계 • 64

오른쪽 왼쪽이 헷갈려 | 보이는 것과 보는 것 | 순서대로만 하면 되는데 | 말로 표현이 어려워 | 이미지 세상

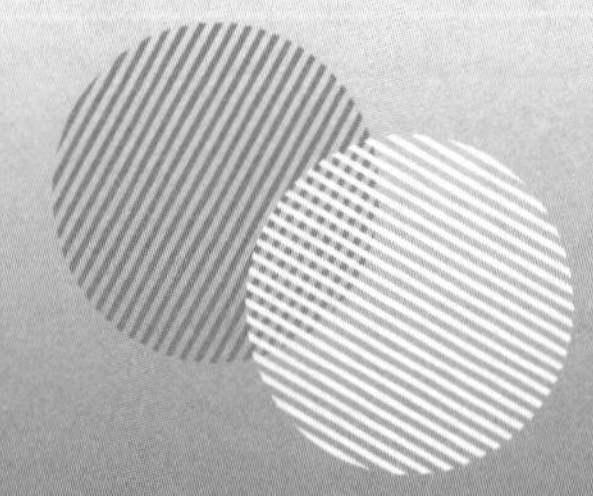

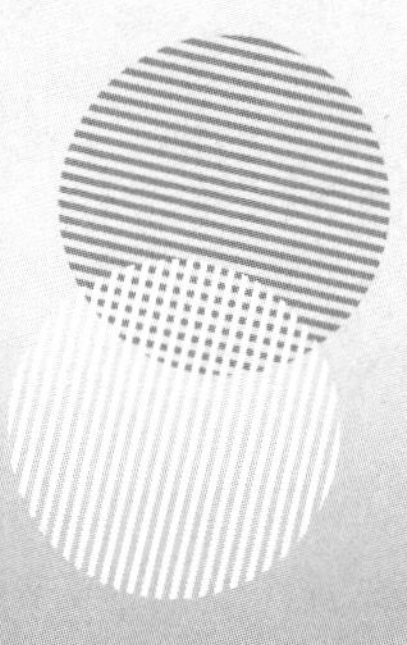

1부

그의 세계

I. 감각의 세계

우리에게는 스쳐 가는 냄새 하나가
코끼리에겐 견디기 힘든 고통일 수도 있다.
그들의 후각은 인간보다 몇 배나 예민하게 세상을 감지하니까.

신경다양인의 감각도 그렇다.
그들이 예민하게 반응하는 이유는
세계를 더 강렬하고, 더 깊고, 더 섬세하게 느끼기 때문이다.

그들의 세계는 때론 너무 풍부해서,
소리는 천둥이 되고,
빛은 레이저가 되며,
냄새는 폭풍이 되고,
맛은 홍수가 되어 밀려온다.

그들의 감각을 이해하려는 것은
그들이 세상을 읽는 언어의 첫 장을 펼치는 일이다.

예민한 청각

어느 날, 제법 큰 커피숍에 앉아 있을 때 스누피가 물었다.

"여기에 이렇게 많은 사람이 있잖아. 당신은 그 사람들 말이 다 들려?"

"내 옆자리 사람들 말은 다 들려. 조금 멀리 있는 사람들 소리는 아주 신경 써서 들으면 들리고, 나머지는 웅성웅성해. 왜?"

"나는 모든 사람 말이 동시에 다 들려. 상대방이 말을 하면 그 말에 집중해야 하는데, 그게 잘 안돼. 앞, 옆, 뒤에서 들려오는 사람들의 말소리, 커피 내리는 소리, 문 여닫는 소리, 의자 끄는 소리, 사람들 걸음 소리, 공기청정기 소리까지 모든 소리가 똑같은 크기로 한꺼번에 들려. 그래도 50년쯤 살다 보니 조금은 훈련이 되긴 했지만, 여전히 힘들 때가 많아."

이런 스누피는 흥미롭게도 무언가에 집중하기 위해 오히려 '배경 소리'를 깔아둔다. 자신이 익숙한 소리가 배경에 흐르면 낯선 소리가 그 속에 묻혀서 오히려 마음이 편해진다고 한다. 그 이야기를 들은 후로 나는 왜 어떤 사람들은 공부하면서 음악을 듣는지 비로소 이해하게 되었다.

나는 스누피와 정반대로 고요를 좋아한다. 온종일 조용히 책을 읽거나 명상을 하는 편이다. 그런 나에게 스누피의 '거의 24시간 이어지는 생활 속 배경음'은 고통스러울 때가 많다. 그는 눈을 뜨면 해외 뉴스 채널을 켜고, 뉴스가 끝나면 음악을 듣는다. 음악이 꺼지면 TV가 켜지고, TV가 꺼지면 다시 음악이 흐른다. 하루가 끝나고 고요 속에서 잠들 수 있을까 싶지만, 또다시 음악이나 TV가 켜진다. 그에게는 안정감을 주는 '백색 소음'이 나에게는 피로를 쌓이게 하는 '흑색 소음'이다.

스누피가 집에서 일하는 날이면 나는 24시간 고요와는 거리가 먼 하루를 보낸다. 나는 음악을 듣고 싶을 때만 듣고, TV를 보고 싶을 때만 잠깐 보고 싶은데 그럴 수가 없다. 그래서인지 지난 20여 년 동안 내 손으로 TV를 켜거나 음악을 튼 적은 손에 꼽을 정도다. 혼자 있는 시간엔 아무 소리도 듣고 싶지 않기 때문이다.

내가 힘들어하는 걸 아는 스누피는 종종 방문을 닫거나, 잘 때 헤드폰을 끼기도 했다. 하지만 쉽지 않았다. 잔잔한 클래식이나 별다방의 재즈 같은 음악은 괜찮다고 했지만, AI가 생성했을 법한 그런 개성 없는 음악은 너무 단조롭고 무료해서 견딜 수 없다고 했다. 대신 그는 극적인 발레곡이나, 웃음소리 넘치는 시트콤이나, 액션 영화를 틀어두곤 했다.

그 영상물들은 그가 이미 수십, 수백 번을 본 것들로 대사를 거의 다 외울 정도였다. 나는 한 번 본 영화나 드라마는 잘 반복해 보지 않는다. 기억이 희미해질 때쯤 예전에 좋았던 걸 찾아 가끔 다시 보는 건 즐겁지만, 같은 장면을 수십 번 반복해서 보는 건 상상조차 어렵다. 하지만 스누피에게 반복은 안심과 평온을 가져다준다. 익숙한 장면과 익숙한 소리가 그의 불안을 잠재워준다.

스누피는 말했다. "배경 소리가 없으면 불안이 밀려와. 나는 청각이 예민해서 원하는 소리만 골라 듣기가 힘들거든. 그래서 익숙한 소리를 틀어두면 예측할 수 없는 낯선 소리를 덮어버릴 수 있어."

이제는 잠잘 때 내가 그의 손을 잡아주거나 이야기를 들려주며 불안을 달래준다. 나는 가끔 '내가 스누피의 엄마였다면 어린 시절부터 소리 없는 세상에서도 편히 쉴 수 있게 도와줄 수 있었을까?' 생각하곤 한다.

몇 년 전부터는 조금씩 변화가 생겼다. 음악이나 TV 없이도 가끔은 잠이 들기도 하니까. TV를 켜놓고 자다가도 내가 방에 들어오면 그 소리를 듣고 금세 일어나 TV를 끄고 다시 잠든다. 그럴 때마다 나는 괜스레 미안해진다. 그래서 "괜찮아, 오늘은 그냥 켜두고 자."라고 말하곤 한다. 그러면 그는 웃으며 "이제는 충분히 봤어. 어떤 장면이 나올지도 다 알아. 남은 건 머릿속에서 돌려 보면 돼."라고 한다. 머릿속에서 원하는 쇼를 언제든 재생할 수 있다니, 내겐 상상조차 할 수 없는 대단한 초능력이다.

20여 년 가까운 세월 동안, 나는 식료품이든 옷이든 대부분의 쇼핑을 혼자 해왔다. 스누피와 함께 있으면 오히려 더 힘들었기 때문이다. 어쩌다 같이 가게에 들어가도 그는 필요한 물건만 집고 바로 나갔다. 다른 물건을 둘러보는 나를 기다리며 스누피는 주로 카페에 앉아 있는 경우가 많았다.

그럴 때마다 나는 그가 무심하고 나를 배려하지 않는 이기적인 사람이라고 생각했지만, 이제는 안다. 쇼핑센터의 수많은 소리가 그에게는 모두 같은 크기로, 동시에 쏟아져 들어왔다는 걸. 소통의 혼선 속에서 그는 나에게 자기 세계를 보여주지 못했고 나는 그런 그를 오해하고 미워했다.

우리의 세계는 너무 달랐고, 그 차이를 모른 채 서로를 힘들게 했다. 우리는 흔히 자신의 감각이 보편적이라 여기며 자신이 경험하는 세계를 기준으로 판단한다. 하지만 타인을 이해하는 출발점은 감각의 기준부터 서로 다를 수 있다는 사실을 아는 데서 시작된다. 나는 그 단순한 진실을 너무 늦게야 알게 되어 스누피를 이해하지 못했다. 그를 오해했던 지난 시간이 오래도록 마음에 미안함으로 남아 있다.

노이즈 캔슬링

"밖에서도 꼭 노이즈 캔슬링 헤드폰을 끼고 다녀야 해?"

"응."

"차 소리도 들어야 하고, 누가 뭐라고 할 수도 있고, 비상시에 무슨 소리를 들어야 할 수도 있잖아. 그걸 끼면 아무 소리도 안 들리는데?"

"아무 소리 안 들어도 돼."

"뒤에서 차가 올 수도 있고, 자전거가 지나갈 수도 있고….."

그는 아무 말이 없었다.

"꼭 껴야 해?"

"응."

그와 이런 대화를 두어 번 나누다가 결국 그만두었다. 내가 뭐라고 해도 그는 나 몰래라도 그걸 낄 거라는 걸 알았기 때문이다.

그가 외출 시 항상 음악을 듣기 시작한 건 애플의 무선 이어폰이 처음 나왔을 즈음이었다. 그전에도 유선 이어폰으로 음악을 듣곤 했지만 그건 어디까지나 '있으면 좋은 것' 정도였다. 하지만 무선 이어폰이 생기고 나서는 달라졌다. 외출할 때면 지갑과 휴대폰처럼 반드시 챙기는 물건이 되었다. 버스를 탈 때도, 길을 걸을 때도, 운동할 때도 그는 언제나 이어폰을 꼈다. 그런데 어느 날, 한쪽 귀에서 이어폰이 자꾸 빠진다고 했다.

"내 귀가 이상하게 생겼나 봐. 자꾸 흘러내려."

그는 웃으며 말했지만 그 말속에는 작은 짜증이 섞여 있었다. 그래서 아들이 골전도 이어폰을 추천했다. 귀를 덮지 않고, 귀 뒤쪽 뼈 위로 얹혀 소리를 진동으로 전달하는 방식이었다. 바깥소리도 들리고, 잃어버릴 염려도 없어서 나도 안심이 되었다. 그렇게 파란색 골전도 이어폰은 어느새 그의 필수품이 되었다.

그런데 그 방식은 약점이 있었다. 움직이는 전철이나 버스처럼 진동이 큰 공간에서는 소리가 잘 들리지 않았다. 그래서 그즈음부터 자연스레 우리 대화에 노이즈 캔슬링 헤드폰 이야기가 자주 오르내리기 시작했다. 나는 조용한 공간에서 글을 읽고 쓰는 걸 좋아했지만, 그는 고요함 속에서 오히려 불안을 느꼈다. 그래서 내가 말했다. "그 헤드폰을 쓰면 당신은 당신대로 편하고, 나는 조용해서 좋을 것 같아."

며칠 뒤, 집으로 검정 헤드폰이 하나 도착했다. 그는 상자를 열며 마치 크리스마스 선물을 받은 아이처럼 기뻐했다. "와… 진짜 아무 소리도 안 들려. 세상이 이렇게 조용할 수가 있구나."

그는 그날 온종일 그것을 쓰고 다녔다. 하지만 처음엔 집 안에서만 썼다. 밖에서는 여전히 파란 골전도 이어폰을 고수했다.

그러던 어느 날 아침, 출근 준비하던 그가 검정 헤드폰을 가방에 넣었다. "버스에서 기사님이 라디오를 너무 크게 틀어. 골전도 이어폰으론 그게 다 들려서 너무 힘들어. 오늘은 이걸 써야겠어."

그날 이후로 그는 '가끔'이 아니라 '항상' 노이즈 캔슬링 헤드폰을 쓰고 다니기 시작했다.

"이건 정말 신세계야! 아무 소리도 안 들리는데 마음이 얼마나 평온한지 몰라. 세상이 이렇게 조용한 줄은 몰랐어."

그의 얼굴엔 순수한 기쁨이 번졌다. 그 순간 나는 그가 왜 그토록 '조용함'을 갈망했는지 조금은 이해할 수 있었다. 그에게 세상은 언제나 너무 많은 소리로 가득 차 있었다. 말소리, 기계음, 발걸음 소리, 바람 소리, 심지어 냉장고의 진동 소리까지. 그 모든 것이 한꺼번에, 같은 크기로, 그의 귀로 밀려들었을 것이다. 그런데 이제 그는 세상의 소리를 잠시 '끄는 법'을 찾은 셈이었다.

요즘 나는 길을 걷다가 커다란 헤드폰을 쓴 사람들을 보면 괜히 마음이 따뜻해진다. 그들 중 누군가는 스누피의 친구일지도 모르니까.

예상치 못한 소리의 습격

어딘가에서 밝은 불빛이 번쩍인다. 스누피에게 알림이 온 것이다. 나는 처음 알았다. 핸드폰에 소리도, 진동도 아닌 불빛으로만 알림을 주는 기능이 있다는 것을.

예전엔 스누피의 핸드폰에서 이소룡 영화의 배경음악이 흘러나오곤 했다. 어린 시절 오랫동안 쿵후를 배웠고, 이소룡이 나오는 영화는 대사까지 다 외울 정도로 많이 봤으니, 그 음악이 그에게는 가장 익숙하고 편안한 소리였을 것이다. 하지만 언젠가부터 그의 핸드폰은 소리도, 진동도 모두 꺼진 채 그저 불빛이 번쩍일 뿐이었다. 낯선 소리에 쉽게 지치는 스누피에게 번쩍이는 불빛은 오히려 괜찮은 것 같았다.

스누피는 빛에는 크게 힘들어하지 않았지만 청각은 너무나 예민하다. 아침 알람만 해도 그렇다. 나는 알람 소리를 마음대로 크게 하지도, 원하는 소리로 바꾸지도 못한다. 스누피가 내 알람에 놀라 깨면 그 뒤로는 도저히 다시 잠들지 못하기 때문이다.

그래서 나는 알람을 최대한 부드러운 소리로, 조용하게 설정한다. 스누피가 비슷한 시간에 일어나야 하는 날이면 그가 설정한 시간보다 2분쯤 늦게 알람을 맞춘다. 내 알람 소리에 그가 놀라 깨지 않도록 말이다. 그때쯤이면 그는 이미 일어나 있을 테니까.

나는 예전에는 알람이 울려도 다시 끄고 자곤 했다. 하지만 스누피는 한 번 알람이 울리면 소스라치게 놀라 잠에서 깨고, 그 뒤로는 피곤과 두통 속에 아무것도 하지 못하는 상태가 되곤 했다. 내가 옆에서 쌕쌕 자는 동안 그가 짜증이 났던 적이 얼마나 많았을까 싶다.

그는 불빛에 예민해서 스트레스를 받는 사람만큼은 아니지만 암흑에서 갑자기 밝은 등으로 바뀌면 화들짝 놀라 깬다. 나는 스누피가 두통을 가지고 일어나지 않게 하려면 알람도 그의 것보다 늦거나 부드러운 것으로 하고, 내가 일찍 일어나야 하는데 그가 있으면 불은 켜지 않아야 한다. 예전 유행 가사처럼 '손대면 톡하고 터질 것만 같은' 스누피다.

하지만 이렇게 조심스러운 생활에도 균열이 있었다. 특히 내가 바쁠 때면 내 안에서 주체할 수 없는 불만이 터져 나왔다. 그중 하나가 청소기였다. 내가 '왜앵' 하고 청소기를 켜면 스누피는 어느새 자리를 피해 사라졌다. 서재 문을 닫고 들어가 있거나, 내가 그곳에 가면 다시 집의 반대편으로 옮겨갔다. 처음엔 그가 단지 청소를 피하는 줄 알았다. 그의 그런 행동은 '청소는 당연히 내 몫'이라는 생각을 내게 심어주었고, 그 생각은 마음속에서 천천히 불만으로 자라났다.

하지만 수많은 갈등 끝에야 알았다. 청소기 소리가 그에게 심리적인 불안을 일으켜 견딜 수 없게 만든다는 것을. 그 뒤로 나는 청소를 시작하기 전에 이렇게 예고했다.

"자기야, 이제 청소기 돌릴게. 문 닫아줄게."

"서재도 청소해야 하는데, 여긴 나중에 할까?"

"지금 청소하고 싶은데, 집중 중이면 대신 밀대걸레로 해도 돼."

그렇게 조심스럽게 알려주며, 소리에 대비할 시간을 주었다. 그의 불안이나 긴장 상태에 따라 아직도 여전히 청소기의 갑작스러운 소리는 그를 무척 놀라게 한다.

쇼핑도 연습이 필요해

사람이 많고 여러 소리가 한꺼번에 뒤섞이는 쇼핑몰은 스누피에게 악몽 같은 공간이다. 나는 소음이 많아도 필요한 소리와 불필요한 소리를 걸러낼 수 있기에 크게 스트레스를 받지 않지만, 스누피에게는 그게 너무 어렵고 힘든 일이다.

연애하던 시절, 스누피가 청바지를 사는 모습을 처음 봤을 때는 정말 믿을 수가 없었다. 그는 쇼핑몰에 들어서자마자 청바지 매장으로 직진하더니 남자 코너로 또 직진, 그리고 자기 치수 같아 보이는 청바지를 한 벌 집어 들고는 입어보지도 않은 채 계산대로 향했다. 그게 전부였다!

집에 와서 입어보니 청바지는 턱없이 컸다. 그러자 그는 아무렇지 않다는 듯 허리띠를 매어 입고 다녔고, 여름이 되자 밑단을 잘라 반바지로 만들어 입었다. 다시 쇼핑몰에 가는 것보다 가위질이 훨씬 마음이 편했을 테니까.

결혼 후에도 스누피는 옷이나 신발을 '입어보는' 일을 극도로 피했다. 그래서 나는 그의 치수를 어림짐작해서 대신 사 오곤 했다. 신발도 내가 신어보고 착화감을 가늠한 후 맞을 것 같은 사이즈를 골랐다. 가끔 점원은 "고객님, 그건 남성용 신발입니다."라며 조심스레 알려주기도 했다.

그렇게 산 것들을 스누피는 늘 "좋아."라고 했지만, 때로는 한 치수 크거나, 색이 마음에 들지 않거나, 입으면 불편한 옷도 있었다. 하지만 그는 절대 그런 말을 하지 않았다. 혹시라도 "그럼 같이 가서 다시 골라 보자!"라는 말이 돌아올까 봐서였다.

그렇지만, 그는 내가 사온 그 옷들을 대개는 그저 입지 않았다. 그런 모습을 보며 나는 화도 나고 답답하기도 했지만, 어찌할 도리가 없었다. 그렇게 이십 년 가까이 지냈다.

그러던 어느 날, 이렇게는 도저히 안 되겠다 싶어 '쇼핑 연습'을 해보기로 했다.

"자, 오늘은 내 손 꼭 잡고 쇼핑하러 갈 거야. 가봤는데 너무 힘들면 아무것도 안 사도 되니까 집에 가자고 해. 그럼 바로 돌아올게. 알았지?"

그렇게 우리는 조금씩, 아주 조금씩, 쇼핑에 익숙해지기 시작했다. 어떤 날은 십 분만 더 있으면 다 살 수 있었는데도 그가 너무 힘들어하면 그냥 돌아왔고, 그다음 날 내가 혼자 가서 필요한 물건을 사 오기도 했다. 그렇게 몇 년을 연습했다.

이제 스누피는 쇼핑을 크게 힘들어하지 않는다. 가끔 에너지가 떨어지면 중간에 커피 한잔하며 쉬었다가 다시 함께 매장을 돌아다닌다.

그에게 쇼핑은 여전히 아주 쉬운 일은 아니지만, 우리에게 쇼핑은 '함께 걷는 연습'이 되었다. 조금씩, 아주 조금씩 서로의 세계를 이해하며 보폭을 맞추며 나아가는 연습.

약 하나 넣는 데도 준비가 필요해

눈

스누피의 눈에 다래끼가 생기려 했다. 안약을 넣어야 했다. 하지만 지난 20여 년간 병원이나 집에서 그 '안약 넣기'가 얼마나 큰일이 었는지를 아는지라 나는 아무 말도 하지 않았다.

병원에서 안약을 넣을 것이라는 말을 듣는 순간부터 얼굴에 오 만가지 인상이 그려지고, 드디어 안약을 넣고 난 뒤의 남은 하루는 우울로 가득했다. 집에서도 눈이 건조하다 싶어 식염수라도 넣어주 려 하면 그는 늘 짜증부터 냈다. 그래서 나는 더 이상 그런 이야기를 꺼내지 않게 되었는데, 웬일로 그날은 그가 먼저 나에게 안약을 넣 어달라고 부탁했다. (참, 세상 오래 살고 볼 일이다.)

그 말을 꺼내기까지 얼마나 오랫동안 마음의 준비를 했을까. 저 녁에 그 이야기를 꺼냈을 때, 나는 곧장 넣어주겠다고 했지만 "아직 마음의 준비가 안 됐으니까 내일 아침에 해줘."라고 했었다. 그에겐 마음의 준비를 할 시간이 필요했다. 그 시간은 내 마음대로 줄일 수 도 없었고, 재촉해서도 안 됐다.

드디어 다음 날, 그는 약속대로 의자에 앉아 고개를 뒤로 젖혔 다. 온몸이 긴장으로 굳어 있었지만, 이내 금방 안약을 다 넣었다. 왜 그렇게 긴장하느냐고 묻자, "안약을 눈에 넣으면 너무 아파." 했다. 그러면 방금도 아픈 걸 참았냐고 묻자, 그는 슬픈 얼굴을 하고는 고 개를 끄덕였다.

나는 3시간마다 안약을 넣어야 한다고 했고, 그는 시간을 정확 히 지켜 내게 와서는 "이제 넣어줘."라고 말했다. 그렇게 몇 번을 반 복하더니 나중에는 아무렇지 않게 안약을 넣었다. 예상할 수 없는 자극이 공포였다면, 예측할 수 있는 자극은 그저 감내할 수 있는 일상이 된 모양이었다.

코

스누피는 코를 자주 풀고, 건초열로 재채기도 자주 했다. 그래서 코 세척을 하면 좋겠다고 여러 번 말했지만 들은 척도 하지 않았다.

그러던 어느 날, 웬일로 약국에서 코 세척제가 보이면 사다 달라고 했다. 나는 그날 바로 사 왔다. 그런데 그가 예상했던 것보다 너무 빨리 사 왔던 모양이다. 그는 아직 준비가 안 된 얼굴이었다. 그래도 나는 "사 오랬으니 써야지." 했고, 그는 "내일 쓸게."라고 했다.

다음 날이 되어도 여전히 쓰지 않아 왜 안 하냐고 물었다. 그는 "저녁에 할게."라고 했다. 그날 저녁, 스누피는 마침내 큰 결심 끝에 코 세척을 한 번 했다. 딱 한 번! 그리고 "이제 코가 안 막혀."라며 만족스레 말했다. 실은 코가 안 막히는 척했을 뿐이었지만 모른 척했다.

그에게 코로 무언가 들어가는 일은 여전히 쉽지 않다. 스누피는 눈, 코, 귀, 입 등 모든 촉각 자극에 예민하다. 수면이 아닌 일반 내시경 같은 건 생각만으로도 까무러칠 것이다.

엄살계의 미켈란젤로인 그는 실제 감각보다 몇 배로 반응하는 자신이 비논리적일 수도 있음을 인지하고 마음의 준비를 스스로 하는 것 같다. 그래서 "오늘은 아니야!" "내일 아침에 할게." "저녁 먹고 나서 하자." 같은 말을 한다. 하지만 그건 단순한 미루기가 아니라 그가 준비되는 데 필요한 시간이라는 걸 이제는 안다.

예민한 후각

그가 예전 직장에 다닐 때, 나는 그가 너무 설렁설렁 일하는 것 같다고 생각했다. 일은 대충 하는 듯 보였고, 하루에도 몇 번씩 쉬어 가는 것 같았으며, 퇴근만을 손꼽아 기다리는 사람처럼 보였다. 그때의 나는 그를 게으르다고만 여겼다. 그가 얼마나 힘들었을지 상상조차 하지 못했다.

몇 년 전, 자폐 진단을 받았고 감각이 무척 예민한 어떤 영국 번역가가 사무실에서 일할 때 너무 힘들었던 자기 경험을 얘기하는 걸 들었다. 그 이야기에 스누피가 고개를 세차게 끄덕이며 구구절절 공감했다. 그의 기억 속 사무실은 냄새로 가득 차 있었다. 사람들의 체취, 향수와 화장품, 세제, 카펫, 가구의 냄새까지 공기 전체가 냄새의 덩어리처럼 느껴졌다고 했다. 그래서 그는 자주 밖으로 나가서 신선한 공기를 들이마시고, 일 분이라도 일찍 퇴근하고 싶었다고 했다.

불안해질 때 스누피의 후각은 극도로 예민해진다. 가끔 병원에 갈 때면 그는 그 전날부터 이미 예민해져 있다. 아침에 일어나면서부터 몰려온 불안감은 병원으로 향하는 길에 더 높아지고, 드디어 그곳에 들어서면 최고조에 달한다. 접수한 후 곧바로 혈압을 재면 집에선 정상으로 나왔던 수치가 위험 경계를 가리킨다. 그런 상태에서 스누피는 그곳의 모든 냄새를 다 맡는다고 했다. 한 번은 내게 "정수기 냄새나?"라고 해서 정수기 가까이 가서 냄새를 맡아본 적도 있다. 나는 살면서 청결한 병원에서 정수기 냄새가 날 수도 있다는 생각 자체를 해 본 적이 없었다.

스누피는 자신이 청각, 촉각, 후각 모두 예민하다고 말한다. 그중에서도 가장 견디기 어렵고 훈련이 불가능한 것은 후각이라고 했다. 소리는 막을 수도 있고, 촉각도 조심할 수 있지만, 냄새는 코를 막고 살 수는 없으니까.

스누피의 이야기를 들으며 '참 많이 힘들었겠구나' 싶었다. 하지만 솔직히 말하면 그 예민함 때문에 나 역시 종종 힘들었다.

십몇 년 전 한국으로 돌아왔을 때, 나는 오랜만에 고등어를 굽고 된장을 끓이는 아침이 너무 행복했다. 그러나 스누피는 달랐다. 고등어를 좋아하면서도 '아침'의 고등어 냄새는 견디지 못했다. 토스트 냄새를 기대하는 그에겐 아침 공기 속에서 고등어 냄새는 구역질 나는 낯선 침입이었다. 나에게는 단순히 '생선 냄새가 나는 것'이 그에게는 '온 집안에 참을 수 없도록 역한 냄새가 진동하는 것'이었다. 냄새를 느끼는 강도가 달랐던 것이다. 내가 아침에 된장국이라도 끓이는 날이면 그는 방문을 닫고 나오지 않았다. 결국 나는 아침으로 한식을 포기했다.

신기하게도 그는 점심이나 저녁에는 냄새가 강한 음식도 괜찮았다. 청국장, 홍어, 블루치즈, 액젓 같은 냄새에도 크게 반응하지 않았다. 아마도 예측할 수 있었기 때문이었던 것 같다.

내가 아닌 다른 사람이 만든 반찬의 낯선 냄새에는 언제나 예민하게 반응한다. 가끔은 어쩔 수 없이 식탁에서 그 반찬을 치워야 하기도 했고, 그럴 수 없을 땐 조심스레 눈치를 보며 먹었다. 이상하고 신기하게도 식당의 '낯선 반찬'에는 그런 일이 없다. 처음 가는 식당, 처음 맡는 냄새에도 아무런 거부감이 없다. 집에서는 '익숙함'을 기대하지만, 밖에서는 '낯섦'을 기본값으로 받아들이기 때문일까.

아직도 약간의 불편함은 남아 있지만 지금은 예전보다 훨씬 좋아졌다. 이제는 무언의 인상을 쓰거나 그냥 거부하는 대신 말로 자신의 상태를 표현한다. "지금 냄새가 너무 강해서 견디기 힘들어. 나 밖에 좀 나가 있을게."

내겐 그 한마디면 충분하다.

천둥번개에 매료

비가 내리고 번개가 번쩍이며 하늘이 갈라졌다. 이어서 우르릉쾅쾅, 천둥이 터져 나왔다. 바로 그 순간 스누피의 눈은 음소거된 불꽃놀이처럼 반짝였다. 쉰을 바라보는 나이에 천둥번개에 그렇게 들뜨는 사람을 나는 처음 봤다. 번개가 스치는 순간마다 그는 곧 이어질 굉음을 기다렸고, 소리가 하늘을 흔들면 아이처럼 행복한 표정을 지었다.

어릴 적부터 나에게 천둥은 두려움의 대상이었다. 창문을 닫고, 숨을 고르고, 소리가 잦아들기를 기다리곤 했다. 천둥이 멀어져 고요가 찾아와야 비로소 안심할 수 있었다. 그러나 스누피에게는 그 고요가 아쉬움이었다. 더 이상 번쩍이지 않고 더 이상 울리지 않는 하늘이 그에겐 허전함을 남겼다. 내게 안도였던 것이 그에게는 상실이었다.

나는 그의 뇌를 들여다볼 수도, 그대로 느낄 수도 없어 짐작만 할 뿐이다. 스누피는 청각이 예민하다. 그의 세계에서는 모든 소리가 거의 같은 크기로 동시에 밀려온다. 교실 가득 쉰 명의 아이가 떠드는 소리가 내겐 그저 웅성거림으로 들리지만, 그의 귀에는 그 각각의 소리가 또렷하게 한꺼번에 쏟아져 들어올 것이다. 어쩌면 그래서 오히려 아무것도 분명하게 들리지 않을지도 모르겠다.

그렇다면 예고 없이 터지는 천둥소리가 그에게는 내가 느끼는 것보다 훨씬 더 강렬한 자극이 되었을 것이다. 이것은 아마 자폐적 특성과 관련된 것일까, 아니면 ADHD와 관련된 것일까. 나는 이는 '분명' 어느 한쪽과는 닿아있는 특징일 것이라 '단정'했다.

내 몸을 건드리지 마

언젠가 드라마인지 영화인지를 보는데 무척 익숙한 장면이 나왔다. 사람들이 보통 '자폐증이 있는 사람'이라고 했을 때 떠올리는 전형적인 모습, 사회생활이 어려워 보이는 사람이 양손을 퍼덕이며 상동행동을 하는 장면이었다. 누군가가 그 사람의 귀를 스치자 그는 몹시 불편해하며 마치 귓가의 파리를 쫓듯 손을 빠르게 흔들어댔다.

스누피와 결혼하기 전, 내가 그의 귀를 건드린 적이 있다. 그러자 스누피도 그 영상에서 본 사람처럼 팔을 휘휘 저으며 동시에 표정이 크게 일그러졌다. 나는 살면서 여러 사람의 귀를 스친 적이 있지만 그런 반응을 보인 사람을 스크린 밖에서는 한 번도 본 적이 없었다.

생각해 보니 그 당시에는 스크린 안에서도 본 적이 없었던 것 같다. 80~90년대, 아니 2000년대까지도 한국에서 눈에 띄는 장애가 있는 사람, 사회생활이 어려운 자폐인은 어디서도 본 기억이 거의 없으니 당연했다. 90년대, 한 미국인 동료가 말했었다. "미국엔 장애인이 많은데 한국엔 거의 없는 것 같아요." 그 말을 듣고서야 알았다. 내 삶에서 '장애'라는 단어가 얼마나 철저히 존재감이 없었던가를.

그런 시대적 배경에서 자란 나에게 스누피의 모습은 낯설고 이해하기 어려웠다. 그게 자폐스펙트럼을 가진 사람에게서 흔히 나타나는 모습이라는 걸 그땐 알지 못했다.

스누피가 어느 순간 불편함을 참고 내게 그의 귀를 만져도 좋다고 한 번 허락해 준 적이 있다. 아마 그때쯤 그는 나와 결혼해야겠다고 마음먹었던 것 같다.

스누피가 어느 날 내게 말했다.

"사람들은 대체 왜 만날 때마다 껴안고, 볼을 맞대고, 키스를 하는 거야? 그냥 고개만 숙여 인사하면 되는 거 아닌가?"

"맞아. 그건 나도 동의해. 프랑스 사람도 아닌데 꼭 볼을 맞대는 호주인들 나도 좀 힘들더라. 그래도 반가운 사람들을 보면 나도 모르게 안아버릴 때가 있긴 해."

"아, 난 악수할 때도 너무 싫어. 어쩔 수 없이 악수해야 하면 곧바로 화장실에 가서 손을 씻어. 다른 사람이 내 몸을 건드리는 게 너무 너무 싫거든."

스누피는 지하철을 타면 엉덩이만 간신히 의자에 걸쳐놓고 몸을 앞으로 빼서 앉는다. 다른 사람이 자기 몸에 닿는 것이 너무나 싫기 때문이다.

스누피는 다른 사람의 신체 일부, 머리카락, 옷 등이 몸에 닿는 것에 무척 예민하다. 우리 뇌의 편도체는 감각 자극을 위협으로 인식할 때 즉각적으로 경계 신호를 보내는데, 감각 체계가 쉽게 활성화되는 스누피에게 원치 않는 신체 접촉은 자신의 공간을 침범당하는 일처럼 느껴졌을 것이다. 그 불쾌함과 불안은 단순한 예민함이 아니라 신경이 보내는 '위험 신호'에 더 가까웠을 것 같다.

입안에 감기는 단어나 문장 ————

스누피는 자신의 머릿속에는 '단어의 소리'가 없다고 했다. 모든 정보와 기억을 이미지로 저장하기 때문에 머릿속에서 말을 되뇌는 '혼잣말' 같은 건 없다고 했다. 그래서인지 가끔 입에 착 감기는 단어, 소리가 재밌는 단어, 느낌이 좋은 단어를 들으면 자꾸 '입 밖으로 꺼내' 반복한다.

얼마 전 내가 이런 말을 했다. "영어로는 시원하게 표현이 안 되는데 그런 상황을 '정말 답답하다'라고 해." 그러자 스누피는 그 '답답'이라는 단어의 소리가 마음에 들었는지 부엌을 오가며 "답답", 거실에서 나를 보자 "답답", 잠시 후에 또 "답답" 했다. 그냥 그 단어의 소리를 반복하면 기분이 좋아진다고 했다.

예전에 영어 단어 중에 avuncular(어벙큘럴, '삼촌 같은')이라는 단어가 너무 재밌다고 몇 번이나 반복하길래, 나도 그를 마주칠 때마다 일부러 "어벙큘럴~" 했더니 그때마다 그는 자지러지게 웃었다. 그 모습은 마치 어린아이에게 "까꿍" 할 때마다 까르르 웃는 모습을 떠올리게 했다.

그는 가끔은 불현듯 어떤 단어가 떠올라서는 "내가 이 단어를 어떻게 알고 있지?" "이런 쓸데없는 단어를 왜 이렇게 잘 기억하지?" 하며 스스로 의아해 하기도 한다. 그가 뜻은 모르고 소리만 기억나는 단어가 갑자기 떠오르면 우리는 함께 검색해서 실제로 있는 단어인지, 무슨 뜻인지 찾아본다. 그리고 만약 그 단어의 소리가 입에 '착' 감긴다면 그 단어를 또 몇 번이고 반복한다. 자폐 아이들이 반향어(상대가 한 말을 메아리처럼 그대로 따라 하는 것)를 쓴다고 하는데, 스누피는 단어뿐 아니라 문장으로 따라 하는 것도 좋아한다.

출근할 때 늘 헤드폰을 끼고 나가는데, 헤드폰이 블루투스로 연결되면 "배터리가 충분합니다." 혹은 "배터리가 부족합니다."라고 말한다. 그러면 그는 어김없이 그 말을 따라 한다. "배터리가 충분합니다.""배터리가 부족합니다."

내가 "한 번에 너무 많이 먹지 마. 쪼끔씩 쪼끔씩 먹어." 하면 그는 깔깔 웃으며 따라 한다. "너무 많이 먹지 마. 쪼끔씩 쪼끔씩."

가끔은 내가 아무 말도 하지 않아도 예전에 내가 자주 하던 말을 기억해 스스로 말한다. "천천히 해야지~""혼자 가면 어떡해~" 물론 장난스럽게 웃으며 하지만 그가 진심으로 즐거워하고 있음을 느낄 수 있다.

그리고 문득 자신이 그런 행동을 하고 있다는 걸 자각할 때면 "하하, 나는 정말 자폐가 맞나 봐. 왜 이렇게 말을 따라 하지? 하하하." 하며 웃는다.

나는 입안에서 단어가 만들어내는 공기의 감촉을 느끼지 못하지만, 스누피에게 단어는 단순한 '소리'가 아니라 손끝으로 만질 수 있는 무늬 같은 '소리의 촉감'으로 다가오는 것 같다고 느꼈다. 그는 단어가 입안에서 주는 감각을 즐기는 것처럼 보이는 경우가 많다.

스누피는 목요일을 '쌀th스데이' 대신 '떨스데이'라고 발음하면서 혼자서 너무 신나게 하하하하하 웃는다.

그는 액센트가 다른 사람들의 말을 따라 하는 걸 좋아한다. 같은 단어가 액센트마다 다르게 소리 나는 게 재밌는가 보다. 인도인을 만나고 온 날은 잘 때까지 계속해서 인도인의 액센트를 흉내 내며 즐거워하고, 싱가포르 채널을 본 날은 말끝마다 '~라'를 붙이며 그들의 어투를 흉내 내고, 나를 흉내 낼 때는 중국이나 베트남 사람처럼 혼자 한참을 말한다. 나는 그렇게 말하지 않는데 그런 액센트를 흉내 내는 자신을 보고 다시 깔깔대며 웃는다. 어떤 사람의 이미지를 떠올리면 함께 떠오르는 액센트가 있는 것 같은데, 그는 그걸 꼭 입으로 흉내 내어 본다. 스누피는 전 세계의 수많은 액센트를 참 잘도 흉내 낸다.

그런 식으로 혼자서 단어의 소리를 변형시켜 뱉고는 하하하 웃는 경우가 워낙에 많다. 나는 항상 옆에서 조용히 웃기만 하는데 언젠가 그가 물었다. "당신은 왜 항상 단어를 안 따라 해?" "왜? 나도 따라 해야 해?" "응, 떨~스데이라고 해야지" 그래서 내가 "떨~스데이" 라고 하니 배를 잡고 한참을 웃었다. 그게 왜 그렇게 우스운지는 모르겠지만 입안에서 소리가 주는 감각이 그에게는 남다른 것 같다고 생각했다.

기분 좋은 압박

침대 시트와 이불을 빨아서 매트리스에 아무것도 없었을 때, 그가 피곤하다며 그냥 자러 간 적이 있다. 별생각 없이 있다가 문득 '시트도 이불도 없을 텐데 뭘 덮고 자는 걸까?' 싶어 그를 보러 갔다.

그는 시트도, 이불도 없는 매트리스 위에서 마치 추운 길바닥의 노숙자처럼 다리를 가슴 가까이 끌어올리고 몸을 잔뜩 웅크린 채 자고 있었다. 베개도 없이, 그저 불쌍하게 웅크린 채로.

그 모습을 처음 봤을 때 가슴이 꽉 막히는 듯 아팠다. '나를 귀찮게 할까 봐, 아무 말도 못 하고 그냥 이렇게 잠든 걸까? 내가 그렇게 불편한 사람인가?' 하는 생각이 들었다.

그 이후로도 가끔 그가 이불 속에서라도 그렇게 웅크리고 있는 걸 보면 나는 다리를 펴 주며 말했다. "편하게 다리 펴고 자."

그럼 그는 늘 웃으며 말했다. "아니야, 정말로 난 이게 편하고 좋아." 하지만 나는 그 말을 진심이라고 믿지 않았다. 내가 마음을 쓸까 봐 그냥 그렇게 말한다고 생각했다. 그러다 그에게 자폐스펙트럼의 특징이 많은 걸 알고 나서야 그가 어쩌면 정말로 '그렇게 자는 게 편할 수도 있겠다'는 데 생각이 미치게 되었다.

하지만 여전히 나는 그에게 이렇게 말하곤 한다. "그래도 그렇게 자는 걸 보면 나는 마음이 좀 불편해. 꼭 그렇게 자야 하는 게 아니라면 따뜻하게 다리 쭉 뻗고 자면 좋겠어."

그러면 그가 웃으며 대답한다. "알겠어. 그래야 당신 마음이 편하다면… 나는 웅크리고 자는 게 진짜 더 아늑하고 좋은데…."

스누피처럼 옆으로 몸을 웅크리고 무릎을 가슴 쪽으로 끌어안듯 자는 자세를 '태아 자세'라고 한다. 이 자세는 자폐 성향이 있는 사람들에게 흔히 나타나는 수면 형태 중 하나라고 한다. 불안하거나 감각이 예민한 사람들은 몸을 둥글게 감싸면 외부로부터 스스로를 보호받는 듯한 느낌을 받는다. 그렇게 웅크리면 마치 담요 속에 몸을 파묻은 것처럼 세상과의 경계를 닫아 편안해지는 듯하다.

태아 자세는 몸에 '기분 좋을 정도의 압박'을 주는데 스누피는 그 압박감을 유난히 좋아했다. 가령, 겨울에 무척 무거운 솜이불로 꼬옥 눌러 덮어주면 그렇게 기분이 좋을 수가 없다고 했다.

집에서 글을 쓸 때도 그는 종종 한쪽 발을 다른 쪽 무릎에 올린 채 마치 황새처럼 한 발로 서 있었다. 그 모습이 불편해 보여 "다리 아프지 않아?" 하고 물으면 그는 늘 웃으며 "이게 더 균형 잡히고 편해."라고 말했다. 지금 생각해 보면 그에게는 그 자세가 몸을 기분 좋게 눌러주는 또 다른 방식이었는지도 모르겠다.

훗날 나는 템플 그랜딘이라는 동물학자가 자신을 진정시키기 위해 '압박 기계'를 만들었다는 이야기를 읽었다. 사람의 포옹은 감각적으로 부담스럽지만 기계의 일정한 힘으로 눌리는 압박감은 오히려 마음을 안정시킨다고 했다. 스누피가 무거운 이불을 좋아하고 몸을 웅크린 채 잠드는 이유도 어쩌면 그와 다르지 않을 것이다.

피가 나도록 다리 긁기

스누피의 한쪽 다리가 피가 나도록 심하게 긁혀 있었다. 마치 단단하고 날카로운 사자의 발톱이 세게 긁고 지나간 것처럼. 그런데 누구에게? 어디서?

스누피는 가끔 자기 다리를 아주 세게, 깊게 파이도록 긁어서 피가 나기도 했다. 하지만 예전의 나는 그 이유를 전혀 몰랐다. "당신 다리에서 피가 나!" 하면 "어? 그러네. 자다가 긁었나 봐. 손톱이 너무 길었나 보다. 손톱을 짧게 깎아야겠어." 했다. 짧은 대화는 늘 그렇게 끝났다. 하지만 '상동행동'에 대해 알게 된 뒤에야 스누피가 왜 그런 행동을 하는지 조금 이해할 수 있었다.

아마 자폐 관련하여 공부하거나 가족 중에 자폐가 있는 아이를 둔 사람이 아니라면 '상동행동'이란 단어는 낯설 것이다. 쉽게 말하면, 자폐 성향이 있는 사람은 감각이 과하게 예민해질 때 자신을 진정시키기 위해 특정한 행동을 반복하는 경우가 많다. 같은 말을 반복하거나, 손을 파닥거리거나, 물건을 돌리거나, 몸을 흔드는 식이다. 바로 이런 행동을 말한다.

자폐 특성이 뚜렷한 사람들의 상동행동은 영화나 다큐멘터리에서 종종 보았을 것이다. 하지만 아스퍼거 수준의 경미한 자폐스펙트럼의 경우 그 행동이 훨씬 미묘해서 본인도 주변 사람도 그것이 상동행동이라는 사실을 인식하지 못할 때가 많다. 예를 들어, 머리카락을 손가락에 감아 빙빙 돌리거나, 연필을 계속 돌리거나, 수염을 뽑거나, 눈을 과도하게 깜빡이거나, 손톱을 물어뜯는 행동들도 그 범주 안에 있다. 몸을 움직이거나, 일정한 압력을 가하거나, 가벼운 고통을 주는 행위가 불안을 완화하는 데 도움을 주는 것이다.

스누피는 팔짱을 낀 채 몸을 앞뒤로 흔들거나, 앉아 있을 때 심하게 다리를 떨고, 한쪽 발을 90도로 세운 뒤 그 위에 다른 발을 올려 압력을 가했다. 입술을 벗기거나, 손톱을 물어 뜯기도 했다. 나는 이런 행동들이 불안과 관련되어 있다는 생각은 전혀 하지 못했다. 그래서 불안을 낮춰줄 방법을 찾기보다 그런 행동을 '그만두게 해야 한다'라고만 생각했다.

그렇다면, 자기 다리를 피가 날 정도로 긁는 것도 상동행동일까? 그렇다고 한다. 이런 유형의 행동을 pain stim, 한국어로는 '고통 상동행동'이라고 부른다. 스스로 조절 가능한 수준의 고통을 줌으로써 통제할 수 없는 감각 과부하로 인한 불안이나 긴장을 잠시 누그러뜨리는 것이다. 감각이 견디기 어려울 만큼 예민해질 때 이런 고통 자극이 오히려 감각의 균형을 되찾게 해주는 것이다.

나는 그런 경험이 없지만, 내 주위에서 사람들이 싸우고 소리치고 난리가 나서 너무 스트레스를 받는다고 상상하면 얼굴 털을 하나씩 뽑거나, 손목에 고무줄을 튕긴다거나, 손톱으로 손바닥을 꾹 누르는 식으로 주의를 분산시킴으로써 자신을 진정시킬 수도 있을 것 같다. 그렇게 다른 감각에 잠시 집중함으로써 감정이나 감각의 폭주로

부터 조금은 벗어나는 것이다.

상동행동이 궁금하다면 '상동행동'보다 영어로 'stim' 또는 'stimming'을 검색해보는 것이 좋다. 한국어 자료는 주로 중증 자폐에 초점이 맞춰져 있지만, 영어권에서는 사회생활에서 어려움이 쉽게 드러나지 않는 가벼운 자폐의 예시도 다양하게 소개되어 있다. (요즘은 번역기도 잘 되어 있으니까 전혀 어렵지 않을 것이다.)

감각을 진정시키는 상동행동에는 촉각뿐 아니라 시각적 자극도 포함된다. 예를 들어, 라바 램프처럼 둥근 빛이 천천히 흘러가는 걸 보며 안정감을 느끼는 사람들, 혹은 네온 불빛을 멍하니 바라보는 걸 좋아하는 사람들도 많이 있다.

스누피는 내가 그의 행동이 상동행동일 수 있다고 알려준 후로, 가끔 다리를 긁다 말곤 이렇게 말했다. "나 지금 다리를 긁었어. 하마터면 세게 긁을 뻔했어." 그렇게 스스로 인식하기 시작한 뒤로는 피가 나도록 심하게 긁는 일이 사라졌다.

하지만 지난번 호주 방문 중에는 달랐다. 내가 내 일로 너무 지쳐 그를 세심히 살피지 못했던 때여서 스누피는 오랜 시간 극심한 스트레스 속에 있었다. 어느 날 본 그의 다리는 마치 전쟁터에서 가시덤불을 헤치고 돌아온 병사의 다리 같았다.

밀집된 공간의 불편함

십 년을 호주에서 보내고 한국에 돌아와서는 서울에서 살았다. 부모님은 지방에 계셨기에 기차, 버스, 비행기까지 교통비는 우리에게 늘 지출이 큰 항목이었다. 자연스레 나는 '어떻게든 도착하기만 하면 된다'라는 생각으로 가장 저렴한 교통수단이나 저가 항공을 고르는 편이었다.

한 번은 호주에 갈 때 저렴한 항공편을 이용했다. 평소보다 좌석은 훨씬 좁아서 스누피의 무릎은 앞좌석에 꽉 닿았다. 게다가 중국을 경유하는 항공편이어서 공항에서 줄을 서며 처음으로 '인산인해'라는 단어를 온몸으로 느꼈다. 정말 깔려 죽을 수도 있겠다는 두려움이 들 정도였다.

그날 이후 스누피는 자주 말했다. "앞으로 저가 항공을 타야 한다면 차라리 아무 데도 가지 않겠어."

몇 년이 지나서 스누피가 그 말의 숨은 의미를 알려 주었다. "사실 그때, 그 좁은 공간에서 너무 많은 사람과 붙어 있어서… 정말 죽고 싶었어. 문을 열고 나갈 수도 없고 숨이 막혀서. 그래서 비행 내내 빌었어. '제발 추락해라, 추락해라. 지금, 바로 지금!'"

나는 농담처럼 말했다. "당신 소원이 이루어졌으면 나 그날 진짜 추락해서 죽었겠다?" 하지만 그는 웃지 않았다. 나는 그가 어쩌면 진심으로 추락하기를 바랐을 수 있겠다고 생각했다.

스누피는 KTX의 일반실조차 버겁다고 했다. 옆 사람과의 거리
가 너무 가까워 숨이 막힌다고. 그래서 그는 언제나 특실을 탔다. 나
는 그런 그를 이해하지 못했다. '특실을 타면 안 좋을 사람이 누가
있겠어? 짧은 거리인데 뭐가 그리 힘들다고. 불편을 조금만 참으면
될 일 아닌가?' 하지만 그에게 '참음'은 단순한 인내가 아니라 감각
의 고통을 견디는 일이었다. 소음, 냄새, 낯선 사람의 기척 등은 나
에겐 미세한 불편이지만, 그에게는 몸을 움츠리게 하는 '통증'이었
을 것이다.

목적지에 버스, 택시, 지하철로 가는 방법이 있다면, 스누피는 무
엇이 가장 빠른지와 상관없이 항상 지하철로 간다. 버스는 너무 답
답하고, 택시는 일단 올라타면 무척 좁은 공간에 갇혀있는 느낌이
드는데다 중간에 내리기도 불편하기 때문이라고 했다. 반면 지하철
은 언제든 내려 쉬었다 갈 수도 있고, 걸어서 다른 칸으로 이동도 가
능하니까 말이다. 물론, 지하철을 탈 때는 최대한 사람이 없는 시간
을 선택해 가려고 한다. 그게 몇 시간 일찍이더라도.

그런 그를 이해하기까지 정말 오랜 시간이 걸렸다. 나에게 공간
은 단순한 거리지만, 그에게는 이동하는 동안 온몸으로 느끼는 감각
의 집합이라는 것을. 그래서 그에게는 숨을 쉴 수 있는 최소한의 틈
이 필요했다는 것을.

II. 인식의 세계

우리는 같은 세상을 살아가지만,
각자가 느끼는 세계는 모두 다르다.
누군가에게는 의식하지 않아도 되는 일상적인 일이
다른 이에게는 이해하기 어려운 과제가 되고,
어떤 이에게 자연스러운 것이
또 다른 이에게는 불편함이 되기도 한다.
스누피의 세계가
이미지와 패턴으로 이루어져 있다는 걸 알았을 때,
내가 얼마나 오랫동안
나만의 기준으로 세상을 바라봐 왔는지 깨달았다.
그의 세계를 이해하고 나서
내가 '당연하다' 믿어온 많은 것들이
송두리째 흔들렸다.
그리고 마침내 알게 되었다.
애초부터
틀린 사람은 아무도 없었다는 것을.

오른쪽 왼쪽이 헷갈려

"저쪽 앞에서 우회전"

"오케이…… 어, 막다른 길인데? 여기로 우회전하는 거 맞았어?"

"응, 맞아!"

"어디 지도 좀 보여줘 봐."

20년 전 호주에서 길을 찾을 때는 지도를 직접 펼쳐봐야 했다. 스누피가 방향을 반대로 알려주는 바람에 길을 잘못 든 적이 몇 번 있었지만, 그땐 단순히 지도를 거꾸로 본 탓이라고 생각했다.

한국에 와서는 내비게이션 덕에 그럴 일이 거의 없었다. 하지만 어느 날, 오른쪽으로 갈 수 없는 길목에서 그가 말했다.

"오른쪽으로 가." 그러면서 손은 왼쪽을 가리키고 있었다.

"오른쪽이야? 왼쪽이야?"

"하하하하, 앞으로는 내 말을 듣지 말고 내 손을 봐."

스누피는 오른쪽을 '모르는' 게 아니었다. 하지만 오른손을 들어 가리키며, "잠깐, 오른쪽이라면 이쪽, 이쪽이니까…… 응, 알겠어." 이런 식으로 몸을 써서 방향을 확인하곤 했다.

언젠가 나는 '오른쪽'과 '왼쪽'이 표시된 양말을 여러 켤레 사 왔다. 양말 바닥에는 Right(오른쪽), Left(왼쪽)가 적혀 있었고, L(라지) 표시가 양쪽에 모두 있었다. 스누피는 그걸 무척 재미있어 했다. 매일 신기 전에 방향을 확인하며 양말을 신는 그 일은 그의 새로운 루틴이 되었다.

그러던 어느 날, 오른쪽 양말 두 짝이 함께 개어져 있었다. 기분 좋게 양말을 들고 앉았던 스누피가 "이건 오른쪽이 두 짝이잖아…." 하며 어쩔 줄을 몰라 했다. 나는 미안하다고 하고, 얼른 다른 짝을 찾아 주었지만, 그의 얼굴은 이미 스트레스로 일그러져 있었다.

나는 종종 난독증이나 자폐, ADHD 성향이 있는 사람들에게 묻는다.

"오른쪽, 왼쪽이 헷갈리세요?"

"동서남북이 헷갈리세요?"

많은 이들이 '모르는 건 아니지만 헷갈린다'고 답한다. 어렸을 때 '깁스한 손이 오른손' '점 있는 손이 왼손'처럼 어떤 이미지나 경험을 통해서야 비로소 방향을 익혔다고 했다.

어떤 사람은 "나는 동서남북은 절대 안 헷갈려요!"라고 했다가, 잠시 후 동쪽과 서쪽에서 헤매는 자신을 보고 웃음이 터지기도 했다.

나에겐 너무 단순한 개념과 인식이 왜 어떤 이에게는 그토록 어려운 걸까? 아마도 그들은 문자보다 이미지의 세계에서, 2차원 평면이 아닌 3차원 입체 공간에서, 혹은 도무지 짐작조차 할 수 없는 4차원의 공간에서 사고하기 때문일 것이다.

왼쪽과 오른쪽, 동과 서는 원래 세상에 존재하는 것이 아니다. 그저 우리가 방향을 이해하기 위해 편의상 만든 기준의 말들일 뿐이다.

단어로 세상을 이해하는 사람은 '왼쪽'과 '오른쪽'이라는 말로 방향을 찾지만, 이미지로 사고하는 사람은 그것을 머릿속에 그려야 한다. 패턴으로 사고하는 사람은 그 나름의 논리로 정리해야만 비로소 이해된다.

보이는 것과 보는 것

20년 전쯤 나는 집에서 어린아이 둘을 돌보며 동시에 저녁을 하느라 정신이 없었다. 스누피는 항상 퇴근 시간에 정확히 맞춰 돌아왔다. 어느 날 스누피가 주차하고 뒷문으로 들어와 손을 씻고 밥 먹을 준비를 하다가 말했다. 아까 주차할 때 비가 내리기 시작했다고.

"그럼 빨래는? 들어올 때 밖에 널어둔 빨래를 지나쳐 왔을 거잖아. 비가 오면 빨래를 알아서 걷든지, 아니면 나한테 얘기라도 해야지…. 아, 어떡해! 이제 다 젖었겠다." 지금의 나라면 이 정도에 스트레스를 받지 않겠지만, 그때는 몹시도 중요한 일이었다. 마른빨래를 제때 걷어들이지 못했다는 게 마음을 불편하게 했다.

"아… 빨래가 있었어? 못 봤는데?"

"자, 여기 와서 봐봐. 저렇게 안 볼래야 절대 안 보일 수가 없는 곳에 있는데, 저걸 못 봤다는 게 말이 된다고 생각해? 당신은 정말 이기적이야."

수년이 흘러 한국에 살 때였다. 어느 날 아침, 나는 그가 출근길에 쓰레기를 좀 버리라고 쓰레기 봉지를 현관문 바로 앞에 두었다. 현관문을 열려면 그게 보일 수밖에 없는 곳에 말이다. 그런데 아이들을 챙기느라 배웅을 못 하고 나중에야 봤더니, 세상에 그는 쓰레기 봉지를 옆으로 살짝 밀쳐놓은 채 몸만 빠져나가고 없었다. '아, 이건 뭐지? 이 정도도 못 하겠다는 건가? 정말 너무 이기적인 사람이야!'

그날 저녁 나는 그에게 불만을 쏟았다. "오늘 아침에 쓰레기 좀 버려달라고 내가 현관문 앞에 놔뒀는데 옆으로 밀쳐놨더라? 출근길에 쓰레기 좀 버려주면 안 돼?"

"어 진짜? 쓰레기 봉지가 현관 앞에 있었다고? 본 기억이 전혀 없는데?"

"그래? 그럼 앞으로 매번 '자기야, 문 앞에 쓰레기 봉지 내놨어. 나갈 때 좀 버려줘.' 이렇게 말해야 해?"

"응, 제발 그렇게 좀 해 줘. 직접적으로 얘기해 줘."

스누피는 그의 말처럼 정말 눈앞에 있는 것도 보지 못할까? 나는 작은 실험을 해 본 적이 있다.

30평대 아파트였는데, 거실 한쪽 코너에 크리스마스트리를 장식해두었다. 높이 160cm쯤 되는 트리에 틴슬을 두르고, 별과 장식을 달고, 반짝이는 전구까지 감아두었다. 햇빛이 밝아 전원을 꽂지 않았지만, 그래도 트리의 존재감은 두드러졌다. 트리는 스누피가 서재 문을 열고 나오면 바로 오른쪽, 눈을 피할 수 없는 위치에 있었다. 나는 그가 먼저 알아볼 때까지 아무 말도 하지 않고 거실 테이블에 앉아 기다렸다.

한참 뒤, 스누피가 방에서 나왔다. 하지만 트리를 보지 못한 채 나에게 무슨 말을 하고는 다시 들어갔다.

두 번째로 나왔을 때도 마찬가지였다. '어떻게 저걸 못 볼 수가 있지?' 약간은 걱정 반, 신기함 반이었다.

그리고 세 번째로 나왔을 때, 드디어 트리를 발견한 스누피가 깜짝 놀라며 어린아이처럼 말했다. "어! 크리스마스트리네! 이게 언제부터 여기 있었지?"

"한 몇 시간 됐어. 계속 못 보고 지나치더라."

"진짜 못 봤는데…."

큰 아이는 방송국 리포터여서 늘 양복을 입고 넥타이를 매고 뉴스를 전한다. 스누피는 아이에게 "오늘 인상 안 쓰고 진짜 잘하더라. 잘했어!" 하면서 폭풍 칭찬 문자를 보냈다.

"옷깃 얘기는 안 할 거야?"

"무슨 옷깃?"

"양복 옷깃이 접혀서 위로 올라가 있었잖아."

"어? 난 못 봤는데? 표정에 집중하느라 그게 안 보였나 봐."

"그건 집중하고 안 하고가 아니라 그냥 눈에 확 들어오지 않았어?"

"아니, 난 전혀 못 봤어. 뭘 말하는지 좀 보여줘 봐."

스누피는 집안 물건의 위치가 조금 달라져도, 혹은 새로 들어온 물건이 있어도 거의 알아채지 못한다. 냉동실 문을 열고 바로 앞에 초콜릿이 있어도 못 본다. 과일이 냉장고 안에 있어도, 평상시처럼 과일 통에 들어있지 않으면 전혀 보이지 않는다고 한다. 자신의 눈높이에 있는 찬장 속 물건조차 잘 보지 못한다. 그래서 중요한 물건은 항상 그가 '기대할 수 있는 같은 장소'에 놓아두어야 한다. 그렇지 않으면 영원히 찾지 못할지도 모르니까.

이런 스누피의 성향을 알고 나면 그의 엉뚱해 보였던 행동이 조금은 이해가 된다.

"자기야, 양말의 로고는 보통 발목 바깥쪽에 가도록 신어."

"아, 어떻게 그런 걸 일일이 다 기억하고 신어?"

"자기야, 티셔츠를 뒤집어 입었네?"

"우와, 당신은 그걸 어떻게 그렇게 한 번에 알아?"

"자기야, 양말을 오른발 왼발 짝짝이로 다른 걸 신었네?"

"어디? 똑같은데?"

"자세히 봐봐. 비슷한 거 같지만 좀 다르잖아."

"자기야, 미안. 이불 좀 바로 할게."

"아, 왜~ 잘 덮고 있는데?"

"이불을 뒤집어 덮고 있어서. 이쪽이 바깥쪽이거든."

나는 깨달았다. 내게는 노력하지 않아도 '보이는 것들'이 스누피에게는 노력하지 않으면 보이지 않는 것들이었다. 하지만 그가 '보려고 노력하면' 볼 수 있다는 것도 알았다. 그래서 중요하지 않은 일들은 그냥 내가 적응했고, 옷을 뒤집어 입은 날에는 실밥과 라벨, 재봉선을 보고 구별하는 법을 알려주었다. 그는 일일이 에너지를 들여 바르게 입는 법을 연습했다. 하지만 스트레스를 받거나 '그렇게 중요하지 않다'라고 느끼는 날에는 여전히 실수를 했다. 물론 그에게는 그것이 '실수'조차 아닐 테지만.

스누피를 통해 나는 알게 되었다. 내가 '당연하다'라고 믿어왔던 많은 것들이 사실은 누군가의 기준일 뿐이라는 것을. 왜 옷은 특정 방향으로 입어야 하고, 양말은 같은 걸 신어야 하며, 이불은 무늬가 위로 가야만 하는지. 나는 왜 꼭 그렇게 해야 한다고 믿었을까?

그건 다른 사람들의 시선 때문이었다. 그리고 나는 조금씩, 그런 것들이 덜 중요한 삶을 배우고 있다.

순서대로만 하면 되는데

우리 집 화장실엔 두루마리 화장지가 심만 걸려있고, 새로운 롤로 갈아 끼워져 있지 않은 적이 많다. 처음엔 말없이 내가 갈아 끼웠다. 한 번, 두 번, 세 번… 그러다 어느 날 문득 이런 생각이 들었다. '어떻게 다음 사람 생각은 하지도 않고, 매번 이렇게 심만 걸어둘 수가 있을까? 너무 게으르고 이기적이야.'

나는 그에게 새 걸로 교체해 두는 게 배려라고, 심만 매달려 있는 걸 보면 나도 가끔은 짜증이 난다고 말하기도 했다. 그런데도 여전히 심만 남아 있는 일은 자주 있었다.

그러던 어느 날, 우연히 그가 화장지를 갈아 끼우는 모습을 보았다. 양쪽 홈에 축을 맞춰 끼워야 하는데 한쪽을 끼우면 반대쪽이 빠지고, 다시 그쪽을 맞추면 먼저 맞춘 홈이 빠졌다. 두 홈 사이의 균형을 잡기 위해 애쓰는 모습이 안쓰러울 정도였다. 그날 이후 새 화장지가 끼워져 있을 때면 나는 그 장면에 담긴 그의 애씀을 떠올리며 고마운 마음이 들었다.

그가 화장지 심 끼우는 걸 어려워하는 것과 관련되어 보이는 다른 일도 있다.

스누피는 신발 끈을 잘 묶는 것에 자부심이 있다. "어릴 때 신발 끈 잘 묶는다고 상 받은 적 있어." 그는 이를 자랑처럼 여러 번 말했다. 그런데 그는 끈이 달린 신발을 선호하지 않는다. 그래서 벨크로, 다이얼, 혹은 슬립온처럼 발만 끼우면 되는 신발을 사주면 무척 좋아한다. 나는 오히려 그가 어릴 때 유독 끈을 잘 못 묶어서 선생님이 반복 훈련을 시켰고, 그 결과로 칭찬을 받았던 게 아닐까 짐작한다.

비닐봉지 매듭을 짓고 푸는 것도 그에게는 쉽지 않다. 한국 사람들은 흔히 한 손으로 잡아당기면 풀리게 매듭을 짓는다. 나는 그의 점심 도시락과 함께 가끔 귤이나 쿠키를 위생 비닐백에 담아주곤 했는데, 돌아오면 예외 없이 비닐이 찢어져 있었다. "이렇게 하면 한쪽으로만 당겨도 풀리니까 다시 묶어 쓸 수 있잖아." 그에게 설명해도 어려운 일이었다. 그런 매듭을 짓는 건 아예 불가능하거나 오랜 훈련이 필요한 일처럼 보였다. 그래서 요즘은 항상 지퍼백에 넣어준다.

스누피는 오른손과 왼손의 협응이 힘들어서 설명서를 보고 그대로 따라 하는 걸 어려워한다. 아이들이 독립하고 나서 이케아 가구를 조립해야 할 일이 있었다. 무거운 제품이라 스누피에게 부탁했다. 이케아의 창립자는 난독증이 있는 사람이라 모든 설명서가 글 없이 이미지로만 되어 있다. 그런데도 그는 순서대로 따라 하는 걸 어려워했다. 설명서를 보며 조립하기보다 전체 이미지를 머릿속에 그려 자신의 방식으로 조립하는 듯했다. 대부분은 훌륭했지만, 가끔 오른쪽과 왼쪽이 반대로 바뀌기도 했다. 나는 차근차근 순서를 따라 하는 편이지만, 그는 구조를 3D로 시각화하는 능력이 탁월하다.

스누피가 홈메이드 마요네즈를 만들겠다며 열심히 거품기로 달걀을 저은 적이 있다. 하나가 아니라 세 개나! 그는 섞는 내내 "왜 이렇게 양이 많지?" 하며 의아해했다. 기름을 조금씩 부어가며 머스터드도 넣었지만, 제법 그럴듯해지던 마요네즈는 끝내 걸쭉해지지 않았다. 나는 실망보다는 농담 섞인 목소리로 "레시피는 그대로 따라 한 거지?"라고 물었다. 스누피는 웃으며 "응, 뭐 대충."이라고 답했다.

스누피가 새로운 요리를 시도할 때마다 의도치 않게 전혀 다른 결과물이 나왔던 이유를 예전에는 몰랐다. 그는 단 한 번도 레시피를 '순서대로' 따라 한 적이 없었다, 레시피를 그대로 따라 하는 것은 '쿨하지 않은 일'이라고 입버릇처럼 말하면서. 나는 그동안 '레시피를 정확히 따르는 것' 자체가 그에게 얼마나 어려운 일일 수 있는지를 전혀 생각해 본 적이 없었다.

우리 아파트 공동 현관 로비폰에는 '건물 모양 → 1 → 집 모양 → 호수 입력 → 집 모양 → 비밀번호 → 집 모양'으로 그림과 함께 안내되어 있다. 조금 신경써서 순서대로 누르고 들어오면 된다. 그런데 그걸 스누피는 절대 할 수 없다고 했다. 내가 여러 번 시범을 보여 줬지만, 그는 도저히 따라 할 수 없다고 했다. 그래서 그는 항상 카드 키를 들고 다닌다.

스누피는 어떤 일이든 '한 단계씩 순서대로 따라 하는 일'을 유독 힘들어한다. 그는 이미지를 한 번에 떠올리는 데는 놀라울 만큼 뛰어나지만, 정보를 보거나 듣고 차례대로 실행하는 일에는 유난히 어려움을 느낀다. 순차적으로 정보를 처리하려면, 다음 단계로 넘어가기 전까지 이전 정보를 머릿속에 잠시 붙잡아 두어야 한다. 그런데, 작업기억이 약하고, 보거나 들은 정보를 그대로 따라 하는 데 어려움이 있는 스누피에게 그건 꽤나 에너지 소모가 큰 일이다.

말로 표현이 어려워

내가 가르쳤던 학생 중 몇몇은 "How are you?"라는 아주 기본적인 질문에도 대답하지 않았다. 아니면, 대답하기까지 터무니없이 오랜 시간이 걸렸다. 그렇다고 그 아이들이 영어를 못하거나 수업에 흥미가 없는 것도 아니었다. 단지 대화가 전혀 시작되지 않았을 뿐이었다.

그런 수업을 마치고 돌아온 어느 날, 스누피가 물었다.

"오늘 수업 어땠어?"

"아, 완전 초죽음 됐어."

"왜?"

"'How are you?'라고 물어도 아무 대답이 없고, '좋아하는 색깔이 뭐야?' 해도 조용하고, '어제 좋은 하루 보냈니?'라고 물으면 또 정적이야. 아, 정말 힘들었어."

스누피는 웃으며 말했다. "하하, 난 그 마음 백 퍼센트 이해하지."

"정말? 어떻게?"

"나도 어릴 때 그랬거든. 사람들이 왜 그런 질문을 하는지 도무지 이해가 안 됐어. 'How are you?'라고 묻는 사람이 있으면, 나는 머릿속이 복잡해졌어. '내 상태를 어디까지 솔직하게 말해야 하지?' '이건 너무 사적인데, 이 사람이 나에 대해 그 정도로 알고 싶어 하는 이유가 뭘까?' 이런 생각이 꼬리에 꼬리를 물었어."

그는 잠시 말을 멈추더니 덧붙였다. "좋아하는 색깔을 묻는 것도 그랬어. 그건 내 안의 무언가를 드러내는 일이잖아. 나에게는 너무 사적인 질문이었어. 그리고 '좋은 하루 보냈니?'라고 물으면 '좋은 하루'가 정확히 어떤 하루인지를 먼저 생각하게 돼. 뭘 했는지는 말할 수 있지만, 그게 '좋은지 나쁜지'는 쉽게 단정할 수 없잖아. 아마 그 학생도 그랬을 거야."

"아~ 그렇다면, 그런 질문에 대해 '대부분의 사람이 기대하는 답'을 미리 가르쳐주는 게 필요하겠네. 물론 진실성이 떨어져서 가식적으로 느껴질 수도 있겠지만."

"맞아. 나는 아직도 그런 말들이 너무 형식적이고, 때로는 진심이 없게 느껴져. 그래서 사람들과 의미 없는 스몰토크를 하는 게 세상에서 제일 힘들어. 그런 상황이 오면 늘 긴장돼서… 그냥 피하고 싶어져. 어릴 땐 사람들이 묻는 질문의 의도도 알지 못하고, 어떻게 말로 표현해야 하는지도 몰라서 주로 말을 하지 않았던 것 같아."

스누피는 담담하게 말했지만, 그 말 속에는 어린 시절의 난감함과 당혹감이 배어 있었다.

이제 스누피는 "How are you?"라는 질문에 더 이상 곤란해하지 않는다. 항상 "Not too bad, and yourself?"(별로 나쁘지 않아요, 당신은요?) 하고 빠르고 자연스럽게 대화를 상대에게 넘겨버리는 기술을 익혔기 때문이다.

이미지 세상

스누피는 말보다는 이미지로 정보를 저장하고 처리하는 사람이었다. 이미지 중심의 사고방식은 자폐스펙트럼이나 ADHD, 난독증이 있는 사람들이 자주 묘사하는 특징이기도 하다.

스누피는 말로 정보를 접하는 것보다 이미지가 그려지는 것을 훨씬 좋아했다. 그는 소설을 읽거나 쓸 때면 황홀 지경에 빠진 듯한 표정을 짓곤 한다. 소설은 이미지의 세계이기 때문일 것이다. 그는 작가가 만든 세상에 흠뻑 빠져 구경하거나, 완전히 새로운 세상을 자기 마음대로 만들어낸다.

영화를 볼 때 나는 자막이 있으면 대사를 놓치지 않아서 한국어조차도 항상 자막을 켜고 보는 게 편하다. 하지만 스누피는 자막이 있으면 거슬려서 장면 몰입이 깨진다고 했다. 그는 세상을 이미지로 인식하고, 나는 언어로 이해하기 때문일 것이다. 그래서 우리는 함께 영화를 볼 때 서로 조금씩 양보해야 한다. 다행히 좋아하는 영화 취향이 크게 달라서 다툴 일은 거의 없지만.

스누피는 컴퓨터 게임을 무척 좋아하는데, 솔직히 나는 그걸 시간 낭비라고 생각했었다. 게임을 할 시간에 책 한 권이라도 더 읽고, 논문 한 편이라도 더 쓰고, 집안일이라도 조금 더 하면 얼마나 좋을까 하고. 하지만 지금 생각해보면, 나는 스누피처럼 이미지로 사고하는 사람이 아니라서 그런 게임들에 흥미를 느끼지 못했던 것 같다.

1970년대생인 스누피가 즐겨하던 게임 중 하나는 '심시티 SimCity'였다. 이 게임은 도시를 건설하고 키워가는 시뮬레이션 게임인데, 그에겐 자신의 머릿속 세계를 시각적으로 구현해내는 데 최적인 것 같았다. 지나고 보니 패턴 인식, 공간 지각력, 시각적 예측이 뛰어난 스누피에게 이 게임이 얼마나 즐거운 놀이였을지 짐작이 간다. 나는 그가 경험하는 세계를 구경할 수도 없는 사람일 뿐이지만.

2011년에 출시된 '마인크래프트 Minecraft'는 '심시티'보다 훨씬 더 시각적이고 공간적인 사고 중심의 게임이라고 한다. 심시티가 도시를 설계하는 시뮬레이션이라면, 마인크래프트는 거의 무규칙의 순수한 창조 공간이다. 텍스트나 지시 없이 오로지 시각적, 공간적 단서만으로 세상을 이해하고 조립해야 한다. 그에게 이런 게임 속 세계는 사회적 규칙과 감정의 혼란 때문에 피로한 현실보다 훨씬 더 명료하고 예측할 수 있는 질서를 가지고 있었을 것이다. 그에게 이러한 게임은 어쩌면 단순한 오락이 아니라, 그의 피로한 감각을 조율해 주는 중요한 장치였을지도 모르겠다.

이런 생각에 미치지 못했던 예전엔, 나는 스누피가 게으르고 열심히 노력하지 않는 사람이라고 생각했다. 하지만 이제는 안다. 그 게임들이 그에게는 세상으로부터의 피난처였다는 것을. 당연히 현실의 스트레스가 많을수록, 그는 그 가상의 세계, 이미지로 구축된 세계를 더 자주 찾아갔을 것이다.

요즘은 게임을 거의 하지 않는다. 그건, 현실의 세계가 그에게 조금 덜 피로해졌기 때문일까.

III. 질서의 세계

스누피에게 규칙과 반복은 단순한 습관도,
불필요한 집착도 아니었다.
예측할 수 없는 세상 속에서
예측 가능한 순서와 패턴을 아는 일은
그의 마음에 파도를 일으키지 않을 유일한 방법이었다.
매일의 취침 시간, 식탁의 앉는 자리,
물건의 위치 같은 사소한 것들이
조용히 그의 세계를 지탱했다. 무너지지 않도록.
그의 질서를 이해하는 순간
비로소 세상의 암호를 푸는 그의 언어를 이해하게 되는 것이다.
이 장은 그 질서가 그를 어떻게 보호하고,
또 어떻게 세상과 이어주는지에 관한 이야기다.

원래 하던 대로만

수년이 지나도록 쉽게 잊히지 않았던, 너무 서운했던 일이 있다. 호주에 살던 당시 우리는 차가 한 대뿐이었고 대중교통도 불편했다. 그래서 늘 내가 아침에 스누피와 아이들을 데려다주고, 오후에 다시 픽업해 와야 했다. 항상 같은 루틴이었다. 집 → 스누피 직장 → 아이들 학교 → 내 직장. 돌아올 땐 3시 15분에 아이들을 데려오고, 집에 잠시 들렀다가 4시 반에 스누피를 데리러 갔다.

내가 맡은 수업은 오후 1시쯤 끝났지만, 아이들 픽업 가기 전에 그날 수업 내용을 정리하고 다음 날 수업까지 준비해야 해서 늘 시간이 빠듯했다. 더 일찍 출근할 수도, 늦게까지 남을 수도, 주말에 나올 수도 없었으니까.

그러던 어느 날, 스누피가 쉬는 날이었다. 그가 "오늘은 내가 아이들하고 당신을 데려다줄게." 했다. 그는 아마도 아이들 학교에 먼저 들르고, 나를 직장에 내려주고, 다시 집으로 돌아갈 예정이었을 것이다.

나는 잠시 망설이다가 말했다. "오늘은 내가 좀 일찍 가고 싶은데, 나를 먼저 데려다주고 아이들을 학교에 데려다줄 수 있을까?" 누구를 먼저 데려다줘도 거리 차이는 거의 없어서 아무런 문제가 되지 않을 거로 생각해 한 말이었다.

그런데 스누피는 단호하게 말했다. "No."

전혀 기대치 못한 대답이라 순간 아무 말도 나오지 않았다. 가끔 너무 예상치 못한 답을 들으면 아무 말도 떠오르지 않아 대화의 타이밍을 놓치기도 하는데, 그때가 딱 그랬다. 정신을 차려보니 스누피는 아무렇지 않게 이미 다른 얘기를 하고 있었다.

그날 내 안의 설명하기 힘든 상처는 오래도록 남았다. 그의 단호한 한마디가 차갑게 느껴졌고 그 속에서 나는 존중받지 못한다는 생각이 들었다. 그저 '순서를 바꾸는 일'이 그에게는 생각보다 훨씬 더 큰 의미였다는 걸, 그때는 몰랐다.

언젠가 동네 가게에 갔다가 집으로 돌아오는 길에 그가 말했다.

"이 길은 아까 걸어온 길이잖아."

"응, 그러니까 이 길로 다시 돌아가야지."

"난 같은 길로 돌아가는 게 너무 불편해. 항상 주변을 한 바퀴 돌아서 다른 길로 가야 해."

"그러면 더 멀잖아?"

"상관없어. 같은 길로 다시 가는 게 더 힘들어."

"그래? 그래도 참고 오늘만 다시 같은 길로 돌아가면 안 될까?"

"…… 알겠어….'"

집에 도착할 때까지 스누피는 내게는 아무 말도 하지 않은 채 "아, 불편해. 같은 길로 다시 돌아가다니." 그 말만 되뇌었다.

스누피의 자폐 성향에 관해 이야기한 이후부터, 내가 부탁하면 그는 가끔 불편함을 감수하고 순서를 바꾸거나 익숙하지 않은 일을 시도해 보려 한다. 하지만 결국에는 불편감이 밀려온다.

예전에는 그런 감정이 얼굴의 인상으로 드러나 나의 하루 전체를 망쳐놓곤 했다. 그런데 요즘은 다르다. 그는 자신이 불편하다는 걸 스스로 알아차리고 말로 표현해 준다. 내가 "당신 기분이 안 좋아 보여."라고 하면 그는 잠시 생각하다가 "아, 기분 안 나쁜데, 기분 나쁜 표정을 짓고 있었구나…. 생각해 보니 아까 ○○ 일이 좀 불편했었던 것 같아." 하고 말한다. 그렇게 스스로 자신의 감각을 알아차리고, 그것을 말로 꺼내 대화 속에 녹여낼 수 있게 된 것만으로도 나는 더 바랄 것이 없다.

자폐스펙트럼이 있는 사람에게 루틴과 순서, 그리고 어떤 일에서든 '예측 가능성'은 그가 숨 쉬는 공기와 같다. 그것이 그에게 얼마나 중요한지를 이해하는 것만으로도 그를 반쯤은 이해했다고 말할 수 있을 것이다.

콜라, 커피 중독

스누피에게 질서와 루틴이 '공기'와 같다면, '중독'은 공기 중 산소가 부족할 때 산소를 공급해주는 산소통과 같다. 그것이 있을 때에야 비로소 숨을 고르고 세상과 접속할 수 있으니까.

"당신이 콜라 회사를 먹여 살리고 있을 거야. 거의 20년도 넘게 콜라를 물보다 더 많이 마시고 있으니까." 스누피는 20대 때 하루에 최소 1.5리터, 많게는 3리터까지 콜라를 마셨다. 멀쩡히 걷다가도 편의점을 지나면 갑자기 목이 말랐고, 그러면 꼭 콜라를 사야 했다.

"콜라로 화장실도 청소한대."

"콜라는 ○○도 녹인다더라."

"위에 구멍이 났을지도 몰라."

별의별 얘기를 다 해봤다. 집에 아예 콜라를 들이지도, 숨겨보기도 했지만 소용없었다. 그러다 어느 날, 그가 말했다. "콜라의 그 탄산 느낌이 너무 좋아." 그에게 콜라는 단순한 음료가 아니라 감각의 자극이자, 마음을 진정시키는 안정제 같았다.

뜻밖에도 얼마 뒤, 그는 스스로 콜라 대신 탄산수로 바꿨다. 콜라를 줄이기로 한 것이다. 20년간 콜라를 매일같이 마신 후였다. 물론 탄산수도 엄청나게 마셨다. "그냥 물은… 느낌이 달라. 대체가 안 돼."

커피도 그에 못지않게 긴 여정을 거쳤다. 하루에 진한 커피를 3~4잔씩 마셨는데, 내가 없을 땐 그보다 더 많이 마셨다. 어느 날 그는 숨쉬기 힘들다며 구역질이 날 것 같다고 했다. 나는 카페인 과다라고 했고, 그는 절대 아니라고 했다. 우리는 각자 '믿을 만한 인터넷 정보'를 들이밀며 서로의 주장을 반박했다. 그때 알게 되었다. 인터넷에는 내가 믿고 싶은 모든 정보가 다 있다는 것을.

결국 몇 년에 걸쳐 커피는 하루 1~2잔으로 줄였고 나머지는 디

카페인으로 마시기로 합의했다. 물론 그 합의가 자주 지켜지지 않는 걸 알지만 눈감아 준다.

스누피의 사전에는 '적당히'란 단어는 존재하지 않는 것 같았다. 아예 손대지 않은 것은 있어도 적당히 즐기는 것은 없었다. 몇 달간 조금씩 먹으라고 사둔 머핀과 마카롱 스무 개가 며칠 사이에 다 사라져도 놀랍지 않으니까.

알코올 중독

스누피는 사람들을 만나면 술을 마셨다. 그것도 몸을 가누지 못할 만큼, 매번 끝까지 갔다. 그렇게 20년이 넘도록 비슷한 패턴의 음주 습관이 이어졌다. 스무 살 중반까지 술을 전혀 입에 대지 않던 사람이었다. 하지만 한 번 마시기 시작하자 '절제'라는 단어는 그의 사전에서 사라졌다.

젊은 시절 나도 술을 자주 마셨다. 기억이 희미해질 때까지 마신 적도 많았다. 그래서인지 처음엔 스누피의 음주가 특별히 심각하게 느껴지지 않았다. 게다가 그는 매일 마시는 사람도 아니었으니 여느 젊은 사람들과 크게 다르지 않다고 느꼈다. 하지만 문제는 결혼하고 아이를 낳고, 한 가정을 책임져야 하는 가장이 되었는데도 무책임하게 술을 마시는 것이었다.

30대 어느 날엔 지도교수와 술을 마시고 심한 숙취로 다음 날 중요한 발표를 하지 못했고, 지인의 바비큐 파티에서는 만취해 내가 부축해 겨우 차에 태워 와야 했다. 어떤 자리든 술이 있는 곳이라면 그는 늘 마지막까지 남았다. 택시에서 집 주소를 설명하지 못해 기사가 대신 전화를 걸어온 적도 있고, 지하철을 잘못 타서 서울을 돌고 돌다 늦은 새벽에 돌아온 적도 있다.

나는 화가 나서 말했다. "그렇게 술이 좋으면 차라리 매일 한 병씩 마셔!" 그는 고개를 숙이며 말했다. "나, 사실은 술을 마시고 싶어서 마시는 게 아니야."

그는 진지했겠지만 내겐 그저 가식이 넘쳐나는, 그 순간을 모면하기 위한 핑계로밖에 안 들렸다. 하지만 그는 정말 진심이었다. 술을 끊기 위해 알코올 중독자의 회고록을 몇 권이나 읽었고, 6개월 동안 금주일지를 쓰며 버티기도 했다. 직장에 회식이 잦을 땐 거의 매일 마셨지만, 회식이 없으면 몇 달간 술을 입에도 대지 않았다.

그러나 단 한 모금이라도 입에 대기만 하면 모든 것이 무너졌다. 그리고는 다시 며칠 동안 회한에 잠겼다. 금주 계획을 세우고, 직장에 '금주 서포트 그룹'을 만들겠다는 야심 찬 포부를 밝히기도 했다. 하지만 결국 또다시 술에 젖어 돌아왔다.

"정말 마시려던 게 아니었어. 그냥 한 모금이었어." 그의 말은 늘 같았다. 나는 더 이상 무슨 말을 해야 할지 몰랐다. 지치고, 지겨웠다. 얼마나 더 그가 변하리라는 희망을 품어야 하는지, 얼마나 더 웃는 얼굴로 그를 위해 해장국을 끓여야 하는지, 스스로 묻곤 했다.

그가 왜 자신의 의지와는 달리 자꾸 술을 마셨는지, 그리고 왜 늘 동이 틀 때까지 자리를 떠나지 못했는지, 그도 나도 정말 너무너무 궁금했다. 수없이 반복되는 비슷한 대화를 하다 어느 날 정말 우연히, 그 이유를 알게 됐다. 내가 그에게 물었다. "술을 처음 한 모금 마실 때 머릿속엔 어떤 생각이 들어? 왜 마시고 싶은 거 같아?" 그는 잠시 말없이 생각에 잠기더니 조용히 말했다. "…불안해서인 것 같아. 사람들과 함께 있을 때면 감당할 수 없을 정도로 불안이 몰려오는데, 술 한 모금이 들어가면 내가 아주 자연스러워지는 게 느껴져. 그리고 사람들도 그런 나를 재밌어하고 편하게 느끼는 것 같아."

어쩌면 누군가에게는 너무나 당연하고 쉽게 짐작할 수 있는 이 야기일지도 모른다. 하지만 우리에게는 아니었다. 나도, 그도 오랫동안 몰랐다. 그가 새로운 사람, 혹은 많은 사람과 함께 있을 때 그토록 심한 불안도 항상 동행했다는 사실을. 언제나 사람들과 즐겁게 대화를 나누는 그의 모습만 기억했기 때문이었다. 그런 순간에 그의 손에는 항상 와인이나 맥주잔이 들려있었다는 건 놓치고 있었다. 자신 안에서 '불안'이라는 단어와 뜻하지 않게 만났을 때 그는 아마도 무척 당황스러웠을 것이다.

그날의 대화는 하나의 물꼬가 되었다. 그 후로 우리는 그의 '불안'과 '음주'와 '자폐'에 대해 더 자주, 더 깊이 이야기했다. 무엇보다 그는 자신이 왜 사람들을 만나자마자 술잔을 찾게 되는지를 명확히 깨닫게 되었고, 그것은 그에게 아주 중요한 전환점이 되었다.

그날 이후로 스누피는 완전히 달라졌다. 평온한 얼굴로 그는 이렇게 말했다. "이상하게 이제 술을 마시고 싶은 마음이 전혀 들지 않아." 그리고 그는 20년도 넘게 마셨던 술을 단박에 끊었다.

그렇다면 왜 그는 술을 마시더라도 '적당히' 마신 적이 단 한 번도 없었던 걸까?

이건 내가 신경다양성에 관해 공부하다가 우연히 알게 된 사실과 닿아있었다. ADHD와 절제력의 부족은 밀접하게 연관이 있다고 했다. 어떤 일에 몰입하면 끝을 보려는 성향 때문인지 절제가 어렵다고들 했다. 이런 특징은 발전적으로 작용할 수도 있지만, 반대로 자기 파괴로 이어질 수도 있다. 스누피는 그 성향 덕분에 성공을 이루기도 했지만 술 앞에서는 번번이 KO를 당했다.

그에게는 자폐적 특성이 더욱더 강하게 드러나지만 ADHD적 면모도 함께 있었다. 실제로 많은 신경다양인+들은 자폐, ADHD, 강박, 난독증, 운동협응의 어려움 등을 두 가지 이상 함께 가지고 있는 경우가 많다고 한다. 자폐Autism와 ADHD가 함께 있는 경우는 무척

+ 신경다양인Neurodivergent은 신경다양성이라는 큰 스펙트럼 속에서 세상을 조금 다른 방식으로 보고, 느끼고, 생각하는 사람을 말한다.

흔해서 이 둘을 합쳐서 AuDHD⁺(오디에이치디)라고 한다는 것도 알게 되었다. 그리고 우리는 스누피에게 AuDHD가 있다고 '단정' 지어 생각하게 되었다.

결국, 우리는 이렇게 결론지었다. 그가 술을 입에 댈 수밖에 없었던 이유는 대인관계에서 오는 심한 불안감 때문이었고, 불안감은 대인관계를 힘들어하는 자폐스펙트럼의 특징 때문이며, 절제가 안 되었던 이유는 그의 신경다양성 특성 때문이었을 것이라고. 우리는 비전문가들이었지만 우리에게 이는 아주 타당하고 설득력 있는 해석이었다.

그렇게 20여 년 만에 우리는 우리를 오랫동안 괴롭혔던 문제의 실마리를 찾았다. 그리고 나는 처음으로 그를 미워하지 않고 마음 깊은 곳에서 연민하게 되었다. 그 역시 우리 가족만큼이나, 아니 어쩌면 그 누구보다도 자기 모습에 실망하고 바꾸고 싶어 애써왔다는 것을 이제는 조금도 의심하지 않게 되었다.

스누피가 불안 때문에 술을 마시게 되었다는 사실을 스스로 깨

✦ AuDHD는 자폐스펙트럼Autism Spectrum Disorder과 ADHD의 특성을 함께 가진 사람을 가리키는 비공식적인 용어다. 2013년 DSM-5 개정 이전까지만 해도 자폐와 ADHD를 동시에 진단받을 수 없었지만, 이후 두 특성이 함께 존재할 수 있음이 인정되었다. 연구에 따르면 자폐가 있는 사람의 약 50~70%가 ADHD 특성을 보이고, ADHD를 가진 사람의 30~80%가 자폐적 특성을 지닌다고 한다. 정확한 수치를 단정하긴 어렵지만, 두 특성은 매우 자주 함께 나타나며 신경다양성Neurodiversity의 맥락에서는 하나의 정체성 범주로 이해되기도 한다.

닫고 난 후 그는 사람들 앞에서도 솔직하게 말하게 되었다. "사실 제가 자폐가 좀 있어서요. 사람들을 만나면 불안감이 커집니다. 그래서 술을 마시는데, 일단 마시기 시작하면 절제가 잘 안 돼요. 그냥 콜라 마셔도 괜찮을까요?" 이렇게 말하면 단 한 사람도 뭐라 하지 않았다.

물론 예전 직장이었다면 그는 아마 승진 대상에서 제외되었을 지도 모른다. 현 직장에서도 '자폐가 있다네' '알코올 중독이었대' '허우대는 멀쩡한데…' 하고 뒤에서 수군대는 사람들은 분명 있을 것이다. 하지만 그가 가면을 쓰고 술을 억지로 마셨다 한들 그들은 어차피 다른 말로 그를 평가했을 것이다.

무엇보다 중요한 건, 우리는 '자폐'가 숨길 일이 아니라고 믿는다는 것이다. 나는 진심으로 믿는다. 세상에 자폐적 성향의 사람이 한 명도 없었다면 아마 역사에 큰 획을 긋는 일이나 기발한 아이디어도 없었을 것이라고.

이제 스누피는 자신을 알게 되었다. 그렇다면 그는 절제하며 '가끔' 술을 즐길 수 있을까? 아니다. 그는 자신의 신경다양성 특성들 때문에 자신이 평생 술을 '적당히' 마실 수는 없을 것이라고 믿는다. 그래서 'Drink'라는 단어는 그의 어휘 목록에서 자연스레 멀어졌다. 하지만 어쩔 수 없이 한 잔을 입에 대어야만 하는 순간이 온다면, 스누피는 여전히 예전과 똑같이 절제할 수 없을지도 모르겠다. 그러니 평생 단주를 유지할 수 있기를 소망할 뿐이다.

나는 이토록 오랜 시간 각고의 노력을 기울인 스누피가 참으로 존경스럽고, 안쓰럽고, 그리고 자랑스럽다.

어떤 음식에 꽂히면

스누피는 밀가루와 튀김을 거의 먹지 않는다. 수많은 신경다양인들이 그렇듯이 피부도 예민하고 장도 약하기 때문이다. 그래서인지 늘 식단을 조심하는 편인데 그날은 달랐다. 저녁으로 꼭 K치킨이 먹고 싶다고 했다.

치킨이라면 밀가루옷을 입히지 않은 오븐치킨도 있고, 수많은 브랜드가 있는데 다른 건 다 싫고 오직 K치킨이어야만 했다. 한국에 치킨 브랜드가 수백 가지나 된다는데 그중 단 하나만을 집요하게 고집하는 모습에 나는 그저 웃음이 나왔다.

그 전에도 몇 번 K치킨을 시켜 먹은 적이 있었다. 그러나 먹고 난 뒤에 그는 늘 후회했다. 피부가 뒤집히거나 속이 불편해져서였다. 그래서 그는 늘 말했다. 밀가루 튀김옷을 입힌 치킨은 자신과 맞지 않는 것 같다고. 하지만 그날만큼은 달랐다. 반드시 K치킨이어야만 했다.

나는 부엌에서 조용히 그가 평소 좋아하는 냉동 설렁탕을 꺼내 데웠다. 먹고 싶지 않다면 다음 날 먹으면 되니까. 송송 썬 파를 올려 식탁에 차려두고 그를 불렀다. 스누피는 식탁 위에 놓인 설렁탕을 보더니 눈이 반짝였다. "오, 맛있겠다!" 그는 기분 좋게 한 그릇을 비왔다. 나는 물었다. "이제 K치킨은 안 먹어도 되겠어?" 그는 잠시 생각하다가 말했다. "배는 불렀는데… 여전히 먹고 싶어. 설렁탕은 K치킨이 아니잖아. 배가 부르다는 걸 머리로는 알겠는데 왜 치킨 생각이 자꾸 나는지 모르겠어. 배가 고파서도 아닌데 말이야." 나는 다시 물었다. "그럼 자기가 좋아하는 먹태라도 먹을래?" "좋지! 먹태 먹자." 그는 기분 좋게 대답했다.

그날 스누피는 설렁탕 한 그릇에 먹태와 과일까지 챙겨 먹었다. 이제는 정말 배가 부르지만 치킨 생각은 여전히 마음 한구석을 차지하고 있다고 했다. 배가 불러 더는 먹을 수 없다는 걸 머리로는 알면서도, 마음은 쉽게 그 집착을 놓아주지 않았다.

나는 조심스럽게 이야기를 꺼냈다. ADHD가 있는 사람들은 어떤 생각에 빠지면 쉽게 헤어 나오지 못한다고. 그 생각이 전두엽을 온통 뒤덮기 때문이라고. 그래서 다른 모든 판단과 감각이 잠식당하고, 결국 그 생각을 멈추는 유일한 방법은 그 욕구를 행동으로 옮기는 것이라고 말했다. 그러니 그날 스누피가 머릿속에 한 번 떠오른 K치킨을 그렇게도 떨쳐버리기 힘들었던 건 당연했을 거라고도 했다. 그는 결국 K치킨을 먹지 않았다. 하지만 그 치킨은 여전히 그의 머릿속을 오래도록 맴돌았다.

그날 밤, "… 그런데 결국은 안 먹었잖아. 대단한 거야." 나는 웃으며 말했다. 스누피는 고개를 끄덕였다. "그럼 난 앞으로 어떻게 해야 할까? 계속 머릿속 생각에 지배당하며 살 수는 없잖아."

나는 '생각을 객관화하는 것'을 제안했다. 화를 낼 때도, 감정에 휩쓸릴 때도, '아, 내가 지금 화가 나고 있구나' 하고 알아차리면 상황은 달라진다. 그대로 화를 내더라도 점점 빈도는 줄고, 금세 후회하거나 사과하기도 쉬워진다. 생각도 마찬가지다. '내 전두엽이 지금 이 생각으로 가득 차 있구나' 하고 알아차리는 순간, 그것은 관찰의 대상이 된다. 그렇게 되면 치킨이 아니더라도 비슷한 무언가, 혹은 더 나은 것으로 그 자리를 채울 수 있을 것이다.

스누피는 잠시 고민하다가 미소를 지었다. "생각을 객관화하는 게 쉽진 않겠지만… 아무튼 오늘 K치킨을 결국 먹지 않은 건 나도 뿌듯해."

고구마 껍질

스누피와 나는 가능한 한 채소와 과일의 껍질을 다 먹는 편이다. 키위, 배, 사과, 포도, 감자, 그리고 고구마까지. 어려서부터 나는 과일이나 감자, 고구마 같은 것은 껍질을 벗겨 먹는 데 익숙했지만, 스누피의 문화에서는 대부분의 과일과 채소를 껍질째 먹는 것이 자연스러웠다. 그에게 껍질을 벗겨 먹는 건 불필요하고, 어쩌면 약간은 불편한 일이었을지도 모르겠다.

어느날 나는 평소와는 다르게 이상하게도 껍질을 벗긴 고구마의 맛이 그리웠다. 그래서 고구마 껍질을 하나하나 벗겨 먹고 있었다. 그런데, 스누피가 어딘가 불편해 보였다.

"왜 껍질을 벗겨?"

"응, 그냥. 오늘은 껍질이 먹기 싫어서. 당신도 한번 벗겨서 먹어 봐. 부드럽고 엄청 맛있어."

"아니야, 괜찮아." (부드럽지만 단호하게)

"내가 껍질 벗겨줄게."

순간, 스누피는 장난감을 빼앗아 오는 뽀로통한 꼬마 아이 같은 표정을 짓고서 내 손에 있던 고구마를 휙 낚아챘다.

"헐… 왜? 껍질 벗기는 게 그렇게 싫었어?"

"응."

"…근데, 방금 당신 굉장히 자폐스러웠던 거 알아?"

"응… (자신도 의아한 듯 어색하게 웃으며) 근데 나도 내가 왜 그랬는지 모르겠어."

"정말로 껍질 벗기는 게 그렇게 싫었던 거야?"

"응, 그런 거 같아."

"정말, 껍질 벗겨서 조금 맛이라도 안 볼래?"

"응, 싫어."

그렇게 나는 끝내 스누피의 고구마 껍질을 벗겨주지 못했다. 그가 필사적으로 방어했던 그 껍질은 그의 세계 속 질서를 유지하는 익숙함이었고, 그러한 질서를 조금이라도 흔들려는 시도는 그에게는 감당하기 어려운 일이었을지도 모른다.

새로운 건 싫어

늘 쓰던 치약이 다 떨어져서 새로운 브랜드의 치약을 사다 놓았지만 스누피는 이전 치약을 쥐어짜고 또 짜며 계속 쓰고 있었다.

"이거 늘 써 보고 싶었던 거라 새로 사 봤어. 한번 써 보자."

"난 이게(예전에 쓰던 거) 좋아. 이걸로 계속 쓰고 싶어."

"이것도 한번 써 보자."

"아니, 난 이게 좋아. 이걸로 계속 쓰고 싶어."

"이건 한 번도 안 써 봤잖아. 한 번만 써 봐. 그리고 싫으면 다시 그걸로 살게."

"아니, 안 써 봐도 돼. 이게 좋아."

그렇게 나는 치약도, 립밤도, 칫솔도, 로션도 내 마음대로 바꿀 수 없었다. 내가 써 보고 싶은 게 있으면 내 것을 따로 두고 써야 했다. 그러다 스누피에게 자폐 성향이 있다는 걸 알게 되고 나서 조심스럽게 물었다. "새로운 걸 쓰는 게 익숙하지 않아서 그냥 불편한 거지?" "……" (사실 왜 새로운 걸 쓰고 싶지 않은지 자신도 잘 몰랐다.)

그런 대화를 몇 번 반복한 후, 스누피는 자신이 이유 없이 새로운 것에 불편함을 느낀다는 걸 깨달았다. 그건 너무 비논리적이라

스스로도 납득이 가지 않아 했지만 무척 흥미로워 했다. 그 이후 그는 새로운 것을 만나면 몰려오는 불안감이나 거부감이 들 때마다 스스로 그 원인을 들여다봤을 것이다.

그러던 어느 날, 그가 말했다. "나 그 새로운 치약 써 볼게. 대신 내가 익숙해질 때까지 여기(양치하는 곳)에 며칠 동안 그냥 올려놔 줘. 그럼 며칠 뒤에는 마음이 좀 편해질 것 같아." 그렇게 우리는 서서히 '새로운 것에 대한 거부감'을 함께 극복해 갔다.

수년이 지난 지금은 대놓고 묻는다.

"이거 새로운 건데 괜찮겠어?"

"괜찮아, 며칠만 기다리면 돼. 하하."

"힘들면 뭐, 굳이 안 써도 돼."

"아니야, 괜찮아. 아 정말이지 난 너무 자폐적이란 말이야. 나 너무 웃기지 않아?"

그리고 스누피는 새로운 것에 적응이 힘들 때마다 자신의 불편함을 논리적으로 분석하고 직접 부딪혀 보며 익숙해지려 노력한다.

얼마 전 약국에 립밤을 사러 갔을 때의 일이다. "나는 밖에서 기다리면 안 될까?" "물론 되지. 금방 사 올게." 나는 곧 평소 쓰던 파란색 니○○립밤 하나와 새로운 브랜드 립밤 하나를 사서 나왔다.

"새로운 것도 몇 개 있던데, 어쩌면 이게 니○○보다 더 좋을 수도 있을 것 같아서 같이 하나 사 와봤어. 다른 색은 힘들까 봐 니○○랑 거의 비슷한 파란색으로 골랐어. 사이즈는 이게 조금 더 작긴 하네. 안 쓰고 싶으면 같은 니○○로 바꿔올게. 어떡할까?”“괜찮아. 한 번 써 볼게.”

그리고 집에 와서 “이거 어떤 느낌인지 한번 먼저 발라 봐.”하고 새로운 브랜드의 립밤을 건네자 스누피는 잠시 머뭇거리다가 일부러 용기를 내는 듯 보이더니, 여전히 조금은 주저하며 조심스레 발랐다. 내심 너무 흐뭇했다. 그런 시도를 해 보려는 스누피가 대단하다는 생각도 들었다.

패턴 패턴 패턴

빨래를 너는데 스누피가 다가와 도와주었다. 한참을 같이 널다가 갑자기 그가 소리쳤다.

“아, 너무 힘들어. 빨래 같이 못 널겠어!”

“왜?”

“당신은 빨래를 아무렇게나 널잖아!”

“그럼 손에 잡히는 대로 그냥 널지, 다르게 너는 방법이 있어?”

“자 봐, 수건은 수건대로, 티셔츠는 티셔츠대로, 이렇게 종류별로 착착착 나눠서 널어야지. 이렇게 마음대로 잡히는 대로 널면 아무런 규칙도 없어서 엉망이 되잖아!”

“그래? 그럼 당신이 혼자 널래?”

"그래, 차라리 내가 혼자 널게. 앞으로 너는 건 내가, 개는 건 당신이 해. 난 빨래 개는 게 너무 힘드니까."

스누피는 패턴별로 뭔가가 눈에 보기 좋게 정렬되거나 정돈되어 있는 것을 너무 좋아한다.

스누피에겐 운동화가 세 켤레 있다. 그중 한 켤레는 일할 때, 하나는 산책할 때, 또 다른 하나는 약속이 있을 때 신는다. 가끔 단정한 옷차림에 검정 운동화를 신으면 어울릴 것 같아 "그거 신으면 예쁠 것 같은데?" 하면, 그는 단호히 말한다. "안 돼. 그건 일하러 갈 때 신는 신발이야."

여전히 그는 '일할 때 신는 운동화'를 다른 상황에서 신는 법이 없지만, 이제 나머지 두 켤레는 가끔 번갈아 신을 수 있게 된 것 같다. 그의 세계가 아주 조금씩 유연해지고 있다는 신호일지도 모른다.

간혹 그가 설거지하는 경우가 있는데 그럴 때면 먼저 접시, 컵, 냄비를 종류별로 나눠 싱크대 바깥쪽에 겹겹이 쌓는다. 그걸 지켜보는 나는 "어차피 다 씻을 건데 그냥 싱크대 안에 담그면 되잖아." 하고 말하지만, 스누피는 끝까지 자신의 방식을 고수한다. 그에게 순서와 정렬은 단순한 습관이 아니라 세계를 이해하는 편안한 방식이기 때문일 것이다.

설거지 후 찬장에 용기를 넣을 때도 그는 모양과 색으로 분류하며 즐거워했다. "이야, 이건 어릴 때 내가 좋아하던 모양 맞추기 게임 같아. 나 그거 진짜 잘했거든." 생각해 보면 그는 패턴 맞추는 핸드폰 게임도 놀라운 속도로 해치웠다. 나는 패턴을 찾으려면 애를 써야 했지만, 그에겐 그냥 '보였다'.

강박

"자기야~ 여기 와서 이거(초콜릿을 입은 견과류) 하나만 먹어줘."

"이거? 왜?"

"캐슈넛도 두 개 두 개(즉 합쳐서 네 개), 피스타치오도 두 개 두 갠데, 아몬드만 세 개야. 아몬드 하나만 먹어줘."

"그냥 하나씩 먹으면 되지, 왜 이렇게 꼭 종류별로 분류해서 짝수로 맞춰놨어?"

"이렇게 하면 균형이 맞아서 기분이 좋아져."

"이걸 먹으면 캐슈는 네 개, 피스타치오도 네 개, 아몬드만 두 개가 되는데, 그건 괜찮아?"

"아… 그 얘길 왜 해…?"

그 후로 스누피는 한 팩이 아닌 두 팩을 한꺼번에 먹기 시작했다. 가끔 홀수로 들어있는 특정 견과류를 견디기 힘들어서라고 했다.

내 컴퓨터에는 언제나 여러 개의 창이 열려 있다. 그렇다고 문서가 화면에 열려 있는 건 아니고 상단에 문서 이름만 보인다. 즉, 닫힌 것도 아니고 완전히 열린 것도 아닌 상태로 있는 것이다. 필요할 때

클릭해서 가서 정보를 가져오고, 또 곧 필요할 수 있으니 그런 상태로 두는 것이다. 그걸 본 스누피는 '견디기 힘들다'고 했다. 스누피의 컴퓨터를 가서 보니 단 세 개의 창만 열려 있었는데, 모두 동시에 작업 중인 것이었다. 그에 비해 나는 대개 열 개 가까운 창을 겹겹이 쌓아두고 쓴다.

또한, 그는 문서의 글자 간격, 왼쪽과 오른쪽 여백이 정확하게 맞지 않으면 미칠 것 같다고 했다. 나는 자주 스페이스 바를 '톡톡톡톡' 두드려 간격을 맞추는데, 그는 그걸 보는 것만으로도 고통이 느껴진다고 했다.

한 번은 지인이 어떤 사이트에 강의를 올렸다며 '좋아요'를 부탁한 적이 있다. 나는 그를 돕기 위해 스누피에게도 부탁했고, 간단한 절차로 가입까지 마쳤다. 하지만 문제는 탈퇴 후에도 그 사이트의 알림이 멈추지 않았다는 것이었다. 스누피는 메일이든 카톡이든 읽지 않은 표시가 남아 있는 걸 견디지 못했다. 핸드폰 화면 위의 작은 숫자 하나가 사라지지 않는다는 이유만으로 불안이 계속되는 것이다. 그 일 이후로 나는 다시는 그에게 어떤 사이트 가입도 부탁하지 않게 되었다.

우리집 옷장에 걸린 대부분의 옷걸이는 나무로 된 몸체에 쇠고리가 달린 것이었고, 무거운 옷에는 양복과 함께 딸려 오는 두꺼운 검정 플라스틱 옷걸이를 사용했다. 세탁소에서 주는 옷걸이는 너무 얇아 빨래를 말리거나 옷걸이가 부족할 때를 대비해 옷장 한편에 모아두었다. 아이들이 어릴 때 쓰던, 작지만 튼튼한 플라스틱 옷걸이도 여전히 몇 개 남아 있었다.

스누피는 가끔 짜증 섞인 목소리로, 브랜드마다 모양도 크기도 제각각인 정장용 옷걸이가 너무 싫다고 말했다. 어떤 날에는 나무 옷걸이도 싫다고 했고, 또 어떤 날에는 아이들 옷걸이조차 견딜 수 없다고 했다.

스누피는 옷장 속 모든 옷걸이를 버리고, 크기와 색깔과 모양이 완전히 같은 것으로 통일하고 싶다고 했다. 각기 다른 옷걸이를 볼 때마다 너무 고통스럽다고도 했다. 지금 돌아보면 그는 그런 말을 여러 번 했다. 다만, 그 말들이 예전의 나에게는 제대로 들리지 않았을 뿐이다.

언젠가 신경다양성을 다룬 영국 프로그램을 본 적이 있다. 진행자는 마흔이 넘어서 자폐 진단을 받았다고 했다. 남들이 보기에는 전혀 어려움이 없어 보일지 모르지만, 자신에게는 지나치게 예민한 감각과 특정 패턴에 강박적으로 집착하는 경향이 있다고 했다. 그는 한 예로 자신의 옷장을 열어 보여주었다. 옷장 문이 열리자 똑같이 생긴 옷걸이가 가지런히 걸려 있었고, 옷은 색깔별로 정리되어 있었으며 간격 또한 놀랄 만큼 일정했다.

그 장면을 보며 스누피가 떠올랐다. 스누피가 갈구했던 옷장은 바로 그런 모습이었겠구나 싶었다.

아직 쓸모가 다하지 않은 물건을 쉽게 버리지 못하는 나는 새롭게 다가온 그 상황을 어떻게 받아들이고 대처해야 할지 오래 고민했다. 결국 옷걸이를 완전히 하나로 통일하지는 못했다. 대신 내 옷장과 그의 옷장을 분리해 옷걸이가 최대한 섞이지 않도록 했다. 정장용 큰 옷걸이에 대해서는 무거운 옷을 걸기 위해 필요하니 몇 개는 버리지 않고 남겨두고 싶다고 설명했다. 스누피가 원했던 만큼은 아니었겠지만 그래도 이전보다는 나아졌으리라 짐작한다.

내가 그의 말의 무게를 제대로 가늠하지 못한 채 흘려보냈던 순간은 얼마나 더 많았을까. 이제 와서라도 그의 말을 들을 수 있게 되어 참 다행이다.

몸에 걸칠 수 있는 것

스누피는 상표가 드러나는 옷을 잘 입지 않는다. 자수로 박혀 있는 로고는 일일이 다 풀어야 직성이 풀린다. 한 번은 칼로 로고를 뜯어내다 옷을 찢은 적도 있다.

그가 입는 옷에는 몇 가지 조건이 있다. 반드시 몸에 달라붙지 않아야 하고, 구김이 가지 않으며, 촉감이 부드러워야 한다.

양말을 색깔별로, 종류별로 다양하게 사서 서랍에 넣어두면 스누피는 몹시 불편해 한다. "왜 양말이 전부 다 똑같지 않지?" 그는 같은 색깔, 같은 모양의 양말만 가지런히 정리된 상태를 가장 편안해 했다. 그래서 실제로 그렇게 해 준 적도 있다.

아무리 승진시켜 주거나 월급을 세 배로 준다 해도 정장을 입어야 하는 일이라면 그는 단호히 거절했다. 모두가 넥타이와 정장 차림으로 나타나는 자리에도 언제나 그는 혼자 넥타이 없이 캐주얼한 스마트룩으로 등장했다. "나는 능력으로 승부하지 외모로 평가받고 싶진 않아." 그는 그렇게 말했다. 넥타이는 숨통을 조이는 것 같아서 도저히 맬 수가 없다고 했다. 어쩔 수 없이 처음 다닌 몇몇 직장에서는 넥타이를 매야 했는데, 항상 와이셔츠 첫 단추는 풀고 넥타이는 조금 느슨하게 매었다.

그가 어떤 옷을 입든 변하지 않는 한 가지가 있는데, 바로 항상 벨트를 맨다는 것이다. 벨트를 안 하고 나가다가도 다시 들어와 하고 나가기도 했다. "혹시 몰라서"라고 했지만 '혹시 모르는 것' 그것이 무엇인지는 알 수 없다.

스누피는 유난히 호주머니를 좋아했다. 낚시조끼처럼 주머니가 잔뜩 달린 오래된 조끼를 아직도 가장 아낀다. 입고 갈 곳도 없지만, 그는 그 조끼의 지퍼와 주머니를 하나하나 열며 행복해한다. 사실 그 많은 주머니가 다 필요하지 않다는 걸 그도 안다. 그럼에도 그 조끼를 만지는 그를 보고 있으면 순수한 기쁨이 전해진다.

호주머니에 대한 애착은 가방에서도 이어진다. 여행을 다녀오면 그는 가끔 새 가방을 하나 사 오는데, 첫 번째 기준은 주머니의 개수다. 집에 돌아오면 숨은 주머니를 하나씩 보여주며 들뜬 표정으로 말한다. "이 안에도 또 있어!"

그가 주머니를 좋아하는 이유는 아마도, 무엇이든 분류해 정리해 둘 수 있다는 생각만으로 마음이 편해지기 때문일 것이다.

불편은 감수하는 것

가끔 어떤 사람의 행동을 보면 답답할 때가 있다. 뭔가 불편하거나 불만이 있을 때 늘 하던 방식에서 조금만 바꾸면 훨씬 더 편해질 텐데, 시도조차 하지 않으려는 사람. 스누피가 오랫동안 그랬다. 늘 자신이 익숙한 방식으로만 해야 했고, 자신이 생각하지 못했던 방식을 누군가가 '갑자기' 제안하면 '일단 거부'부터 했다.

하지만 스누피의 그런 성향을 알고 난 뒤로는 나도 그를 대하는 태도가 바뀌었고, 스누피도 조금씩 변했다. 이제는 자신이 봐도 비논리적인 행동을 '논리적으로 분석'하고, '가끔 보다는 많이' 새로운 시도를 해보곤 한다.

너무 오랫동안 나는 스누피에게 이렇게 말했다.

"그래? 그게 거기 있어서 불편했으면 여기로 옮기면 됐잖아?"

"무선 이어폰이 자꾸 빠져서 불편하면 참고 살지 말고, 더 나은 방법을 찾아보면 되잖아?"

"신발 끈 묶는 게 싫으면 끈 없는 운동화를 신으면 되잖아?"

"글자가 잘 안 보이면 안경점에 가서 시력 검사받고 안경을 사면 되잖아?”

하지만 그에게는 이런 것들이 결코 ‘간단한 일’이 아니었다.

예전에 나는 솔직히 이해하지 못했다. 집안의 물건을 다른 곳에 옮긴다고 내가 불편해 하는 사람도 아니고, 자신이 안경을 살 돈이 없는 것도 아닌데, 왜 불편함을 감수하고 살까? 그것도 끊임없이 불평하면서 말이다.

그런데 스누피를 더 깊이 이해하게 되면서 깨달았다. 그는 내가 배치해 둔 물건을 자신의 편의에 따라 옮긴 적이 거의 없었다. 그건 아마 나를 배려하는 방식이었을 것이다. 그리고 새로운 물건을 사거나 안경을 맞추는 일은 ‘다른 사람과의 교류’를 의미했다. 그것은 그에게 피할 수 있으면 어떻게든 피하고 싶은 일이었다.

끈 대신 다이얼을 돌리는 운동화를 사기까지도 오래 걸렸고, 안경을 맞추는 데에는 1년이 넘게 걸렸다. 그동안 나는 속이 터질 것 같았고, 그 답답함이 어쩌면 그에게도 전해졌을 것이다. 하지만 그는 끝까지 나의 제안을 거부했다.

결국 다이얼 운동화는 “딱 한 번만 신어보자”고 간곡히 부탁해서야 신었고, 무선 이어폰은 (아들이 알려줘서) 내가 골전도 이어폰을 그냥 주문해서 써보라 했으며, 안경은 정말 더는 버틸 수 없을 정도로 불편해져서야 마지못해 샀다. 이런 과정을 겪으며 나는 깨달았다. 내가 아무리 좋은 선택지를 제시해도, 그에게 ‘무조건 하라’고만 하면 그는 절대 시도하지 않을 것이라는 걸. 그래서 이제는 그를 새로운 선택지에 여러 번 노출시키고, 그가 마음의 준비를 할 시간을 충분히 주며, 그가 원할 때 선택할 수 있도록 기다린다.

지그재그로 일 마무리

"자기야, 나 결정했어. ○○○을 주제로 글을 쓰려고 사이트를 만들었어."

반나절 후,

"자기야, 그거보단 원래 생각했던 주제로 다시 가려고 해."

다음 날,

"사이트가 별로여서 다른 곳으로 옮겼어."

몇 시간 뒤,

"소설을 먼저 써보려고. 분석하는 글보다는 그게 나을 것 같아."

"그래도 분석 글은 일주일에 두 편은 써야 할 것 같아."

그다음 날,

"윈도우가 마음에 안 들어서 리눅스로 바꿨어."

이틀 뒤,

"다시 윈도우로 돌아왔어. 명령어 입력하는 게 너무 힘들어. 다음에 다시 도전해야겠어."

예전의 나는 이런 그를 이해하지 못했다. 왜 하나의 목표를 정하면 그 길로 똑바로 가지 못하는 걸까, 왜 이렇게 지그재그로 시간을 허비하는 걸까. 하지만 이제는 판단하지 않고 그냥 듣는다. 때가 되면 그는 결국 자기 방식대로 완성할 거라는 걸 알기 때문이다.

"자기야, 난 왜 이렇게 이랬다저랬다 해? 나도 내가 답답해."

"응, 괜찮아. 자기는 지그재그형이잖아. 마감일도 없는데 뭐 어때. 마감이 생기면 또 놀라울 만큼 집중하잖아. 그때까지는 이것저것 즐기면서 해봐."

스누피는 지루한 일을 이유 없이 반복하는 걸 참지 못했다. 흥미를 잃은 일은 벌점을 받더라도 하지 않았다. 그런 그의 성향을 몰랐던 나는 종종 화를 냈다.

"사람이 한 번 한다고 했으면 끝까지 해야지. 한다고 해놓고 그만두면 그걸 위해 세운 계획은 뭐가 돼?"

"○○사에 지원하겠다고 해놓고, 지원서 쓰다 흥미가 떨어져서 안 했다고? 그럼 나랑 진지하게 나눈 이사 얘기는 뭐였던 건데?"

"자전거 타러 간다고 약속했잖아. 아침에 일어나니까 가기 싫어졌다고? 그럼 그걸 기다리던 사람은 뭐가 되는데?"

그땐 정말 이해할 수 없었다. 하지만 지금은 다르다. 이제는 스누피의 말에는 '50퍼센트만의 확률'이 있다고 생각한다. 어제까지 신나던 일도 오늘은 흥미가 식을 수 있고, 머릿속에서 완벽하던 아이디어가 실제 실행 단계에서 갑자기 복잡하게 느껴질 수도 있으니까.

아이러니하게도 그렇게 마음을 고쳐먹자 오히려 편해졌다. 그가 하지 않기로 한 일에는 더 이상 마음을 쓰지 않게 되었고, 결국 완성된 일들만 보게 되니 오히려 그가 훨씬 더 많은 일을 해낸 사람처럼 느껴졌다. 다만 계획에 변경이 생기거나 다른 사람이 개입된 일일 때는 최대한 급히 바꾸지 않고 사전에 알리기로 했다.

어떻게 이걸 버려

아이들이 독립하고 집도 줄이면서 집안의 물건을 아주 많이 정리하기로 했다. 하지만 내 마음대로 정리한 것은 거의 없었는데, 그러면 아주 난리가 났기 때문이었다. 정리를 막 시작할 때의 일이다.

둘째가 17살이 되었는데 유치원 때 쓰던 태권도 킥 패드를 아직도 가지고 있었다. 너무 멀쩡한 새것이라 그냥 버리기도 아깝고, 누구 줄 사람도 없어서 계속 가지고 있었다. 하지만 이제는 어떻게든 정리를 해야 할 것 같아서 스누피에게 그걸 다른 사람 주거나 버려도 되겠냐고 물었다. 그는 "우리 아이들이 쓰던 소중한 추억이 담겨 있는 이걸 어떻게 처분할 생각을 할 수가 있단 말이야?!" 하면서 무척 감정적으로 되더니 서재로 쌩하니 들어가 버렸다.

예상했던 시나리오가 아니어서 나는 좀 당황하기는 했지만, 예상치 못했던 일을 한두 번 겪은 것도 아니어서 그냥 그러려니 하고 기다렸다. 하지만 한참을 기다려도 스누피가 방에서 나오지 않아 직접 서재로 들어가 사과했다. "미안해. 그게 당신에게 그렇게 소중한 물건인지 몰랐어. 그렇게 의미 있는 물건이면 계속 간직하자. 마음을 상하게 해서 정말 미안해. 마음에 두지 말고 기분 풀어. 절대로 안 버릴게."

그리고 이틀 후, "내가 생각해봤는데 내가 좀 말이 안 되는 거 같아. 아이들은 다 컸고, 우리가 태권도를 할 것도 아니고, 누군가가 그걸 쓸 수 있으면 주면 더 좋을 것 같아. 대신 그걸 내 눈에 보이지 않는 곳에 한동안 두었다가 내가 잊을 법할 때 어떻게 처분했는지도 말해주지 말고 그냥 없애 줘. 아직은 알게 되면 힘들 것 같아."

"그래, 그럴게. 대신 내가 사진을 찍어뒀어. 다음에 혹시 보고 싶으면 보라고."

"아니야, 사진 안 찍어도 돼."

"사진은 사실은 날 위해서 찍어둔 거야. 내가 보고 싶을까 봐."

그 후, 요즘의 우리 대화는 이렇다.

"전에 쓰던 가방이 불편해서 이 가방을 새로 샀잖아. 그러니까 이전 가방은 처분해도 되겠지?"

"… (잠시 동공 지진) 혹시 모르니까 그냥 가지고 있을래."

"어떤 혹시 모를 경우?"

"이 가방을 다시 쓰고 싶거나 뭐 그런… 아니다, 내가 버리지 않을 이유를 억지로 만들어내려는 거 같아…. 아마도 쓰지 않을 게 거의 분명하니 처분하자. 근데 버릴 거야? 버리기엔 너무 아까운데…."

"아니야, 기부할 거야."

"아, 다행이다. 버려지지 않아서."

컴퓨터 파일, 이메일 정리

내 이메일은 정리가 잘 되어 있지 않다. 받은 편지함에는 783개의 메일이 들어 있고, 분류도 되어 있지 않다. 한때는 폴더별로 꼼꼼히 나누어 정리하던 시절도 있었는데, 한국에 돌아와 온라인 주문을 자주 하게 되면서 배송, 결제, 도착 알림 메일이 폭주하기 시작했다. 어느 순간부터는 '이건 도저히 매번 정리가 바로바로 안 되겠다.' 싶어 포기했다. 물론 이런 말을 하면 스누피는 "그건 말도 안 되는 변명이야!"라고 할 테지만.

스누피는 내 이메일에 '99+'가 떠 있는 걸 보면 엄청난 스트레스를 받는다. "도대체 저걸 어떻게 아무렇지 않게 보고 있지?!" 하면서. 그의 이메일은 늘 완벽하게 정리되어 있다. 받은 편지함에는 많아야 세 통. 이메일이 오면 즉시 읽은 후 휴지통으로 보내거나, 지정된 폴더로 옮기거나, 일주일간 안 봐도 될 메일이라면 '스누즈snooze' 기능으로 잠시 사라졌다 일주일 후에 다시 나타나도록 설정해둔다. 정말 정리에 대한 강박감이 생활 습관이 된 사람이다.

나는 온라인 수업 자료를 만들 때 문서 이름을 날짜 없이 저장한다. 그날만 쓸 것도 아닌데 굳이 날짜를 붙일 필요가 있을까 싶어서

다. 하지만 스누피는 반드시 날짜로 시작한다. 예를 들어 '2025-09-11_강의자료'처럼. 그래야 컴퓨터 안에서 순서대로, 보기 좋게 정렬되기 때문이다. 같은 문서를 다음에 또 써야 하면 그는 제목만 새 날짜로 바꾸어 저장한다.

그는 어떤 일을 시작하기 전, 늘 책상 정리나 컴퓨터 파일 정리부터 한다. '오늘 꼭 마감해야 한다'는 말을 해놓고도 일보다는 온종일 이메일을 정리하거나 파일 이름을 바꾸고 있다. 그러다 저녁쯤 되면 이렇게 말한다. "이제 진짜 일할 준비가 됐어."

이쯤 되면 그는 정리정돈을 잘하는 사람일까?

글쎄. 그의 사무실을 보면 그런 생각이 싹 사라진다. 자신이 중요하다고 생각하지 않는 영역은 정말 믿을 수 없을 만큼 지저분하다. 집에서도 자신의 책상은 주기적으로 정리하지만, 그 외의 공간에는 본인의 흔적이 여기저기 흩어져 있다. 아마도 그의 이런 모습은 ADHD적인 특징 때문일 것이다.

자신에게 자폐적 특성이 있다는 걸 알고 난 뒤, 그는 신경다양성에 관한 팟캐스트를 열심히 찾아 들었다. 그리고 어느 날 말했다. "내가 봐도 나한테 ADHD도 있는 것 같아. 팟캐스트에서 하는 얘기가 모조리 다 날 보고 하는 말처럼 들리거든. 하나 같이 다 나! 나! 나! 나더라고!"

그가 그렇게 '정리'를 반복하는 이유는 머릿속이 늘 복잡하고, 작업 기억이 좋지 않기 때문인 것 같다고 했다. 그래서 자신이 통제할 수 있는 영역만큼은 강박적으로 정리해 두려는 것 같다고.

　ADHD와 ASD(자폐스펙트럼)는 무척 흔하게 함께 존재한다. 하지만 한국에서는 여전히 자폐에 대한 이해가 충분하지 않아서 ADHD만 이름 붙여지는 경우가 많다. 하지만 이들 중 상당수는 자폐스펙트럼이 같이 있는 AuDHD라고 봐야 한다. 이들 각각의 특징과 공통적인 특성을 알아두면 좀 더 잘 이해할 수 있을 것이다.

	ASD (Autism Spectrum Disorder, 자폐스펙트럼)	ADHD	AuDHD (ASD + ADHD)
핵심 특징	루틴과 예측 가능성 선호, 변화에 불안	즉흥적이고 주의가 쉽게 분산됨. 새로운 자극과 변화를 선호함	변화와 예측 가능성 사이에서 흔들림
집중의 패턴	특정 관심사에 깊이 몰입함	짧은 집중과 하이퍼포커스가 번갈아 나타남	강한 몰입과 급격한 피로가 교차함
사회적 관계	사회적 단서 해석이 어렵고 피로를 느낌	즉흥적이고 친화적이지만 지속성이 약함	사람과 연결되길 바라지만 금세 지치거나 혼란스러움
감각 처리	감각에 예민하고 쉽게 압도됨	감각 자극을 즐기며 추구하는 경향이 있음	자극을 원하면서도 동시에 과부하를 느낌
조직, 계획성	일정한 루틴을 유지하려 함	계획보다는 즉흥적 행동이 많음	루틴을 세우려다 충동으로 흐트러짐
정서 조정	감정 표현이 제한적이거나 내면화됨	감정 기복이 크고 즉각적인 반응	감정의 폭이 크지만 표현은 복잡하고 예측하기 어려움
기타	안정감과 반복을 선호	쉽게 지루함, 새로운 자극 선호	지루함과 반복 모두를 견디기 어려움

매일 같은 것만 먹기

예전에 스누피는 요리하는 게 너무 즐겁다고 했다. 그리고 실제로 요리를 자주 했다. 그러다 언젠가부터 내가 주로 요리하게 되었는데, 그 주된 까닭은 그의 요리가 너무나 단조로웠기 때문이었다.

그가 요리를 할 때다. 아주 즐겁게 그는 냄비에 토마토를 썰어 넣고, 양파와 마늘을 넣고, 캔토마토를 부었다. 그리곤 늘 통조림 캔에 든 강낭콩을 부었다. 그리고 그다음 주에 요리하면 버섯을 썰고, 가지를 썰고, 고구마를 썰고… 이번엔 뭔가 새로운 요리가 나오려나 기대해 보지만 마지막엔 캔토마토와 캔강낭콩이 반드시 들어갔다. 어떻게든 결국 다시 빈스Beans 요리가 되었다. 나는 그의 빈스 요리가 지겹다고 말하지 못했고, 대신 내가 요리를 하겠다고 했다. 어쩌다 보니 그때부터 내가 요리하는 걸로 쭈욱 이어져 오게 됐다. 하지만 가끔 그의 빈스 요리가 그리울 때면 다시 그에게 요리를 부탁한다.

그는 자신이 만든 빈스 요리만 매일 먹으면서 살고 싶다고 했다. 그렇다고 나의 요리를 싫어하거나 거부했다는 건 아니다. 다만 어떤 특정 요리는 그의 마음을 편안하게 해 주는 것 같다는 생각이 든다.

나는 특정 요리를 먹으면 어릴 때 생각이 난다던가, 몇 번 더 먹고 싶다고 생각하기는 하지만 그 요리를 질릴 때까지 계속 먹고 싶다고 생각하지는 않는다. 하지만 스누피는 어떤 특정 요리만 매일 먹고 살면 좋겠다는 말을 자주 한다.

몇 달 전, 근처 가게에서 냉동 두리안을 발견했다. 원래 두리안을 좋아하긴 하지만 그날 이후로 스누피는 두리안을 강박처럼 먹었다. 다른 어떤 과일도 두리안을 대체하지 못했다. 여름이 가고, 가을을 지나, 추운 날씨가 시작되어도 스누피는 여전히 매일 냉동 두리안을 먹는다. 겨울이 오면 더 저렴한 귤로 잠시라도 바뀌길 바랐지만 그런 일은 일어나지 않았다. 가끔 가게에 두리안이 떨어진 날에는 몹시 어쩔 줄 몰라 했다. 한 번은 그런 모습을 본 가게 주인이 "다시 입고되면 전화드릴게요."라며 약속했다. 그날 이후 스누피는 매일 과일 가게의 전화를 기다리며 마음 졸이는 하루하루를 보냈다.

몇 달 전 스누피가 매우 아파서 수술을 받았는데, 그때 한참 동안 죽만 먹어야 했다. 처음에는 ○죽에서 죽을 사서 먹다가 나중에는 내가 죽을 종류별로 돌아가면서 끓였다. 그는 한동안 계속 매일 죽을 먹었는데 죽이 너무 맛있다고 했다. 그리고는 매일 죽만 먹었으면 좋겠다고 했다. 2주일이 지나고 3주일이 지나고 한 달이 넘어가는데도 죽을 여전히 좋아했다. 아침, 점심, 저녁을 모두 죽으로!

순간 '앗, 이러다 매일 죽을 끓여야 할지도 모른다'는 생각에 서서히 죽을 밥에 가깝게 끓여 죽밥을, 약간 진밥을, 덜 된밥을, 그냥 밥을, 그리고는 잡곡으로 바꿨다.

스누피는 매일 아침 메뉴가 다양하게 바뀌는 것보다 항상 같은 것이 나오는 걸 심적으로 편안해한다. 요즘은 아침으로 잡곡밥에 낫

또와 계란을 매일같이 먹는다. 내가 다른 걸 해 주면 먹지만, 혼잣말로 "나는 매일 같은 걸 먹는 게 좋아."라고 한다.

지금 돌아보면 스누피는 단 한 번도 "어제 저 커피숍에 갔는데 오늘은 다른 데 한번 가볼까?" "지난번에 ○○먹었으니 오늘은 다른 음식 먹어볼까?" 같은 말을 한 적이 없는 것 같다. 어제 어떤 커피숍에 갔다면 오늘도 '당연히' 그곳에 가는 것이고, 어제 먹었던 햄버거 세트가 맛있었다면 오늘도 '당연히' 같은 것을 주문한다.

물론 내가 이런 얘기를 꺼내면 그렇지 않다는 걸 증명하기 위해 '일부러' 다른 것을 주문하려 할지도 모른다. 하지만 그건 그에겐 자연스러운 선택은 아니다. 불가능한 것은 아니지만 자신이 인지하지 못하는 사이 더 많은 에너지가 소모되고 있을 것이다. 그러니 주위에 아무도 없다면 스누피는 언제나 같은 장소에 가고 같은 음식을 먹고 있을 것이다.

5시는 저녁 시간

시곗바늘이 5시를 가리킨 지 한참이 되었는데 스누피는 꼼짝도 하지 않고 컴퓨터 앞에 앉아 글을 쓰고 있다. '어쩐 일이지?' 나는 그런 스누피를 방해하지 않으려 최대한 내 존재감을 숨긴 채 거실 한 쪽에 숨죽이고 있었다. 나는 정말이지 저녁 준비를 조금이라도 더 늦게 하고 싶었기 때문이었다.

6시가 조금 넘어 스누피가 의자에서 일어나 걸어 나오다 시계를 봤다. "Oh no! 벌써 시간이 이렇게나 늦었단 말이야?! 빨리 저녁 먹자!" 했다.

그 말을 들은 나는 "배가 고픈 거야? 아니면 시간이 5시가 넘은 걸 알고 나니 배가 고프다고 생각하게 된 거야?" 하고 물었다. 스누피는 배가 엄청 고픈 것이라고 했다. 하지만 나는 스누피가 항상 일어나자마자 아침을 먹고, 점심은 12시에, 그리고 저녁은 5시에 먹는다는 것을 알고 있다. 아침을 6시에 먹든, 8시에 먹든, 그 후에 간식을 먹었든 상관없이 점심시간은 12시다. 그래서 나는 그가 실제로 배가 고팠을 가능성은 그리 높지 않다고 생각했다.

호주에 살 때 스누피는 퇴근을 주로 4시 30분쯤에 했다. 나는 3시까지 일을 마치고 정신없이 아이들을 픽업해서 집에 온 후 빛의 속도로 저녁을 준비했다. 그리고 다시 아이들을 차에 태우고 스누피를 픽업해 오곤 했다. 스누피는 차에 타면서 너무 배가 고프다고 했고, 집에 와서 씻고 옷을 갈아입는 동안 나는 저녁을 차렸다. 그렇게 십여 년 동안 우리의 저녁은 항상 5시였다. 한국에서 자라며 평생 저녁은 6시나 7시라고 생각하고 있던 내게 5시 저녁은 무척 일렀지만, 호주에선 다들 일찍 잠자리에 들었으니 괜찮았다.

그런데 한국에서는 9시 이전에 잠자리에 드는 사람이 흔치 않다. 게다가 대부분의 저녁 약속은 6시나 7시, 혹은 8시일 때도 있다.

그런데 스누피는 한국에서도 5시 저녁을 고수했다. 8시에 회식이 있었을 때, 그는 집에 들어와 5시에 간단한 저녁을 먹고 회식은 회식대로 했다. 그런 그가 나는 무척 불만이었다. 어째서 밖에서 저녁을 먹기로 되어 있는데도 집에서 나는 또 저녁을 준비해야 하는가? 하지만 5시에 저녁을 먹지 못하면 무척 불안함을 보였기에 나의 불만은 내 안에 머물러야 했다.

그렇게 이십몇 년이 지난 그날, 스누피에게 다시 물었다.

"지금까지 자기가 일할 때는 배가 고프다는 생각을 안 했잖아? 그리고 일어나서 부엌으로 걸어올 때도 사실 배고픈지 몰랐잖아? 그런데 시계를 보자마자 갑자기 막 배가 고프다고 했거든. 그럼 사실 아까부터 배가 고팠던 걸까, 아님 5시가 넘었다는 사실이 배가 고프다고 느끼게 한 걸까?"

"당연히 배가 엄청 고픈 거지!"

"정말? 배가 정말 12시, 5시에 정확하게 고프다고? 같은 시간에 식사하는 게, 예측할 수 있는 거라 마음이 편하고 그래서 몸이 배가 고프다는 가짜 신호를 보내는 건 아닐까? 보통은 배가 고플 때 밥을 먹거든. 배가 고프지 않은데 시간이 되었다고 꼭 식사하지는 않는단 말이야…."

스누피는 그때까지 단 한 번도 자신이 그 시간에 배가 안 고팠을 수도 있겠다고 생각해 본 적이 없었다. 그날 그는 진지하게 자신이 정말로 강박적으로 같은 시간에 식사하려고 했던 것은 아닌지 생각해 보는 것 같았다. 신기하게도 그다음부터는 스누피의 식사 시간이 조금씩 바뀌기도 했다.

"12시 10분 전인데 아직 밥이 덜 되었어. 식은 밥 데워줄 테니 자기만 먼저 먹어. 난 밥이 다 되면 좀 있다 먹을게."

"아니야, 나도 밥 다 되면 같이 먹을게."

"?? 12시 넘어도 괜찮아?"

"너무 오래는 안 걸리겠지?"

"웅, 12시 30분 전에는 먹을 수 있어."

"좋아!"

"주말에 ○○하고 점심 약속 시간을 정하려고 하는데, 12시에는 좀 어려울 것 같아. 1시나 돼야 점심이 가능할 것 같다는데? 어떡하지? 저녁에 만날까?"

"아니야. 괜찮아. 1시에도 괜찮아."

예전에는 12시가 지나거나 5시가 넘어도 식사를 할 수 없을 때면, 불안감이 매우 높아져 예민해진 스누피에게 맞추느라 나는 살얼음 위를 걷는 듯 무척 피로했다. 하지만 그날의 대화 이후로 그는 스스로 조금은 유연해지려고 하는 것 같았다. 적어도 가끔은 자신이 정말 배가 고픈 것인지, 아니면 강박적 반응인지 잠시 멈추고 바라보기를 하는 것 같다.

물론 불안이 높은 날에는 식사 시간을 정확히 지키는 편이 그에게도 나에게도 이롭긴 하다.

여행 갈 땐 베개

스누피는 잠을 깊게 잘 못 잔다. 베개에 머리를 대면 잠에 쉽게 빠지지만, 그만큼 쉽게 깬다. 그가 잠을 특히 더 잘 못 잘 때는 대부분 환경이 바뀌었을 때다. 혼자 호텔 방에서 자야 하는 날이면 거의 예외가 없다. 같은 곳에서 3일을 머문다면 첫날이 가장 힘들고 둘째 날, 셋째 날이 되면 조금씩 나아진다. 같은 방이라도 그 옆에 내가 있으면 심적으로 훨씬 편안해한다. 그렇다 보니 여행을 가서 숙면하는 일은 거의 없다.

어느 날, 마흔이 넘어 자폐스펙트럼 진단을 받았다는 한 유튜버가 말했다.

"나는 여행 갈 때 내 베개를 들고 가지 않으면 그 여행이 너무 괴로워요."

그 얘기를 스누피에게 전하자 그가 말했다.

"아, 정말이지 나도 그래! 항상 내 베개를 들고 가고 싶다고 생각했어. 들고 갈 수만 있다면 잠을 훨씬 더 잘 잘 수 있을 거 같아!"

그 말을 듣는 순간 잠시 멍해졌다. 그가 단 한 번도 그런 이야기를 한 적이 없었기 때문이다. 아니 어쩌면 예전에 했을지도 모르겠다. 하지만 나는 그걸 까탈스럽다고 가볍게 넘겼을 수도 있다. 그가 '익숙함이 주는 편안함'을 얼마나 중요하게 여기는지를 이전엔 미처 몰랐다.

재작년, 호주에 있는 아이들 집에서 한 달 넘게 머물렀다. 그때 스누피는 자기 옷을 둘둘 말아 베개로 사용했다. 그걸 본 내가 아이들이 쓰던 베개를 가져다주었다. 하지만 그는 단호히 거부했다. 작년에도 그는 익숙한 손놀림으로 자기 옷을 말아 베개로 썼다. 그 옆에서 나는 우리가 비행기 안에서 사용하던 여행용 목베개를 베고 누워 있었다. 그걸 본 그가 우연히 그 베개를 한번 써 봤다. 그리곤 "이거 생각보다 편하다."라며 그 뒤로는 오직 그 베개만 고집했다.

예전에 같이 살았던 아이들의 베개도, 새로 씻어 커버를 씌운 여분의 베개도 결사적으로 다 거부했다. 처음엔 이해하기 어려웠지만, 후각이 무척 예민하고 새로운 물건에 쉽게 적응하지 못하는 스누피에게 그것들은 그저 '다른 베개'가 아니라 '익숙지 못한 냄새'였을 거라 생각한다.

그를 움직이는 힘

온종일 스누피는 자판을 열심히 두드리고 있었다. 그를 방해하지 않으려 나는 그의 근처에 가지 않았다. 뭔가 중요한 일을 하는 듯했다. 평소라면 밤 10시면 이미 잘 준비하고 있을 그가 11시를 넘기고 자정이 가까워지도록 집중하고 있었다. 그리고 자정을 막 넘긴 시각, 마침내 외쳤다. "드디어, 이제 다 했어!"

컴퓨터 전원을 끄며 그가 말하자 나는 물었다.

"그래? 마감이 촉박한 거였나 봐?"

"응."

"언제가 마감이었는데?"

"영국 시각으로 어제 오후 다섯 시. 그러니까 한국 시각으로는 오늘 새벽 한 시였지. 너무 완벽하게 잘 맞췄지?"

"헐."

정말 '헐' 말고는 할 말이 없었다. 어쩌면 이렇게 아슬아슬한 마지막 순간까지 몰고 가는 걸까, 조금만 미리 해두면 안 되는 걸까….

스누피는 충분히 미리 할 수 있는 일이더라도 늘 마감이 임박한 순간에 스릴 넘치게 마무리했다. 그가 하는 모든 일의 마감 시간을 내가 다 알고 있었다면 내 수명은 지금보다 3분의 1쯤 짧아졌을 것이다.

그는 평소엔 집중하기 어려워하다가도 마감일이 정해지면 도파민이 폭발적으로 분출되어 '마감 전날의 천재 모드'로 돌입했다. 그리곤 놀라울 만큼의 속도로 일을 끝냈다. 그때마다 스누피는 엄청난 몰입에 들어가는데, 그땐 거의 무아지경에 빠져들었다. 그럴 때면 가끔 일을 멈추면, 자신이 있는 곳이 어딘지 알아차리는 데 시간이 좀 걸린다고 했다.

스누피는 어떤 일에는 믿기지 않을 정도로 몰입하지만, 하기 싫은 일에는 온갖 이유를 찾아 미뤘다. 손해를 보더라도, 벌점을 받을

지라도. 그러나 '마감일'만큼은 그를 어떻게든 움직이게 했다.

그가 가령 "그건 10월 5일까지 끝낼 거야."라고 말했다 해도 그건 실제 마감일은 아니었다. 며칠 뒤면 10월 8일, 10월 10일로 미뤄지곤 했으니까. 하지만 그렇게라도 자신을 움직이게 하는 장치를 만들어내는 게 대단했다.

어느 날 그는 말했다.

"운동을 꾸준히 하고 싶은데 자꾸만 하기 싫은 이유가 먼저 생각나서 시작이 힘들어."

"얼마 전에 《렛뎀 이론》The Let Them Theory 에서 읽었는데 '5, 4, 3, 2, 1!' 하고 숫자를 센 다음에 생각하지 말고 그냥 하면 된대. 나도 운동하기 싫을 때 그렇게 하거든. '5, 4, 3, 2, 1, 운동복으로 갈아입어!' 하고 그냥 운동복을 입고 나면 그다음엔 자연스럽게 몸이 따라가. 정 하기 싫으면 스트레칭만 하고 끝내면 되고."

그날 이후, 침대에 누워 있던 스누피는 가끔 큰 소리로 말했다.

"five, four, three, two, one!" 그리고 자리에서 벌떡 일어났다.

가끔 그가 망설일 때면 나는 옆에서 외쳤다.

"Five, four, three, two, one! Do it!"

그 주문은 이상하리만치 스누피에게 잘 통했다. "Five, four, three, two, one! Do it!"은 우리에게 마법의 주문이 되었다.

스누피가 어떤 일을 할 때 어려움을 겪는 데에는 두 가지 주된 이유가 있다. 하나는 자폐의 특성에서 비롯된 예측 불가능성에 대한 불안감, 다른 하나는 ADHD의 특성인 '시작' 자체에 대한 높은 실행 장벽이다.

그런데 이 '렛델 이론'의 카운트다운은 스누피에게 안정감을 주는 신호였다. 숫자가 줄어드는 명확한 구조 속에서 예측 가능한 순서가 만들어지고, '5초 뒤에 무엇을 해야 할지'가 구체적으로 제시되면서 마음의 준비가 가능해진다. 또한 '5, 4, 3, 2, 1, 하자!'라는 짧고 분명한 외부 자극으로 뇌의 '시작 스위치'가 켜지며, 평소에는 활성화하기 어려운 '실행기능'이 깨어나 뇌가 '행동 모드'로 전환되는 것이다. 그래서 그의 몸이 어느새, 저절로 움직였을 것이다.

그 후에도, 스누피가 "○○○을 내일까지 해야 하는데 너무 하기가 싫어." 하면 나는 웃으며 "Five, four, three, two, one! Do it!"을 부드럽게 그러나 단호하게 말했다. 그러면 정말로 신기하게도 그는 자리에서 일어나 그 일을 하러 갔다. 자신의 몸이 그런 간단한 '마법의 주문'에 걸려드는 걸 신기해 하면서 말이다.

스누피의 시간표

스누피는 어떤 약속 장소라도 항상 정해진 시간보다 훨씬 더 일찍 도착한다. 물론 늦는 걸 좋아하지 않는 나도 일찍 도착하는 편이다. 차가 밀리거나 늦을 일이 없는 경우엔 주로 5분에서 10분 정도 일찍 도착하고, 서울에 나가는 날에는 최소 30분은 일찍 도착하려고 일정을 잡는다. 하지만 스누피는 그 정도가 아니다. 몇 시간을 일찍 도착해 근처 카페에 앉아 커피를 마시며 시간을 보낸다. 거의 예외 없이 그렇게 한다. 그는 10분 일찍 도착하는 걸 '일찍'이라고 말하는 내게 "우리의 시간 개념은 근본적으로 달라."라고 말한 적이 있다.

스누피는 한 번도 가보지 않은 장소, 한 번도 만나보지 못한 사람(특히 상대가 다수일 때면 불안감은 몇 배가 된다)을 만나는 것이 너무나도 싫다고 했다. 예측할 수 있는 것이 하나도 없기 때문이다. 익숙한 곳에서 아는 사람을 만날 때에도 예측 불가능한 상황은 언제든 있을 수 있기 때문에 항상 심리적으로 대비하기 위한 방법이 아닌가 싶다.

스누피는 어느 날 아침 서울에 가야 했는데, 오전 9시쯤 나가겠다고 전날 미리 계획을 세워두었다. 8시 반인데도 어쩐 일인지 스누피가 서두르지 않았다. 전날 '9시에 나가야겠다'라고 했던 게 떠올랐지만, 그걸 그때 상기시켜 주면 분명 허둥지둥 서두를 게 뻔했기에 그냥 모른 척 입을 다물었다.

"내가 어제 몇 시에 출발한다고 했었지?"

"어… 뭐, 9시쯤에 출발할까 언급은 했지만, 뭐 9시 넘어도 시간 넉넉하지 않아?"

스누피는 잠시 당황하며 주춤하더니 "그렇지, 넉넉하겠지?" 하며 빠르게 준비를 마쳤다. 9시가 되기도 전에. 그날 2시에 약속이 하나 있었고, 그 전에 픽업해야 하는 것이 있었는데 그건 시간이 정해져 있지도 않았다. 그리고 지하철을 타면 우리 집에서 40분이면 약속 장소까지 갈 수 있었다. 그날은 비가 와서 내가 전철역까지 데려다주겠다고 했다.

스누피에게 예측하거나 준비할 시간을 충분히 주지 않으면 그를 매우 불안하게 만들 수도 있는데, 그날 나는 도가 지나칠 뻔한 장난을 쳤다. 스누피가 신발을 신는 동안 나는 일부러 말없이 먼저 현관문을 열고 밖으로 나갔다. 엘리베이터를 눌러두기 위해서였다. 보통은 스누피가 현관문을 열고 먼저 나가고, 내가 그 뒤를 따라 나갔다.

그때 스누피가 눈에 띄게 스트레스를 받으며 급하게 뒤따라오며 물었다. "왜, 무슨 일 있어? 우리 늦었어? 왜 이렇게 서둘러?" "아니, 그냥 엘리베이터 곧 올 수도 있으니까… 엘베 눌러두려고." 스누피는 애써 진정하려는 듯, 아무 말도 없이 지하 주차장으로 내려가 조용히 차에 탔다. 뜻하지 않게 놀라 짜증이 난 걸 여전히 힘겹게 억누르고 있는 것처럼 보였다.

나는 이쯤에서 그만했어야 했는데 불필요한 말을 꺼냈다. "지금 가면 지하철역에 40분쯤 도착할 거고, 타는 곳까지 빨리 걸으면 45분 차도 탈 수 있을 거야. 천천히 걸어가면 그다음 열차가 10분쯤 뒤에 올 테니까 55분 차를 타면 되고. 이러든 저러든 시간은 넉넉하네. 그냥 기차가 그 시간대에 있으니까 참고하라고…."

그 말이 끝나기가 무섭게 스누피는 엄청난 스트레스에 휩싸였다. 갑자기 어떻게 해야 할지를 모르는 눈치였다. 여유롭게 걸어가서 다음 열차를 타려던 계획이었는데, 내 말이 그 계획을 혼란스럽게 헤집어 놓은 것이었다. 이제 그는 45분과 55분에 열차가 있다는 걸 알게 되었고, 아무 생각 없이 여유롭게 걸어가 다음에 오는 열차를 타기가 어렵게 되었다. 그의 뇌는 마비가 올 지경이었다. 뛰어야 할지, 걸어야 할지, 여유가 있는 건지, 없는 건지… 그는 거의 패닉 상태에 휩싸이는 듯했다.

"몇 시에 열차가 오는지 알고 싶지 않았다고!"

"아, 정말 미안, 미안! 난 내 바로 앞에서 열차를 놓칠 때 너무 싫더라고. 그래서 혹시 당신도 원하면 조금 빨리 걸어서 기다리는 시간을 줄이면 좋을 것 같아서 그랬던 거야. 정말 미안! 계획이 변경될 수도 있다는 생각을 못 했어. 미안, 시간 엄청 많으니까 천천히 걸어가. 잘 다녀와~"

그는 여유롭게 걷고 싶었지만 이미 알게 된 정보가 그의 평정심을 들쑤셔놔서 뛰고 싶지 않았음에도 억지로(?) 뛰어서 5분 뒤에 도착하는 열차를 탔다고 했다.

나는 그가 스트레스를 조금은 받을 거라 예상했지만, 정말이지 그 정도로 심한 패닉 상태까지 갈 줄은 상상도 하지 못했다. 그날 나는 스누피의 마음속 질서가 얼마나 '예측 가능함'에 의존하고 있는지를 더욱 뚜렷하게 보았다. 타인의 시간을 이해한다는 것은 단순히

일정이나 약속 시간을 맞추는 문제가 아니라, 그 사람이 세상을 정
리하는 방식 자체를 알게 되는 일임을 스누피를 통해 알게 되었다.

IV. 관계의 세계

감각으로 세상을 느끼고, 질서로 자신을 지탱해 온 스누피는
이제 '사람'이라는 또 다른 세계와 마주 선다.
감각과 질서는 혼자서도 조율할 수 있었지만,
관계는 언제나 예측할 수 없고 통제 또한 불가능했다.
스누피는 그것을 '어려운 인간의 언어'라고 불렀다.
상대의 말, 표정, 눈빛, 그리고 어조의 미묘한 틈새에서
그는 다시 '인간 세상'의 복잡한 언어를 배워야 했다.
이 장은 서로 다른 소통의 언어에 익숙한 두 사람이
연결되고, 멀어졌다가, 다시 가까워지며
서서히 이해의 자리를 찾아가는 이야기다.

스몰토크

스누피에게 스몰토크는 별 의미가 없다. 해야 하면 하지만, 하지 않아도 된다면 그야말로 금상첨화다.

한 번은 베트남 국수를 파는 일본풍 식당에 간 적이 있다. 가게 밖 키오스크에서 주문을 마치고 안으로 들어가 바 테이블 자리에 앉으니 우리가 주문한 음식이 곧 나왔다. 요리사의 얼굴은 가려져 보이지 않았고, 보이는 것은 팔과 몸통뿐이었다. 말 한마디 하지 않아도 되는 가게였다. 스누피는 그곳을 무척 좋아했다. 모든 가게가 이렇게 말이 필요 없는 곳이면 좋겠다고 했다. 베트남 쌀국수가 그다지 당기지 않은 날에도 "그 식당 갈까?" 하고 물으면 그의 대답은 언제나 "좋아!"였다. 그만큼 그 식당은 스누피에게 편안함을 주는 장소였다.

스누피는 글을 쓸 때 커피숍을 자주 찾는다. 하지만 커피숍을 고를 때도 그만의 기준이 있다. 가게가 너무 작아서 주인이 자신을 알아보고 말을 걸면 안 되고, 너무 커서 소음이 심해도 안 된다. 그 중간 어딘가, 그곳에 있지만 없는 듯, 주문이 끝난 뒤엔 아무도 자신에게 말을 걸지 않을 거라는 확신이 드는 그런 공간이어야 한다.

한 번은 내가 커피가 맛있는 곳이라며 추천한 카페에 갔는데, 다음번에 갔을 때 주인이 그를 알아보고 스콘을 서비스로 주었다고 했다. 그리고 그날 이후 스누피는 그 카페에 다시 가지 않았다. 그다음엔 분명 주인과 스몰토크를 해야 할 상황이 생길 테고, 그건 그의 불안 지수를 요동치게 할 것이기 때문이었다.

그 후 그는 집 근처에서 새로운 카페를 찾았다. 베이글이 맛있고 조용하고 아늑한 곳이었다. 독특한 감성의 예쁜 그 카페를 무척 마음에 들어 했는데, 어느 날 그가 말했다.

"아… 이제 다른 커피숍을 찾아야겠어."

"왜? 거기 좋다면서."

"응, 커피도 맛있고 베이글도 맛있어."

"근데, 왜 바꿔?"

"주인이 날 알아봤어. 'How are you today?' 하면서 인사도 하고 서비스로 머핀도 줬어."

"좋네!"

"난 안 좋아."

"그럼 어떡해? 너무 큰 카페는 시끄러워서 싫고, 너무 작은 곳은 존재감이 두드러져서 싫고, 거긴 딱 좋다면서? 너무 크지도 작지도 않아서, 아무도 아는 척하지 않아서 완벽하다고 했잖아."

"그랬지. 오늘까진. 근데 이제 익명성을 유지할 수 없게 됐어."

스누피에겐 이런 일이 자주 있다. 그는 적당히 조용한 공간에서 자신만의 세계에 몰입하고 싶겠지만, 가게 주인으로서는 자주 오는 손님에게 인사하고 작은 친절을 베푸는 게 자연스러운 일이다. 하지만 스누피에게 그건 작은 불안의 문을 여는 일이 된다. 누군가가 나를 알아본다는 건 나도 뭔가 반응해야 한다는 뜻이다. 스몰토크는 그에게 '에너지 소모'의 다른 이름이다.

물론 겉으로만 보면 그는 꽤 자연스러워 보인다. 누군가 "잘 지내요?" "이건 서비스예요." "오늘 날씨 좋네요." 하고 말을 걸면 그는 웃으며 잘 받아주니까. 하지만 그 몇 마디 대화가 조금만 길어져도 그의 에너지는 눈에 띄게 줄어든다. 밖에서 이런 스몰토크를 주고받은 날, 집에 돌아온 스누피는 멍하니 앉아 있거나, 아무 말 없이 컴퓨터 게임을 하거나, 깊은 잠에 빠진다. 그건 세상과의 작은 접촉으로 닳아버린 에너지를 다시 채우는 시간이다.

삶에 대해 이야기할 때면 스누피가 종종 인용하던 말이 있다.

"Tathagata Buddha, the Father Buddha, said, 'With our thoughts, we make the world.'"
(여래불, 아버지 부처가 말씀하시길, "우리의 생각으로 세상을 만든다.")

이 말은 손오공이 등장하는 서유기Monkey Magic 에 나오는 유명한 대사다. 호주와 영국에서 큰 인기를 끌었던 이 프로그램을 스누피는 정말 여러 번, 보고 또 보며 인생에 대해 배웠다고 했다.

스누피가 말할 때마다 기록해두지 못해 더 많은 예를 들지 못하는 것이 아쉽지만, 그는 텔레비전 프로그램에서 들은 대사를 비슷한 상황이 올 때마다 자주 읊곤 했다. 그리고 이렇게 말하곤 했다. "사회생활에 필요한 모든 걸 나는 TV에서 배웠어."

그의 말을 곱씹어보면, 사회학자나 심리학자들 중 자폐 성향이 매우 높은 사람들이 있는 것이 결코 특별하거나 이례적인 일이 아니라는 생각에 이르게 된다. 타인의 마음을 즉각적으로 읽거나 상황에 따라 유연하게 반응하는 데 어려움을 느끼는 사람들은, 자연스레 타인의 행동을 관찰하고 기억하며 이를 모방하는 방식으로 세상을 배워왔을 것이다. 그리고 바로 그 과정이, 결국 그들을 사회와 인간을 탐구하는 직업으로 이끌었을지도 모른다.

스누피의 행동 역시 대체로는 자연스럽다. 다만 그가 새로운 환경에서, 새로운 사람과, 새로운 주제로 대화를 나눌 때면 나도 모르게 조금 긴장하게 된다. 그가 어떤 예상 밖의, 혹은 부적절하게 받아들여질 수 있는 반응을 보일지 알 수 없기 때문이다.

자폐를 이해하는 사람과 스몰토크

작년에 친한 동생 정민이가 잠시 한국에 들어왔다. 그때 나는 《난독증을 읽다》를 쓰고 있어서, 우리의 대화는 자연스럽게 난독증과 신경다양성으로 흘러갔다. 나는 '난독증이 무엇이냐보다 왜 어떤 사람은 난독증이 있는가가 더 중요하다'고 했었다. 그건 사람마다 두 뇌가 다르고, 세상을 보고 해석하는 방식이 모두 달라서인데, 이는 결국 신경다양성과 연결된다고 했다.

정민은 그 얘기를 자기 경험에 비추어 듣고, 자기 남편의 특성에도 대입해보며, 사람들이 얼마나 다양한 방식으로 세상을 이해하는지를 새삼 느꼈다고 했다. 굳이 그들의 스펙트럼에 이름을 붙이자면 정민은 ADHD에, 남편은 아스퍼거 특징에 가까운 편이었다. 그러고 나니 그제야 왜 자신과 남편이 수많은 주제에서 전혀 합이 맞지 않았는지, 서로를 이해하지 못했는지를 조금 알 것 같았다고 했다.

몇 달 후, 정민이 영국으로 돌아가는 길에 한국에 잠시 들렀고 우리 집에서 하룻밤을 자게 됐다. 다음 날 점심을 식당에서 먹기로 했는데, 나는 스누피가 같이 가리라곤 전혀 예상하지 않았다. 그는 아무리 가까운 지인이라도 커피나 식사 자리를 스스로 제안하거나 따르는 법이 거의 없었기 때문이다. 그런데 이번엔 뜻밖에도 선뜻 따라나섰다.

전날 저녁 정민은 이제는 자기 남편과 자신의 성향에 대해 서로 편히 얘기하고, 남편도 그 자신에게 자폐적 특징이 있다는 것을 알게 되어 가끔 자폐에 대해서도 자연스럽게 얘기한다고 했었다. 정민이 그런 얘기를 아무렇지 않게 하는 걸 들으며 스누피의 마음이 아마도 12시간 이전부터 편해져 있었을 것이다.

당일 아침, 셋이 차를 타고 카페로 향했다. 날씨가 청명해서 내가 말했다. "오늘 날씨 정말 좋다. 하늘도 맑고." 정민도 정말 그렇다는 둥 하면서 별로 기억에는 남지 않은 통상적인 스몰토크로 맞장구쳤다. 그 모습을 지켜보던 스누피가 방금 한 대화의 목적이 무엇이냐고 물었다.

"스몰토크의 주된 역할은 중요한 목적이 없다는 데 있어. 그냥 시답잖은 얘기하면서 같이 시간 보내고 좀 친해지기도 하고. 보통은 야외에 나오면 날씨 얘기를 자주 하지."

"그래? 그럼 할 말이 없을 땐 날씨에 관해서 얘기한다는 걸 기억해야겠다."

잠시 후 차 안이 조용해지자 그가 다시 물었다.

"지금 같은 경우엔 침묵을 깨고 싶다면 어떤 말을 하는 게 좋아?"

"음… 예를 들어 '오늘은 도로에 차가 별로 없네' '이제 곧 저 나무에 꽃이 피겠지' 같은 거?"

"그건 답이 정해져 있고 별로 흥미롭지도 않잖아."

"그럼 당신이라면 뭐라고 할 건데?"

"나는 저기 크레인 보이지? 저거 되게 흥미롭지 않아? 저 크레인 얘기를 할 것 같아. 저 크레인은 최대 하중이 15톤은 되겠지? 저건 어디서 조립했을까, 저걸 옮길 때는 또 다른 크레인이 필요하겠지? 그럼 제일 큰 크레인은 어떻게 옮길까?…. 저건 균형이 정말 잘 잡혀 있어서 보는 것만으로도 눈이 즐거워."

"그건 스몰토크가 아냐!"

"그래? 그럼 난 조용히 아무 말도 안 하고 가야겠다."

우리는 모두 크게 한바탕 웃었다.

그날 정민과 함께 차를 마시고 밥을 먹는 동안 (주위에 모르는 사람들이 있었고, 다양한 소음에, 장소가 몇 번 바뀌었고, 자신이 계속 대화해야 하는 상황이어서) 스누피의 불안 지수가 평소보다는 올라갔지만 그래도 멜트다운이 될 정도로는 아니게 보였다. 그건 정민과 있었을 때 자신의 불안을 굳이 숨길 필요를 느끼지도, 자신의 자폐적 특징이 이상하게 여겨지지도 않는다 느꼈기 때문이었을 것이다.

그날 나는 생각했다. 세상을 바라보는 다양한 방식을 조금 더 많은 사람들이 이해하게 된다면 마스킹+으로 자신을 숨기는 많은 사람이 언젠가는 편히 가면을 벗을 수도 있지 않을까 하고.

집에 돌아온 스누피는 두어 시간 깊이 잠을 잤다. 너무 많은 에너지를 썼기 때문이었다. 그 옆에서 나는 조용히 책을 읽었다. 내 안에 불어난 에너지를 가라앉히기 위해서였다. 사람을 만나고 오면 나는 에너지를 얻고, 스누피는 에너지를 모두 소진한다.

말을 글자 그대로

온종일 외출할 일이 있어서 인도식 커리를 아주 커다란 냄비에

+ 마스킹masking은 자폐나 ADHD 등 신경다양성을 가진 사람이 자신의 행동이나 감각적 특징을 감추고 평범해 보이기 위해 사회적 규칙을 따라 연기하는 일이다.

해 두고 나갔다. 밥은 밥솥에 있고, 커리는 며칠은 먹을 만큼 충분하니 그가 배고플 일은 없을 거라 생각했다.

그런데 집에 돌아와 보니 커리가 거의 80~90퍼센트쯤 사라지고 없었다. 당연히 많이 남아 있을 거라 믿고 있었던 나는 (지금 돌이켜보면 스누피를 잘 아는 내가 왜 그런 생각을 했을까 싶지만) 뚜껑을 열자마자 소리쳤다.

"헐! 이걸 이렇게나 많이 먹었단 말이야?! 한 끼에?"

"응. 너무 맛있어서. 아, 배가 터질 것 같아."

"난 이거면 적어도 서너 끼는 먹을 거라고 생각했는데!"

그날 저녁 나는 남은 커리를 용기에 담아 냉장고에 넣어 두었다.

다음 날 나는 뜻하지 않게 또 외출하게 되었다. 스누피는 "어제 남은 커리랑 밥 먹으면 되니까 걱정하지 말고 다녀와"라고 했다. 별 생각 없이 그 말을 듣고 나갔다가 저녁에 돌아왔는데 스누피 얼굴이 썩 밝지 않았다.

냉장고 문을 열어보니 커리가 아침과 거의 비슷하게 남아 있었다.

"점심은 커리 먹었어?"

"응."

"근데 왜 다 안 먹었어? 양도 얼마 안 되는데?"

"응, 그게… 적어도 세 끼는 가야 한다고 해서."

그제야 이해했다. '아, 어제 내가 했던 말을 그대로 받아들인 거구나….' 점심을 충분히 먹지 못해서인지 그날 스누피의 얼굴은 별로 행복해 보이지 않았다. 그의 표정은 다음 날 아침을 든든히 먹은 뒤에야 다시 밝아졌다.

밤 10시가 넘은 늦은 시각, 스누피가 안방에서 TV를 제법 크게 틀어놓고 있었다. "지금 늦었는데 옆집에서 시끄럽다고 할 수도 있지 않을까?"

잠시 후 너무 조용해서 내가 물었다. "어? TV 안 봐?"

"시끄럽다면서?"

"그냥 소리만 줄이고 보면 되잖아."

"……"

호주에 머무는 동안 도서관에 다닌 적이 있다. 아침에 도서관이 열자마자 들어가 거의 하루 종일 그곳에서 일을 하곤 했다. 대부분의 호주인이 그렇듯 우리도 점심을 싸서 다녔는데 주로 빵과 치즈, 그리고 커피 한 잔이었다.

그러던 어느 날, 스누피가 준비해 온 점심 도시락을 열었는데 빵만 들어 있었다.

"치즈는?"

"내가 치즈를 너무 많이 먹는다면서?"

그랬다. 스누피는 치즈를 정말 많이 먹었다. '적당히'라는 개념이 어려운 스누피는 그것이 300g이든 600g이든 한자리에서 모두 먹어치웠다. 치즈의 종류만 바뀔 뿐, 그렇게 연속적인 '치즈 먹방'이 이어지던 어느 날, 내가 무심코 말했다. "스누피, 요즘 치즈를 너무 많이 먹는 것 같아." 그런데 주말이 지나고 맞은 월요일 점심, 우리의 도시락통에는 치즈가 빠진 맨 빵만 덩그러니 담겨 있었다.

이런 일을 겪을 때마다 나는 스스로에게 질문하게 된다. 내가 던진 한마디 말이, 내가 의도하지 않았던 방식으로 상대에게 도달할 때 그 책임은 누구에게 있는 걸까. "요즘 치즈를 너무 많이 먹는 것 같아"라는 말은 나에게는 대수롭지 않게 건넨 한마디였지만, 스누피에게는 즉각적인 행동 지침이 되었을지도 모른다. 그 말이 '조금 줄여보자'가 아니라 '치즈를 먹지 말자'로 받아들여졌을 가능성을 떠올리다 보면 나는 조금 더 정확하게, 수치로 말해야 했을까 하는 생각에 이른다.

자폐 성향이 짙은 사람에게 말은 종종 맥락이나 뉘앙스를 동반하지 않는다. 말은 말 그대로 받아들여지고, 그 결과는 때로는 극단적인 형태로 나타난다. 그렇다고 해서 그것이 쓸데없는 고집이거나 의도적인 반항은 아니다. 그저 세상을 이해하고 해석하는 방식이 다를 뿐이다.

자폐인에 관한 이야기가 나올 때면 사회, 특히 자폐 커뮤니티는 흔히 '이해'와 '포용'을 말한다. 물론 그것은 두말할 필요도 없이 중요하다. 하지만 행간을 읽는 일이 어렵거나 거의 불가능한 자폐 성향이 짙은 사람과 함께 살아가는 일은, 자폐 성향이 낮은 사람에게도 결코 쉬운 일이 아니다. 이해와 포용이 한쪽 방향으로만 작동해서는 관계는 오래 지속되기 어렵다.

지금 이 사회에는 자폐적 특성이 무엇인지조차 제대로 알지 못하는 사람이 여전히 많다. 그래서 자폐를 '문제'로 규정하기보다 하나의 '다름'이란 인식을 알리는 일이 무엇보다 시급하다. 그러나 그와 동시에 분명해져야 할 것도 있다. 이는 어느 한쪽이 다른 한쪽을 참고 견디며 살아가는 문제가 아니라, 서로가 서로의 다름을 인식하고 조율해 가야 하는 관계라는 점이다. 그렇게 서로의 언어를 배우고, 서로의 세계를 상대의 언어로 이해하게 될 때야 비로소 공존은 가능해진다.

왜 날 항상 공격해

"내가 도대체 잘못한 게 뭐야?"

"헐~ 지금까지 얘기했잖아!"

"…그래서 내가 잘못한 게 정확하게 뭐냐고??"

"이렇게 오래 얘기했는데 자기가 뭘 잘못했는지를 모른단 말이야? 지금까지 나 혼자 떠들었던 거였어?"

"도대체 내가 뭘 잘못했는지 난 정말 모르겠어…."

"더 이상 얘기하지 말자. 전혀 진전이 없는 것 같아. 당신은 내 말을 이해하려는 최소한의 노력조차 하지 않는 것 같아."

나는 스누피의 태도가 너무 '무심하고 이기적'이라고 느꼈지만 최대한 이해하려 애쓰며 억지로 버텨냈다. 그렇게 오랫동안 혼자 속으로 삭이다가 어느 날 더는 참을 수 없다는 생각이 들었다. 그 후로 나는 그에게 내 감정과 입장을 아주 자세히, 이성적으로 설명하기 시작했다. 난 그가 내 아주 '자세한 입장 설명'을 들으면 너무나 '당연히' 잘 이해하고 미안하다고 할 줄 알았다. 그러면 나는 '사과해 줘서 고맙다' '괜찮다'며 쿨하게 넘어갈 생각이었다. 하지만 그런 일은 단 한 번도 일어나지 않았다.

대신 스누피는 늘 되물었다. "내가 대체 뭐를 잘못했는데?" 방금까지 자세하게 설명했음에도 불구하고 말이다. 그리고 대화의 끝은 늘 같았다. "당신은 항상 옳지. 나는 매번 틀렸고 말이야! 내가 뭘 하건 결코 당신의 성에 차는 법이 없어." 그는 이렇게 말하고는 방으로 들어가 버리곤 했다.

스누피에게 '대화'의 시작은 곧 '공격의 시작'으로 느껴졌던 것 같다. 그래서 내가 얘기를 시작하면 그는 언제나 자동으로 방어 모드에 들어갔다. 내가 상황이나 감정을 길고 자세하게 설명하면 그는 집중을 잃었고, 핵심을 전혀 파악하지 못했다. 심지어 내가 한 말을 통째로 잊어버리거나, 처음부터 전혀 듣지 않았던 것처럼 행동했다. 그리곤 또다시 반복해 되물었다. "도대체 내가 뭘 잘못했는데? 난 정말 모르겠어." 그렇게 말하는 그의 눈동자는 혼동으로 심하게 흔들렸다.

그런데 스누피가 신경다양인이라는 걸 알게 된 후 모든 것이 완전히 달라졌다. 무엇보다 내가 대화하는 방식이 몇 가지 면에서 바뀌었기 때문이었다.

첫째, 내가 대화 비스름한 것이라도 시작하면 그의 얼굴과 몸은 경직되었으며 이미 화가 나려고 하는 걸 감지했다. 그럴 때면, 나는 "아, 나는 공격하는 거 아닌데? 나는 그냥 당신이 ○○하면 좀 서운할 때도 있었거든. 이제는 얘기할 수도 있지 않을까 싶어서 얘기해 본 건데, 공격하는 것처럼 들렸다면 미안. 내 의도는 그게 아니었는데. 스트레스 받지 마~. 커피 한잔할까?"처럼 감정을 싣지 않고 최대한 쾌활하고 심각하지 않게 말했다.

그러면 이미 방어 모드에 들어가 있던 스누피는 혼자 방에 가서 생각을 정리했다. 자신이 좀 지나쳤었다는 걸 인지하고는 잠시 후 (혹은 한참 후) 방에서 나와서는 말했다. "이제 얘기할 준비가 됐어. 내가 어떻게 할 때 서운한 감정이 든다는 거야? 내가 고쳐볼게. 얘기해 봐."

스누피는 감정을 나누거나 읽는 것에는 많이 약한 대신 아주 이성적이고 논리적인 사람이다. 그래서인지 나의 감정이 실리지 않은 말들이 훨씬 더 잘 통했다.

둘째, 나는 더 이상 장황하게 얘기하지 않았다. 어차피 내가 자세하고 길게 얘기해 봐야 스누피는 내 말을 알아듣지 못할 것이므로 최대한 간단히 핵심만 말했다. 그리고 스누피의 마음이 열리고 나의 말을 더 듣기 원할 때 더 자세한 얘기를 했다. 하지만 그런 경우에라도 내 말이 자신이 기대했던 것보다 길어지면 눈에 띄게 불편해했다. 그러면 나는 바로 얘기를 멈췄다. 하지만 기분 나쁘지 않게, 자연스럽게 주의를 다른 곳으로 돌렸다. "… 아 참, 빨래해야 하는데 깜빡했다…. 이거는 안 빨아도 돼?"

셋째, 무엇보다도 가장 중요한 변화는 스누피가 "내가 대체 뭘 잘못했는데?"라고 화가 나서 말할 때도 나는 감정적으로 받아치지 않았다. 왜냐면, 나는 이제 그가 정말로 자신이 무엇을 잘못했는지 '진짜' 모른다는 걸 알았기 때문이다. 그가 그렇게 물을 때는 '감정적으로 따지고 반박하는 게' 아니라 '진심으로' 묻는 거였다. 솔직히 처음에는 스누피의 말도 안 되는 되물음에 너무 황당해서 화가 났지만 억지로 눌러두었던 것이었다. 하지만 이제는 화가 일어나지도 않는다. 그는 '정말 몰라서' 묻는다는 걸 알고 있으니까.

지난날들을 돌이켜보면 나와 스누피 사이에 이런 일이 정말 많았다. 나에게는 너무나 당연해서 굳이 직접적으로 말하지 않았던 일들을 스누피는 전혀 알아차리지 못했다. 자연히 나는 그런 스누피에게 서운해하고 화도 많이 났다. 하지만 뒤늦게나마 나는 그가 의도적으로 나를 서운하게 하거나, 이기적으로 구는 게 아니라는 걸 알게 되었다. 그리고 결국 그도 내가 '대화'를 할 때마다 자신을 '공격'하는 것이 아님을 알게 되었다.

웃지 않고 '대화'를 시작하면 내가 '매우 화가 났음'으로 인식하는 스누피 때문에 나는 의식적으로, 습관적으로 늘 얼굴에 웃음을 띠려고 노력했다. 그 덕분에 요즘 스누피에게 자주 이런 말을 듣는다. "당신의 웃는 모습이 너무 좋아." 그리고 그렇게 말할 때 그는 정말 행복해 보인다.

약속은 했지만 만나고 싶지는 않아 ────

스누피는 사람을 만나기로 약속해 놓고도 끊임없이 취소하고 싶다고 말했다. 그럴 때마다 그건 내 신경을 무척 건드렸다. 나는 "그럴 거면 애초에 약속을 잡지 말았어야지."라고 했고, 그는 "더 많은 사람을 만나도록 노력하라고 했잖아!"라며 화살을 내게 돌렸다.

어느 날 저녁, 무척 초조해 보이던 그는 다음 날 약속을 취소해야겠다고 말했다.

"왜 취소하려고?"

"응, 그냥 만나고 싶지가 않아."

"그럼 약속을 하지 말았어야지."

"그땐 만나면 좋을 것 같았는데, 지금은 별로인 걸 어떡하라고?"

"그런 게 어딨어? 그리고 약속을 바로 전날에 취소하는 사람이 어딨어? 물론 정말 어쩔 수 없는 상황이면 모르겠지만 그런 게 아니라면 며칠 전에는 알려줘야 하잖아. 상대방도 일정이 있을 텐데, 내일을 위해 다른 약속 못 잡았을 거 아냐?!"

"이건 어쩔 수 없는 경우야!"

"난 이렇게 갑자기 약속 깨는 사람 너무 싫어. 상대가 그러면 나까지 아무것도 못 하게 되거든. 근데 내가 같이 사는 사람이 그렇게 한다고? 그것도 별 이유도 없이?"

"정말 어쩔 수 없는 경우라고! 그게 이유야."

그날 결국 스누피는 몸이 좀 안 좋다고 거짓말하고 약속을 취소했다.

그 후에도 스누피는 약속일이 다가오면 '취소해야겠다'라는 말을 자주 했다. 한 번은 약속 전날에 취소할 것처럼 굴다가 결국 그날은 취소하지 않았다. 그런데 그다음 날 아침부터 또 계속 '취소해야겠다'라는 말을 반복했다. 나는 너무 화가 나서 "당일 아침에 취소하는 건 정말 말도 안 되게 무례해!"라고 단호하게 말했다. 그리고 "최종 결정은 당신이 하겠지만, 난 내가 같이 사는 사람이 그렇게 이기적인 사람이 아니면 좋겠어."라고 덧붙였다. 그는 온갖 인상을 쓰며 약속에 나갔다.

약속을 마치고 귀가 후,

"오늘 약속은 어땠어? 취소할 걸 그랬다고 후회해? 아니면 생각보다 괜찮았어?"

"응, 괜찮았어. 취소 안 하길 잘했어."

그 뒤로 우리는 규칙을 정했다. 약속을 취소하려면 최소 3일 전에 한다. 특별한 이유가 없는 한 취소하지 않는다. 그리고 나중에 마음이 바뀔 수도 있을 것 같은 약속이라면 애초에 잡지 않는다. 정말 몸이 아프거나 불가피한 상황이 아니라면 하루 전에 취소하는 것도 피한다. 이유 없는 당일 취소는 말할 것도 없이 절대 금지다.

이후 스누피는 약속이 다가오면 "아, 3일 전인데… 취소할까? 컨디션이 최상은 아닌데…" "아, 하루 전인데 너무 무례하겠지? 그래도 감기 기운이 도는 것도 같은데…" "아, 왜 약속을 잡았을까? 오늘 나가기 싫다. 그냥 집에 있으면 안 될까?" 같은 말을 하곤 했다. 하지만 차츰 그 빈도는 줄었다. 이제는 약속을 쉽게 취소할 수도 있다는 생각 자체가 그의 선택지에서 빠진 것이다.

스누피는 상대가 만나고자 했을 때 거절하지 못해서 약속을 잡게 된 경우가 많았다. 게다가 그의 높은 불안 때문에도 약속을 지키기가 힘들었던 것 같다. 특히 새로운 사람을 새로운 장소에서 만나야 했다면, 그건 그에게는 엄청난 '예측 불가능성'을 견뎌야 하는 '큰 일'이었을 것이다.

나중에 알게 된 사실인데 그는 언제부턴가 사람들을 항상 같은 카페, 비슷한 시간대에 만났다. 심지어 자주 앉는 자리까지 거의 고정이었다. 같은 장소, 같은 시간, 같은 메뉴. 그는 가능한 한 예측 불가능한 변수를 줄여놓은 뒤에야 사람을 만날 수 있었다.

되돌아오는 목소리

식탁에 앉아서 배고픔을 참고 내가 앉기를 기다리며 스누피가
중얼거렸다.

"혼자 먼저 먹으면 안 돼요. 같이 먹어야지요."

건널목 앞으로 다가가다가 다시 뒤로 물러서며,

"왜 그렇게 건널목에 가까이 서요? 좀 더 뒤에서 기다려요."

함께 산책하다 걸음을 늦추며,

"혼자 앞서 걸으면 무례해요. 옆 사람과 함께 걸어요."

고사리를 그릇에 옮기며,

"꼭꼭 씹어 먹어요."

잠자리에 누워 눈을 감고 잠을 청하다 갑자기,

"자장자장 우리 아기, 자장자장 잘도 잔다."

양치하고 나오며,

"양치했어요? 네, 했어요."

커피를 내리며,

"커피 너무 많이 마시지 마라~. 콜라 너무 많이 마시지 마라~.
이거 너무 많이 먹지 마라~."

호박볶음을 맛있게 먹으며,

"이건 내가 제일 좋아하는 거야." 그러다 이내 혼잣말처럼 덧붙
인다. "어떻게 제일 좋아하는 게 여러 개야? 제일 좋아하는 건 하나

만 있어야지⋯. 이건 내가 제일 좋아하는 것 중 하나야.”

그리고는 그 반찬이 더 있는지, 마음껏 먹어도 되는지를 확인한 뒤에야 비로소 편하게 먹는다. 식사를 거의 마치고 앉아서 쉬던 중, 그 반찬을 바라보며 그가 말한다.

“더 가지고 올까? 많이 먹어.” 그건 나를 위해 더 가져오겠다는 뜻이 아니었다. 그저 예전에 내가 그런 상황에서 했던 말을 그대로 흉내 낸 것이었다.

설거지통의 그릇을 찬장에 올려놓으며 그가 말했다.

“난 가끔 이렇게 뚜껑을 열어 놔. 혹시 물기가 덜 말랐으면 완전히 마르라고.”

“어? 나도 그렇게 하는데?” 하고 말하자 스누피는 씨익 웃었다. 그건 그의 말이 아니라 예전에 내가 했던 말이었다.

스누피는 이처럼 혼자 반향어처럼 단어나 문장을 반복하며 흉내 내는 걸 재밌어한다. 예전엔 이런 적이 한 번도 없었는데, 언젠가부터 그렇게 하기 시작하더니 이제는 제법 자주 그런다.

그걸 보며 나는 가끔 생각한다. 혹시 예전에는 ‘따라 하고 싶은 욕구’를 스스로 억누르고 있었던 게 아닐까 하고. 그의 자폐 특성을 가족이 더 잘 알게 되고 함께 편안하게 받아들이게 된 뒤로, 스누피도 조금은 자신의 욕구에 관대해진 게 아닐까 추측해 본다.

지인이 들려준 이야기가 있다. 버스에서 자폐스펙트럼이 뚜렷해 보이는 청소년이 혼자서 머릿속 말을 가감 없이 그대로, 모두에게

다 들릴 정도로 중얼거렸다. 그중 하나가 "아, 집에 가서 고기 먹고 싶다!"였는데, 지인은 그게 그렇게 부러워 보일 수 없었다고 했다. 그는 사람들에게 '이상하게 보일까 봐' 늘 자신의 욕구를 억누르고 사는데, 그렇게 생각나는 대로 속마음을 내뱉을 수 있다면 얼마나 좋을까 싶었다고 했다.

그 이야기를 들은 스누피가 "나도 완전 공감돼!" 하며 맞장구를 쳤다. 그때 나는 그를 전혀 이해하지 못했다. 나는 한 번도 내 생각을 밖으로 내지 못해서 답답했던 적이 없었으니까.

가끔은 이런 생각도 든다. 스누피에게는 어떤 상황이 마치 영화의 한 장면처럼 소리와 함께 저장되어 있는 건 아닐까? 나와 함께 건넜던 건널목, 함께 걷던 길, 함께 밥을 먹던 식탁, 그 비슷한 상황이 되면 마치 그 장면과 오디오가 함께 재생되듯 내 말이 그에게서 다시 흘러나오는 건 아닐까.

처음 몇 번 그의 반향어를 들었을 땐 조금 섬뜩했다. 마치 내가 한 말들이 어딘가에 전부 녹음되어 있는 것 같았기 때문이다. 그 후로 나는 언제, 어디서, 어떤 말이 다시 재생될지 몰라 점점 말을 조심하게 되었다. 스누피의 반향어 덕분에 나는 말을 예쁘게 하는 사람이 되었다.

식당 자리

식당에 들어갔다. 스누피는 성큼성큼 걷더니 안쪽 구석 자리를 차지하고 앉았다. 이번이 처음이 아니다. 같이 식사하기로 하고 함께 식당에 갔으면 가끔은 상대방에게 어디에 앉고 싶은지 물어봐야 하지 않은가? 식당에 들어가면서 어디에 앉겠다고 정하는 건 아니지만, 스누피가 서둘러 자리 잡고 앉는 모습을 보면 가끔은 '아, 저 자리(다른 자리)에 앉으면 뷰가 좀 더 잘 보이겠다' 하고 생각할 때가 있었다.

하지만 나는 안다. 사람이 많아질수록 스누피의 불안이 높아진다는 것을. 아마도 그에게 식당에서의 자리 선택은 단순한 취향의 문제가 아니라 불안 지수를 가늠하는 중요한 선택일 것이다. 그렇다고 억울하다는 마음이 전혀 들지 않는 건 아니지만, 내가 원하는 자리에 앉아 스누피의 불안이 치솟는 것보다는 그가 먼저 고른 뒤 남은 자리에 앉는 편이 낫다. 그래서 스누피가 먼저 자리를 잡고, 나는 남은 자리에 앉는 것이 어느새 기본값이 되어버렸다. 그러다 가끔 지인이 "어디 앉으실래요?" 하고 물어주면 그 짧은 순간이 내겐 무한한 감동으로 다가온다.

나는 한때 스누피에게 구석 자리에, 사람이 안 보이는 쪽을 향해 앉으라고 권한 적도 있었다. 사람들의 시야에 덜 노출되는 게 그를 편하게 해줄 거라 생각했기 때문이다. 하지만 곧 깨달았다. 그가 원하는 건 단순히 구석이 아니라 공간 전체가 한눈에 들어오는 자리였다. 그래야 누가 어디서 갑자기 나타나도 미리 볼 수 있을 테니까.

그래서 행여 내가 정말 앉고 싶은 앤틱 테이블이 '가게 한가운데' 놓여 있다 하더라도, 그곳에 내가 앉을 확률은 매우 낮다. 설령 스누피가 엄청난 배려로 그 자리에 앉아주더라도 그는 오래 버티지 못할 것이다. 불안을 안고 앉아 있는 시간이 길어질수록 그를 둘러싼 공기는 그를 더욱 불편하게 할 테니까.

예전에는 그런 스누피를 보며 무척 이기적이라는 생각을 했다. 그렇다. '이기적'이란 단어는 예전의 스누피를 관통하는 말이었다. 하지만 시간이 흐르고 그의 세계를 조금씩 이해하게 되면서 그에 대한 마음은 연민으로 바뀌었다. 편히 식사나 음료를 즐기러 온 자리에서조차 불안과 함께 앉아 있어야 하는 사람은 얼마나 지치고 피곤할까 싶어서.

그래도 언제나 그런 건 아니다. 공간이 비교적 편안하거나 마음을 안정시켜주는 사람들과 함께 있을 때면 스누피는 나에게 물어본다. "어디에 앉고 싶어?" 하고. 그리고 나는 그 질문을 결코 당연하게 받아들이지 않는다. 내겐 아주 특별한 순간이니까.

'이기적'은 그를 규정한 말이 아니라, 그를 바라보던 '나'를 규정한 말이었다.

반찬 먹어보기

"이 반찬은 평소랑 조금 달라 보이는데?"

"응, 맞아. 지인 중에 요리를 참 좋아하고 잘하는 분이 계시는데, 오늘 반찬을 여러 가지 해서 나눠주셨어. 다 맛있더라. 한번 맛만 봐봐."

"괜찮아." 그리고 혹시라도 젓가락이 그 반찬 쪽으로 닿기라도 할까봐, 조심스럽게 다른 반찬들만 집어 먹었다.

"조금만 맛만 보고, 입맛에 안 맞으면 내가 다 먹을게."

"괜찮아."

"왜 맛도 안 보려는 거야?"

"아, 진짜 괜찮다고."

스누피는 외식 자리에서는 대체로 거리낌 없이 먹었다. 낯선 메뉴도, 처음 마주한 음식도 크게 주저하지 않았다. 그러나 집 안 식탁은 달랐다. 다른 사람이 만든 음식은 아무리 먹음직스러워 보여도 쉽사리 손을 가져가지 않았다. 아주 가깝다고 느끼는 사람일 때에야 겨우 젓가락 끝으로 조금 맛보는 정도였다. 그것도 어쩌면 '애써' 용기를 내서. 조금만 낯설어도 그 작은 '한 입'조차 무척 망설였다.

한국에서는 친근함을 나누는 방식으로 둥글게 싼 쌈을 서로의 입에 넣어주곤 한다. 하지만 그가 느끼는 예민한 감각의 세계에서는 안에 무엇이 들어 있는지도 모르는 쌈이 그의 입으로 들어온다는 건, 내가 상상하는 것보다 훨씬 큰 낯섦과 불편함이었을 것이다.

결혼 25년 차쯤 되었을까, 스누피가 불쑥 내게 물었다.

"내가 쌈 하나 싸 줄까?"

나는 잠시 멈칫하다가 "괜찮아" 하고 대답했다. 이미 각자 먹는 방식에 익숙해진 탓이었을까, 아니면 그 순간 예상치 못한 물음이 주는 어색함 때문이었을까. 내 대답은 짧았지만 그 순간은 여전히 선명하다. 마치 내 귓가에 머물러 있는 메아리처럼.

그러나 문득 생각한다. 언젠가 그가 다시 "내가 쌈 하나 싸 줄까?" 하고 묻는 날이 온다면 이번에는 망설이지 않고 웃으며 고개를 끄덕여야겠다고. 그 작은 쌈 안에 담긴 건 단순한 반찬이 아니라 그가 나를 향해 내민 마음일 테니까.

나눠 먹는 법

아이의 얼굴에 엄청난 스트레스가 서려 있었다. 피자를 함께 나눠 먹는 날이면 식탁 위의 음식은 휘리릭 게 눈 감추는 것보다 더 빨리 사라졌다. 음식을 천천히 먹는 둘째는 스누피와 함께하는 식사 시간에 항상 긴장했다. 한눈을 파는 순간 접시는 이미 비어 있었으니까. 그 모습을 여러 번 보고 나서야 나는 모든 음식을 4분의 1로 나누어 담기 시작했다. 자신의 몫을 다 먹으면 그제야 내 것을 나누어주기도 했다. 그렇게 해야만 식탁 위의 공기가 조금은 평온해졌다.

아이들이 커서 떠나고 이제는 나와 스누피 단둘이 식탁에 마주 앉게 되었다. 한 접시에 요리를 담아 나눠 먹기 시작하면서 나는 다시 오래전 그 장면을 떠올렸다. 그는 여전히 자신이 좋아하는 음식에 집중했다. 그리고 한두 조각이 남았을 때야 "아, 너무 많이 먹었나 보다." 하고 젓가락을 내려놓았다. 그때 내가 "더 먹어도 돼."라고 말하면 천진난만하게 웃으며 마지막 조각을 깨끗이 비웠다.

그 웃음이 귀엽다가도, 이상하게도 가끔은 조금 서운했다. 나는 음식을 나눈다는 건 마음을 나누는 일이라 생각했는데, 스누피에게는 아마 그저 '먹는 일'일 뿐 별 의미 없는 거로 생각해서 그랬던 것 같다.

어떤 토크쇼에서 일흔이 넘은 여성이 남편과 결국 이혼했다는 이야기를 들었다. 그 사유는 믿기 어려울 만큼 단순했다. 남편이 닭다리를 두 개 다 먹어버렸기 때문이었다. 얼핏 들으면 우스갯소리 같지만 나는 그 순간 그 여성이 평생 삼켜왔을 외로움과 서운함, 분노와 체념이 한꺼번에 밀려오는 듯해 가슴이 저릿했다.

20년 이상을 함께 살았지만 내 안에 쌓여온 서운함은 완전히 사라지지 않았다. 그래서 어느 날 스누피에게 조심스럽게 말을 꺼냈다. "자기야, 예를 들어 여기 계란말이가 하나 남아 있다고 가정해봐. 사실 내가 꼭 먹고 싶으면 자기한테 '그만 먹어'라고 하거나 내 몫으로 반쯤 남겨 달라고 직접 말하면 되겠지. 하지만 나는 군이 그렇게까지 하면서 집착하고 싶지는 않거든. 사실 계란말이를 하나 더 먹고 덜 먹고가 그렇게 중요한 것은 아니니까. 그런데 거의 항상 자기가 마지막에 한두 개쯤 남겨놓고 '먹을래?'라고 물어보면 솔직히 조금은 서운할 때가 있어. 겨우 하나 남겨줄 거면 차라리 그냥 다 먹어버리지 싶은 마음이 들기도 하고, 혼자 신나게 먹다가 이제야 내 생각이 난 건가 싶기도 하고."

"물론 자기는 내가 그렇게 먹고 싶거나 불만이 있었다면 왜 미리 말하지 않았느냐고 할지도 몰라. 하지만 나는 말하지 않아도 상대방을 먼저 생각해주는 마음, 그 배려가 참 따뜻하고 더 중요하다고 생각했거든. 근데 신경다양성에 관해 공부하다 보니 모노트로피즘Monotropism✚ 이라고, 어떤 것에 집중하면 주위의 다른 게 잘 보이지 않거나 마음에 떠오르지 않는 경향이 있다고 하더라."

"자기도 그런 경향이 있어서 그런 걸까? 이기적이어서가 아니라, 정말 좋아하는 게 눈앞에 있으면 그것에 모든 인지 자원이 몰려 있어서 다른 사람이 잘 생각나지 않는 걸까?"

스누피는 무척 우울한 얼굴로 고개를 푹 숙였다. "나도 몰라."

그날 스누피에게 아무런 대답은 듣지 못했다. 대신 온종일 그의 우울한 얼굴이 떠올라 마음이 무거웠다.

✚ Monotropism(단일초점주의): 자폐인의 뇌가 한 번에 하나의 흥미나 자극에 깊게 몰입하는 특성. 반대로 Polytropism(다중초점주의)은 여러 자극을 동시에 유연하게 처리하는 비자폐인의 일반적인 인지 방식.

하지만 그다음 날, 식탁에서 스누피는 혼잣말을 하기 시작했다. "다 먹으면 안 돼. 다 먹으면 안 돼. 다 먹으면 안 돼…." 그렇게 주문처럼 되뇌더니, 이제는 하나가 아닌 네 개쯤 남았을 때 숟가락을 내려놓았다. 내가 요리를 한 점 집어 들 때까지 기다리며. 그 애쓰는 모습에 웃음이 나다가도 눈물이 차올랐다.

"이거 엄청 맛있었나 봐? 난 하나만 먹을게. 나머진 자기 다 먹어."

"아니야, 난 충분히 먹었어."

"그래? 그럼 내가 조금 더 먹을게."

"응."

"정말 더는 안 먹어도 돼? 솔직히 더 먹고 싶잖아? ㅎㅎ"

"……"

"괜찮아. 난 자기 마음이 정말 고마워서 이건 안 먹어도 돼. 맘 놓고 먹어."

"…그래? 그럼 더 먹을게."

그날 식탁 위에는 어설프지만 진심 어린 '배려의 언어'가 처음으로 오갔다.

스누피는 밖에서의 식사 자리를 싫어했다. 어쩔 수 없이 함께 먹어야 할 때도 배가 고프지 않을 정도만 먹고, 집에 와서 다시 밥을 먹었다. 나는 그게 이해되지 않았지만 그는 사람들과 식사하는 게 도무지 편하지 않다고 했다. 먹는 속도도 맞춰야 하고, 얼마만큼 먹어야 하는지도 규칙처럼 정해져 있는 것 같아 복잡하고 버겁다고 했

다. 그는 '인간의 언어와 규칙'이 너무 복잡하다고 자주 말했지만, 그
래도 끊임없이 배우려 애썼다.

한 번은 내가 그에게 '닭 다리 두 개 다 먹고 이혼당한 남자' 이야
기를 들려준 적이 있었다. 그 뒤로 스누피는 절대 닭 다리를 혼자 다
먹지 않는다. 꼭 하나를 내 쪽으로 밀어둔다. 이유를 묻자 돌아온 그
의 대답은 단순했다.

"닭 다리 때문에 이혼하고 싶진 않으니까."

나는 웃었다. 그의 대답이 너무 스누피 같아서. 하지만 그 짧은
문장 안에는 그가 배운 모든 사랑의 언어가 들어 있었다.

눈을 보지 마

호주는 많은 사람이 생각하듯 자연이 아름답고 인권이 존중되
는 한편으론 부러운 사회다. 하지만 동시에 마약중독자와 묻지 마
범죄가 넘쳐나기도 한다. 한적한 동네나 부촌의 주택가에서는 그런
모습을 전혀 보지 못하고 살 수도 있을 것이다. 그러나 내가 잠시 머
물렀던 아이들의 첫 임대아파트는 도심 한복판에 있었다. 근처 슈퍼
를 가기 위해 몇 걸음만 나서도 노숙인을 몇 명이나 지나쳐야 했다.
언제 어디서 마약에 취한 누군가가 가위나 칼을 들고 나를 향해 달
려들지 모른다는 공포 속에서 나는 아름다운 멜버른의 하늘을 마음

껏 만끽할 수 없었다.

어느 날 밤, 창밖에서 들려오는 바이올린 소리에 창문을 열었다. 거리 반대편, 한 젊은 노숙인 남성이 어둠 속에서 연주하고 있었다. 주위에는 다른 사람도 몇 명 앉아 있었는데 그들 역시 노숙인인지 혹은 그를 보러 온 친구들인지 알 수 없었다. 그들은 그저 음악과 함께 웃고 있었다.

다음 날, 도심의 계단에서 마약에 취한 듯한 전날의 길거리 바이올린 연주자를 다시 보았다. 나도 모르게 그와 눈이 마주쳤는데 그 순간 그는 비틀거리며 내게 다가오며 뭐라고 소리쳤다. 나는 겁이 나서 고개를 숙인 채 빠르게 걸었다. 사람들 사이로 몸을 숨기듯 골목을 돌아 인파 속으로 녹아들었다.

집에 돌아와 그 이야기를 하자 스누피가 말했다.

"왜 눈을 마주쳤어? 마주치지 말고 그를 통과해서 봐야지."

그 말이 도무지 이해되지 않았다. 사람을 '통과해서' 본다는 건 대체 어떤 걸까? 사람을 보는데 눈을 마주치지 않는다는 게 가능한 일일까? 나는 그가 말하는 것을 이해해 보려 애썼다. 시간이 지나면서야 어렴풋이 알 것도 같았다.

스누피는 대화 도중 자신이 무언가를 이해하지 못해 머릿속이 엉켜버릴 때나, 내 말이 너무 길어져 더 이상 의미를 붙잡지 못할 때 그런 눈빛을 했다. 나를 보고 있지만, 나를 보고 있지 않은 눈. 시선은 내게 닿아있지만, 초점은 내 눈이 아니라 내 안쪽을 통과해 뒤편의

허공 어딘가를 향해 있는 듯한.

그제야 알았다. 스누피가 말한 '통과해서 본다'라는 것이 어떤 시선인지. 내게는 여전히 불가능한 '바라보기' 방법이지만.

스누피가 말한 '통과해서 본다'는 말을 나는 오랫동안 곱씹으며 나를 스쳐 간 눈빛들을 떠올려보았다. 어떤 사람은 내가 빨려 들어갈 정도로 강렬하게 눈을 떼지 않고 보았고, 어떤 이는 얼굴은 내 쪽을 향하고 있었지만 단 한 번도 눈을 마주친 적은 없었다. 또 어떤 이는 분명 나를 바라보고 있었지만 그 시선이 나를 '보는' 것이 아니라 내 뒤편 어딘가를 향하고 있는 듯했다.

자폐스펙트럼 상의 사람들에게 '눈을 마주친다'는 행위는 단순히 상대를 바라보는 일이 아니다. 그것은 감각적으로 '너무 많은' 정보를 한꺼번에 받아들이는 일이다. 사람의 시선 속에는 감정, 의도, 그리고 말로 설명되지 않는 수많은 비언어적 신호가 담겨있다. 여기에 표정의 미묘한 변화까지 겹쳐지면 그들의 뇌는 이러한 시각적, 사회적 단서를 자동으로 걸러내기 어렵다. 그래서 단 한 번의 눈맞춤도 순식간에 감각 과부하로 이어질 수 있다.

자폐스펙트럼을 가진 사람들은 눈맞춤 시 편도체가 과도하게 반응하는 경향이 있다고 한다. 편도체는 공포, 위협, 그리고 사회적 의미를 감지하는 뇌의 핵심 부위다. 따라서 이러한 강한 반응은 감각적, 정서적 불안을 완화하기 위한 생리적 자기조절 반응이며, 스스로를 과도한 자극으로부터 보호하려는 무의식적 방어로 볼 수 있다.

만약 내가 눈부신 해를 정면으로 바라보아야 한다면 나는 눈을 찡그리거나, 시선을 돌리거나, 선글라스를 쓰거나, 아예 눈을 감을 것이다. 그런 선택이 불가능하다면 나는 아마 해를 '통과해서' 보려 할 것이다. 그런데 누군가가 나더러 해를 반드시 정면으로 바라보라고 한다면 나는 결국 해를 피해 다니게 될 것이다.

스누피에게도 '통과해서 본다'는 것은 그런 생존의 방식이었다. 그는 감각 과부하와 불안을 최소화하기 위해 본능적으로 시선을 맞추지 않거나 '통과해서' 보는 방식을 택했다. 이는 사회적 회피가 아니라 관계를 유지하기 위한 자기조절이었다. 눈맞춤이 불편한 사람이 눈맞춤이 주요한 규범이 된 사회 안에서 자신만의 방식으로 균형을 잡은 것이다.

스누피 덕분에 나는 '눈맞춤'이라는 편견을 조금 벗어날 수 있었다. 누군가가 나를 뚫어지게 바라보아도, 내 코나 턱만 보아도, 혹은 나를 '통과해서' 보는 듯한 눈빛을 하고 있어도, 이제는 그 모든 시선이 저마다의 방식으로 진실한 '바라봄'임을 알게 되었다.

임박한 마일리지 사용하기

항공사 마일리지를 워낙 안 썼더니 곧 만료된다는 알림이 왔다. 당연히 그냥 버리기엔 너무 아까워서 나는 빠르게 검색을 시작했다.

가까운 일본이 환율도 좋고 항공권도 비싸지 않아 주말에 다녀오기 딱 좋을 것 같았다. 혼자 이리저리 폭풍 검색을 하다가 '그래, 일본이야' 하고 결정을 내렸다. 하지만 언제가 좋을지는 스누피와 상의해 봐야겠다 싶어 들뜬 마음으로 그의 방으로 갔다.

"자기야, 우리 이번 주말이나 다음 주말에 일본 다녀오자. 안 그러면 마일리지가 사라질 거니까."

나는 아직도 그때 스누피의 표정을 잊을 수가 없다. 너무나 순수하게, 형용 불가할 정도로 심하게 당황한 얼굴이었다. 임박한 마일리지가 있다는 얘기를 그 전에 안 한 것도 아닌데, 마치 귀신이라도 본 듯한 그 표정에 내가 더 당황했다. '내가 뭘 잘못했나?' 싶은 마음이 들었다.

나는 '그러자!' 혹은 '뜬금없이 일본이라니 무슨 소리야?' '내 의견도 먼저 물어봐야 하는 거 아니야?' '난 일본 말고 싱가포르 가고 싶은데'와 같은 식의 반응을 예상했는데 그의 반응은 그저 '무반응'이었다.

아무리 물어봐도 그의 대답은 단 하나였다.

"아직 준비가 안 됐어."

그날 저녁, 나는 조금 서운했고 사실 마음도 살짝 다쳤다. '그냥 편하게 티키타카 하는 게 그렇게 어려울까?' '즉흥적으로 어딘가에 가는 건 평생 불가능한 일일까?' 이런 생각들이 머릿속을 맴돌았다.

그런데 다음 날, 밝은 얼굴의 스누피가 내게 말했다.

"이제 준비됐어. 언제 어디든 가고 싶은 곳 얘기해도 괜찮아."

물론 그때는 이미 내 여행 의욕이 다 사라진 뒤였다.

하지만 그날 이후 스누피는 달라졌다. 이제는 계획에 없던 일을 말해도 그렇게 놀라지 않는다. 여전히 나는 매번 예상치 못한 그의 반응에 놀라지만, 그의 새로운 상황에 대처하는 '엄청난 학습 능력'에는 더더욱 놀란다.

스누피는 혼자서 자신만의 속도로 낯선 곳을 여행하고, 자신만의 방식으로 다양한 사람들의 이야기를 듣는 것을 좋아했다. 하지만 타인의 속도와 방식을 따르는 일은 힘들어했고, 예고 없이 갑작스러운 계획이 생기면 크게 당황했다. 그 불편감은 몇 시간이 지나야 겨우 가라앉았다. 그 불편감은 몇 시간은 지나야 겨우 가라앉았다.

그런데 흥미로운 건 그런 일이 반복되고 비슷한 맥락의 상황들이 쌓이며 그는 '여행의 즉흥성'을 예측할 수 있는 감각을 갖게 되었다는 점이다. 다시 말해, 내가 남은 마일리지를 쓰기 위해 갑작스레 여행 이야기를 꺼낼 수도 있다는 가능성 자체를 예상할 수 있게 된 것이다. 그렇게 스누피는 점차 더 많은 새로운 상황에도 적응해 갔다.

혼자 앞서 걷기

"같이 도서관에 갔다 올까?"

“그래!”

스누피와 함께 아파트 건물을 나섰다. 건물 밖으로 나오자마자, 그는 마치 어딘가에 늦은 사람처럼 혼자 빠르게 걷기 시작했다. 나는 뒤에서 걸었고, 그는 단 한 번도 뒤돌아보지 않은 채 앞만 보고 빠르게 걸었다.

‘같이 가기로 해놓고 왜 혼자만 저렇게 앞서서 가는 걸까? 무슨 기분 나쁜 일이라도 있나? 나랑 같이 가고 싶은 건 맞는 걸까? 그냥 혼자 가고 싶은데 억지로 같이 나온 건가?’

잠시 후, 그는 나를 (쳐다보지는 않았지만) 기다리는 듯 멈춰 섰다. 그런데 겨우 가까이 가면 또다시 혼자 성큼성큼 앞서갔다. 내게 그건 같이 걷는 게 아니라 그냥 ‘같은 곳으로 각자 가는’ 거였다.

‘뒤에서 누가 날 납치해 가도 모르겠네. 내가 없어져도 눈치채긴 할까?’ 서운한 마음에 나는 잠시 멈춰 섰다. 몰래 기둥 뒤에 한참 숨어도 있어 봤다.

“왜, 빨리 안 걸어? 뭐 기분 나쁜 일 있어?”

“아니, 그냥… 당신이 자꾸 혼자만 앞서가니까 좀 그러네. 왜 그렇게 혼자 빨리 걸어?”

“내가 언제? 난 그냥 미적거리지 않고 걷는 건데? 당신이 너무 천천히 걷는 거지.”

그 순간 진짜 기분이 나빠졌다. 그땐 정말 혼자 집으로 돌아가고 싶었다. 하지만 그 정도로 크게 화내기는 애매해서 그냥 참기로 했다.

도서관에 도착해서 몇 시간을 함께 있다가 집으로 돌아오는 길에 이번엔 내가 먼저 입을 열었다. "왜 이렇게 급하게 걸어? 어디 늦었어? 좀 천천히 가면 안 돼? 가게들도 구경도 좀 하면서….."

"그러니까 삐진 게 맞잖아. 아까부터 일부러 천천히 걷는 게 뭔가 있다 생각했지."

"난 진짜 삐진 게 아니야…. 아니다, 맞아. 좀 서운하긴 했어. 당신이 자꾸 혼자 앞서서 가니까 외롭고, 같이 있는 느낌이 안 들어서 그랬어. 왜 그러는 건데?"

"난 혼자 걷는 게 아니라니까! 아무 문제도 없다고!"

정말 돌아버릴 것 같은 순간이었다.

그날 저녁, 미치도록 억울하고 답답했던 나는 결국 가족회의를 열었다.

"자, 내가 오늘 무슨 일이 있었는지 얘기할 테니까 객관적으로 판단해 줘. 나는 진짜 뭐가 잘못된 건지 모르겠거든."

내 이야기를 한참 다 들은 후 작은아들이 말했다.

"아빠는 원래 항상 앞장서서 걷잖아요. 새삼스러운 것도 없는데요? 그럴 땐 그냥 불러서 기다리라고 하면 되잖아요."

"하지만 왜 우리가 매번 그렇게 해야 하냐고. 지난번 빅토리아 마켓 갔을 때도 기억나지? 혼자 앞서가서 우리가 찾으러 다녔잖아."

"그건 시티에 이상한 사람이 많으니까 내가 앞장서서 길을 터줬던 거야." 하고 스누피가 반박했다.

"우리가 어디에 있는지도 몰랐잖아?"

"알았거든! 그래서 기다렸잖아."

"그건 한참 가다가 아무도 안 보이니까 섰던 거잖아! 같이 걷는 건 그런 게 아니라고!"

"난 그냥 평소대로 걸었을 뿐인데, 당신이 괜히 나를 공격하는 거 아냐?"

그때 큰아들이 조용히 말했다.

"아빠, 저 어렸을 때도 그랬어요. 유치원 다닐 때, 아빠가 너무 빨리 걸어서 뒤에서 울면서 따라간 적 있어요. 다리가 아팠지만 혼자 남겨질까 봐 무서웠어요." 잠시 침묵이 흘렀다.

"근데 아빠가 일부러 그런 건 아니잖아요." 작은아들이 조심스럽게 말했다. "그냥 다음부터는 아빠를 불러 세우면 되지 않을까요?"

그날의 가족회의는 별다른 결론 없이 끝났다.

다음 날, 또다시 함께 외출하는 길.

그는 몇 걸음 앞서 걷다가 갑자기 멈춰 섰다. "아, 앞장서서 걸으면 안 된다고 했지. 근데 나도 모르게 또 빨라질 것 같아. 그럴 땐 나한테 '혼자 빨리 걷지 말라'고 상기시켜 줄래?"

"응, 알았어."

그는 아마 밤새 우리가 한 말을 곱씹었을 것이다. 자기 행동이 누군가에게 어떤 감정으로 다가가는지를 논리적으로 분석하면서 말이다.

그 후로도 그는 가끔은 자신도 모르는 사이에 앞서 걸었다. 그러면 나는 웃으며 말했다. "자기야, 그냥 우리 손잡고 걷자. 그럼 빨리 못 가잖아." "그래, 그게 낫겠다. 난 완전 구제 불능이야. 하하."

그렇게 몇 년이 지나면서 그는 이제 거의 항상 내 속도에 맞춰 걷는다. 가끔 자신이 너무 빨리 걷는 건 아닌지 묻기도 하고, 내가 조금 지치면 알아서 속도를 늦추기도 한다. 그에게 상대와 속도를 맞춰 걸어야 한다는 '새로운 강박'을 만들어 준 건 아닌가 싶기도 하다. 하지만 그건 조금은 강박적으로도 상대와 맞출 필요가 있는 중요한 부분이라고 생각했다. 외출하면 습관적으로 손을 잡고 걸었던 것이 많은 도움이 되었던 것 같았다.

"가끔 생각해보면 예전에도 사람들과 걸을 때 늘 나 혼자 앞서갔던 것 같아. 그땐 그런 걸 한 번도 생각해 본 적이 없었어. 그냥 늘 그래왔으니까."

"의도치 않게 그 사람들에게 상처를 줬을 수도 있잖아. 지금 생각하면 미안하진 않아?"

"뭐, 미안하다고까지는…. 그건 다 과거의 일이니까."

그의 말투는 담담했지만 나는 안다. 그가 진심으로 천천히, 함께 걷는 법을 배우려 노력하고 있다는 걸. 때때로 그는 여전히 앞서가려 하고 나는 여전히 그를 따라 걷지만, 이제 우리 사이에는 오해와 서운함은 없다.

너무 빠른 예측반응

호주에 살 때, 스누피는 파트타임으로 박사 과정을 하고 있었다. 그에게 논문 쓸 시간을 주기 위해 나는 두 아이를 데리고 주말마다 어딘가로 나가는 데 익숙해 있었다. 그날도 아이들과 함께 과학체험관에 가려고 준비하며 스누피에게 큰 기대 없이 물었다. "자기도 혹시 같이 갈래?"

스누피는 얼굴을 찡그리며 언짢은 투로 말했다. "내가 지금 얼마나 많은 글을 읽고 써야 하는지 알아? 시간이 없어."

나는 잠시 멈췄다가 조심스럽게 물었다. "그래서… 안 간다는 거지?"

그때 깨달았다. 내가 질문을 던지면 그는 '질문' 그 자체보다는 내가 어떤 대답을 기대하고 있을지, 자신의 대답에 어떤 반응을 보일지를 먼저 '예측하고 있었다'는 걸. 내가 '같이 갈래?'라고 묻자, 그는 내 표정과 말투를 토대로 그 이후 대화의 가상 흐름까지 모두 머릿속에서 미리 재생해 버렸던 것이다. 자신이 안 간다고 했을 때 내가 실망하거나 짜증을 낼 수도 있는 경우, 혹시 가능성을 비쳤을 때 그럼 같이 가자고 할 수도 있는 경우 등등 수많은 경우를 한순간에 예측하고 그에 대한 답변을 미리 한 거였다.

그래서 나는 말했다. "나는 그냥 갈 건지 안 갈 건지만 궁금했는데, 너무 넘겨짚어서 답한 거 아니야? 앞으로는 내가 묻는 말에 대해서만 대답해줘. 넘겨짚지 말고, 그냥 질문에만.”

그는 약간 멋쩍게 웃었다.

“아, 내가 그랬는지 몰랐어. 그런데 생각해보니 정말 그랬네. 미안해.”

지금 생각해 보면 그건 단순한 ‘예민함’이 아니었다. 너무 빠른 ‘예측 반응’ 혹은 이미 ‘고착된 패턴 예측의 과잉 반응’이었을지도 모르겠다. 그랬다면 그의 뇌는 항상 피곤하게도, 끊임없이 다음 장면을 시뮬레이션하고 있었을 것이다.

그때까지 해 오던 자신의 대답 패턴을 깨닫자마자 그의 그런 ‘넘겨짚어 답하는 버릇’은 즉각 사라졌다. 그의 강점은 논리적 사고였는데, 그는 대부분 논리적으로 이해가 된 것은 즉시 바꾸거나 그만둘 방법을 찾았다. 그런 점에서 그는 정말 대단한 사람이다!

V. 사랑과 일상의 세계

이미지와 패턴의 세계에서는 긴 말이 필요 없고,
선형적인 세계에서는 행간을 설명할 이유가 없다.
그저 서로 다른 언어를 사용하는 두 세계가 있을 뿐,
어느 쪽도 다른 쪽을 지배하거나 강요하지 않는다.
자연의 세계에서 서로 다른 감각을 지닌 생명들이
각자의 속도와 방식으로 어우러지듯,
인간의 세계에서도 진짜 사랑은
이해를 넘어 존재를 있는 그대로 받아들이는 힘이다.
이 장은 세상을 다르게 느끼는 두 존재가
조심스럽게, 천천히, 서로의 보폭을 맞추어 가며
'이해'에서 '공존'으로 나아가는 여정을 담고 있다.

그가 머무는 장면들

스누피가 유튜브를 켜 놓고 진지하게 몇 시간째 보고 있다. 화면에는 얼굴 하나 나오지 않는다. 산속에서 나무를 베고, 땅을 파고, 나무를 홈에 끼우고, 잎을 덮어 통나무집을 혼자 짓는 사람의 손과 몸짓만 보인다. 매번 장소가 다르지만, 나에게는 거의 같은 장면들의 반복처럼 느껴진다. 그런데 그는 며칠이고, 몇 시간씩 숨이 멎은 듯 집중해서 본다.

이번에는 미국 TV쇼다. 굴삭기로 땅을 파고 금을 캐는 프로그램. 하는 일이라곤 땅을 파고, 금을 찾고, 또 파고, 잘못 파서 흙이 무너지고, 물이 넘치면 다시 파는 일의 반복이다. 나는 금세 흥미를 잃었지만, 그는 그 끝없는 땅파기의 과정에서 눈을 떼지 못한다.

"내가 자폐 커뮤니티에서 읽었는데, 거기 많은 사람들이 땅 파는 걸 즐긴다더라." 하고 웃으며 이야기했더니, 스누피가 진지한 얼굴로 말했다. "그걸 즐기지 않는 사람이 어딨어? 나도 하루 종일 땅 파면 정말 재밌을 것 같아."

나는 그런 생각을 단 한 번도 해 본 적이 없었기에 그 말이 새삼 낯설고 정말 신기했다.

이번엔 유튜버가 카메라를 들고 길을 걷는 영상이다. 대사 하나 없이 걷는 소리와 숨소리, 발밑의 바람 소리만이 들린다. 그는 그런 나라마다, 도시마다, 거리마다의 영상을 찾아다니며 보고 또 본다. 자신이 걷는 것을 너무나 좋아하기에, 가지 못한 곳의 거리를 영상으로라도 따라가며 눈으로 걷는 듯했다. 스누피는 혼자 걷는 것을 좋아해서 어디서든, 몇 시간이고 걷고 또 걷는데, 가끔 그를 볼 때면 영화 '포레스트 검프'의 주인공이 몇 년을 도로 위에서 쉬지 않고 뛰던 장면이 겹친다.

잠 들 기 레 이 스

밤 11시.

항상 이 시간쯤이면 스누피는 침대에 누워 있어야 했다. 그런데 어쩐 일인지 그날은 여전히 컴퓨터 앞에 앉아 있었다. 마감이 임박한 일이 있거나 아니면 몰입이 잘 되는 밤인가 보다 싶어 나는 조용히 양치하러 욕실로 갔다.

그런데 갑자기 뒤에서 의자 미는 소리가 나더니 스누피가 쏜살같이 달려와 내 옆에 섰다. 그리고는 마치 무슨 경주라도 시작된 것처럼 이를 닦고 잠옷으로 갈아입고 침대로 후다닥 뛰어들었다. 나는 그가 도대체 왜 그러는 건지 잠시 머리를 굴려봤지만, 마땅한 이유가 떠오르지 않았다.

조용한 침실에 그의 숨소리만 들리던 그때, 스누피가 갑자기 말했다. "늦게까지 안 잘 것처럼 앉아 있다가 갑자기 혼자 몰래 잠자려고 하면 어떻게 해? 너무 당황했잖아."

"응? 난 그냥 갑자기 피곤해서 자려던 건데? 자기는 뭘 그렇게 급하게 달려와 누웠어?"

"당신이 나보다 먼저 침대에 누우면 안 돼."

"왜?"

"그냥… 순서가 바뀌면 너무 불편해. 내가 먼저 누워 있어야 자연스러워."

그 말을 들으며 나는 이상하게 마음 한쪽이 먹먹했다. 가끔은 스누피가 영원히 자라지 않는 꼬마 남자아이처럼 느껴졌다.

스누피는 늘 말했다. 자신은 11시쯤 되면 어김없이 피곤해진다고. 그날은 시간이 그렇게 늦은 줄 몰랐던 모양이다. 내가 양치하는 소리를 들었을 때 무언가 질서가 깨지는 듯한 불안이 그를 덮쳤던 것 같다.

언젠가 나는 일부러 잠든 척을 한 적이 있다. 그때 스누피가 아주 작은 목소리로 중얼거렸다. "먼저 잠들면 어떡해. 혼자 남으면… 난 너무 외롭단 말이야."

그 말을 들은 밤 이후 나는 결심했다. 이제는 항상 그가 먼저 잠들 때까지 기다려주기로. 그가 세상과 나 사이에서 불안을 내려놓고 잠들 수 있도록, 그 옆을 지켜주는 사람이 되기로.

지하철 화장실

스누피는 자신을 만나러 오는 사람들을 모두 서울 홍대입구역 근처 카페에서 만난다. 그토록 많이 가 봤으면 다른 곳에서도 만날 법한데, 그는 여전히 항상 그곳에서 사람들을 만난다.

그날은 두 명의 다른 사람을 2시, 4시에 만나기로 되어 있었다. 마침 나도 근처에 볼일이 있어 함께 가기로 했다.

내 볼일을 다 본 후, 스누피에게서 두 번째 사람이 떠났다는 문자를 받고는 그 카페로 가서 함께 커피를 마셨다. 나는 한 시간이 조금 못 되게 그곳에 머물렀지만 스누피로서는 꽤 오랜 시간을 그 자리에 있었던 셈이었다.

집으로 돌아가려면 지하철을 한참 타야 해서 나는 화장실에 다녀오기로 했다. 지하철역 화장실보다 그 카페의 화장실이 훨씬 더 깨끗하고 쾌적했으니까.

"당신도 화장실 다녀오지?"

"아냐, 난 괜찮아."

"정말? 지하철 타고 한참 가야 하는데, 안 갈 거야?"

"안 가도 돼."

"나중에 후회할 텐데… 난 분명 미리 물어봤어."

곧 우리 둘은 카페를 나와 지하철역으로 걸어갔다. 그리고 계단을 내려가 역사 안으로 들어서자 스누피가 말했다. "여기서 잠깐만 기다려. 나 화장실 좀 다녀올게."

화장실로 향하는 스누피를 보며 나는 어리둥절했다. '5분 전에 화장실 갈 거냐고 몇 번이나 물어도 안 간다더니, 역사에 들어오자마자 간다니? 이게 뭐야?' 난 어색하게 주변을 둘러보며 멀뚱히 그를 기다렸다.

"아까 커피숍에서 가라고 할 때 가지, 왜 여기 내려오자마자 가는 거야?"

"하하, 난 지하철 타기 전에 항상 여기 화장실을 들렀다 가거든. 그래야 마음이 편해."

"여기 화장실보다 아까 카페 화장실이 훨씬 더 좋은데."

"그래? 난 몰라, 거기선 화장실을 한 번도 안 가봤어. 항상 여기서만 가."

"근데, 당신이 아까 카페에서 갔다 왔으면 여기서 안 가도 됐을 거고, 그럼 나는 혼자 여기서 뻘쭘하게 기다리지 않아도 됐을 텐데… 그랬다면 더 좋지 않았을까 싶긴 해."

"아… 그 생각을 못 했구나. 미안! 내가 내 생각만 했네."

스누피의 성향을 고려해 보면 그 카페에서 다시 약속이 있어도 그는 여전히 지하철역 화장실에 갈 것이다. 만약 나와 함께 간다면 아마도 내가 '지난번처럼 나 혼자 지하철 화장실 앞에서 기다리게 하지 말고, 여기서 갔다 오면 더 좋을 것 같아.'라고 말할 것이다. 그러면 그는 두 가지 중 하나를 선택할 것이다. 끝까지 참고 집까지 가

던지, 불편함을 무릅쓰고 카페의 낯선 화장실을 써 보던지.

이걸 알고 있는 나는 다음번에 약간의 고민을 할 것이다. 그에게 그런 말을 할지 말지를.

아빠 화났어요?

"아빠, 화났어요?"

"아니."

한 시간 뒤.

"아빠, 화났어요?"

"아니."

삼십 분 뒤.

"아빠, 화났어요?"

"아니라고!"

한 시간 뒤 내가 물었다. "당신 뭐 짜증 난 일 있었어?" "아니. 왜 다들 자꾸 나보고 화났냐고 해? 화 안 났는데, 자꾸 그렇게 물으니까 이젠 진짜 화가 나려고 해!" 그의 표정엔 이제 분명히 짜증이 묻어 있었다.

"그럼 입꼬리를 살짝만 올려줘 봐." 그는 얼굴의 다른 근육은 그대로 둔 채, 오직 입꼬리만 로봇처럼 올렸다. "아니, 조금만 더 부드럽게." 그는 여전히 어색하게 입꼬리를 움직였다.

"너무 무표정하면 화가 났거나 뭔가 불만이 있는 것처럼 보여. 그러면 혹시 내가 무슨 실수라도 한 건 아닐까, 의도치 않게 기분을 상하게 한 건 아닐까 하고 자꾸 신경이 쓰여. 그러니까 정말로 기분 나쁜 게 아니면 조금만 부드러운 표정을 지어줘. 오해하지 않게."

그 뒤로 스누피는 나와 눈을 마주칠 때면 정말로 입꼬리만 올렸다. 그럴 때마다 나는 헷갈렸다. 일부러 빈정거리듯 그러는 건지, 아니면 정말로 오해를 막으려 애쓰는 건지. 하지만 정확히 알 수 없을 때는 '무죄 추정', 그러니까 선의로 해석하기로 마음먹었다.

표정에 대해서는 그 뒤로도 가끔 대화를 나눴다. 그때마다 스누피는 상황에 맞는 적절한 표정을 짓는 게 너무 어렵다고 말했다. 모두가 즐겁게 웃는 순간에도 그는 방금 들은 말을 곱씹거나, 다음에 무슨 말을 해야 할지 고민하느라 무표정할 때가 있었다. 때로는 머릿속에 번쩍 떠오른 이미지 때문에 진지한 분위기 속에서도 혼자 피식 웃기도 했다. 잊어버릴까 봐 빨리 말을 꺼내야 해서 초조하게 보일 때도 있었고, 감각 과부하로 지쳐 얼굴빛이 어두워질 때도 많았다.

불필요한 오해를 줄이기 위해 우리는 함께 '표정 연습'을 했다. 그는 무표정한 얼굴 위로 미세하게 근육을 움직이며 웃는 법을 연습했다. 이제 그는 조금씩 웃는다. 그의 웃음은 여전히 완벽하게 자연스럽진 않지만, 그 안엔 따뜻한 '오해받지 않으려는 노력'이 담겨있

다. '조금은 어색한 그의 웃음'을 보아도 이제 나는 그를 오해하지 않
고, 오히려 그의 불안이나 불편감을 알아차리려 노력한다.

신경 안 써

"버스에서 사람들이 복도쪽 자리에만 앉고, 창가 자리로 옮기지
않을 때 난 정말 싫더라."

"난 그럴 땐 그 사람 앞에서 몇 초간 서 있어. 내가 앉을 거라는
신호를 주는 거지. 그러면 그 사람이 안쪽으로 들어가든지, 내가 들
어가게 일어서서 비켜주든지 해야 하잖아. 근데 가끔 아무 반응도
없이 그냥 앉아 있는 사람이 있거든. 그럼 나는 그 다리를 살짝 밀치
고 들어가 앉아버려."

"헐! 그러다 그 사람이 화내거나 당신을 이상하게 보면 어떡해?"

"난 전혀 신경 안 써! 난 잘못한 게 없으니까, 그 사람이 뭐라고
하든 신경 안 써."

"검정 비니를 쓸 때는 너무 눌러쓰면 사람들이 범죄자 같다고 무
서워할 수도 있잖아."

"신경 안 써!"

"내가 이 책을 내면 사람들이 '스누피'가 당신인 걸 알게 될지도
몰라. 그러면 누군가는 당신이 자폐가 있거나 이런저런 어려움이 있

다고 뒤에서 수군거릴 수도 있을 것 같아. 그래서 최대한 당신이란 게 드러날 만한 얘기는 안 쓰려고 해."

"왜? 자폐가 있으면 부끄러운 거야?"

"그건 아닌데… 그래도 다른 사람들이 뭐라고 해서 당신 일에 영향을 줄까 봐 그렇지."

"나는 사람들한테 내가 자폐가 있다고 다 얘기했는데? 그리고 그게 전혀 안 부끄럽거든. 그리고 누가 나에 대해 어떻게 생각하든 난 신경 안 써!"

이런 스누피라서 좋은 점도 있다.

아주 오래전 아직 음악을 CD로 사서 듣던 시절이었다. 나는 늘 라디오에서 흘러나오던 플레인 화이트 티스Plain White T's의 'Hey there Delilah'라는 노래를 좋아해서 자주 흥얼거렸다. 그걸 기억했던 스누피가 내 생일 선물로 그 음반을 사주고 싶어 했다. 하지만 그 밴드의 이름도 노래 제목도 몰랐던 스누피는 음반 가게 점원에게 이렇게 물었다. "저기요, 혹시 따라라라 따라라라~ 따라라라 따따 따 따아다~ 오~ 왓츄두루미what you do to me…오~ 하는 노래가 뭔지 알려줄 수 있어요?" 그러자 그 점원은 잠시 후 다른 점원을 데리고 왔고, 스누피는 또다시 그 점원 앞에서 노래를 흥얼거려야 했다. 그 점원도 모른다며 또 다른 점원을 불러와서 그 노래를 그는 세 번씩이나 연달아 불렀다. 그러고 난 뒤에야 그는 겨우 해당 음반을 살 수 있었다고 했다.

스누피는 "첫 번째 점원도 아마 이미 알고 있었을 것 같아. 그냥 내가 그렇게 노래하는 게 재미있어서 더 부르게 한 것 같았어."라며 웃었다. 하지만 그들이 자신을 이상하게 봤는지, 어떻게 생각했는지는 전혀 신경 쓰이지 않았다고 했다.

다른 사람의 눈에는 그가 매우 차갑게 보이는 적이 많을지 모르지만, 알고 보면 그는 누구보다 따뜻한 사람이다.

숲속의 집, 기차 세트

스누피는 그날도 구글맵을 펼쳐놓고 집을 구경하고 있었다. 예전에는 지도에서 너무 멋지다고 생각한 집을 찾으면 허겁지겁 나를 불러 보여주곤 했다. 아마 내 입에서도 환호하는 탄성이 나오기를 바랐을 것이다.

구글맵에서 찾았든, 부동산 사이트에서 찾았든, 허허벌판에 외로이 서 있는 커다란 집이나 농장을 보면 스누피는 늘 열광했다. '너무 완벽한 집을 찾았다'며 기뻐했고, 당장이라도 이사 갈 기세로 나를 불러 그 집을 보여주곤 했다. 그러나 정작 가서 보면 산과 뒷마당의 경계가 모호한 숲속 한가운데 있는, 세 가족이 함께 살아도 남을 만큼 큰 집이었다.

"너무 무서울 것 같아. 외롭고. 밤 되면 더 무서울 거야. 사람은 구경도 못 하고." 그러면 그는 눈을 더욱더 반짝이며 대답했다. "그러니까 천국이지! 주위엔 자연과 동물밖에 없고, 원하면 혼자 자급자족하면서 살 수도 있어. 시내는 아주 가끔만 나가서 필요한 것만 사 오면 되고. 너무 완벽하지 않아?" "…아니…전혀."

그런 일이 한 번, 두 번, 세 번 이어지다가 어느 순간부터 스누피는 더는 자기가 찾은 집을 나에게 보여주지 않게 되었다. 어차피 나는 그의 기분에 찬물을 끼얹을 게 뻔했을 테니까.

한 번은 가족 단톡방에서 묘한 소외감을 느낀 적이 있다. 방송국 리포터로 일하는 첫째 아이가 취재한 뉴스 영상을 보내왔다. 중학교 미술 선생님으로 31년간 재직 후 은퇴한 한 남성이 무료함을 달래기 위해 자기 집 창고에서 모형 기차 세트를 만들었다는 내용이었다. 그는 6년 동안 혼자 조용히 창고에서 미니어처 인물 1,200명과 기차역, 기차를 만들었는데 아무도 그곳에 그런 상상의 세계가 존재하는지 몰랐다고 했다.

그가 만든 모형 기차는 실제로 트랙을 돌며 달렸다. 그 세계의 일부는 그의 상상을 토대로 한 미래 도시였으며, 일부는 현실 세계를 정밀하게 재현한 것이었다. 나는 뉴스 클립을 여러 번 돌려보며 실제와 구분이 안 될 정도로 정교한 그의 모형에 몰입했다. 하지만 그때 든 생각은 단순히 "정말 대단하다." 정도였다.

그런데 단톡방에 영상이 올라오자 스누피가 가장 먼저 댓글을 달았다.

"와, 완전 멋지다!! 나 기차 세트 너무너무 좋아!"

첫째가 곧이어,

"이걸 디자인하느라 6년이나 걸렸대요! 완전 자폐적이죠? 완전 내가 꿈꾸는 일!"

스누피가 답했다.

"초자폐 - 나도야!"

둘째가,

"왕자폐 - 나도!"

그리고 첫째가 마무리했다.

"끝판왕 자폐 - 나도!"

그리곤 덧붙였다.

"닭이 인도 길거리 치킨 티카(닭고기 조각)를 쫓는 것처럼, 우리 가족은 자폐가 유전이야." Autism runs in this family like a chicken running after Indian street tikka.

그들의 대화를 지켜보면서 나는 한참 동안 아무런 댓글을 달지 않았다. 그들의 유머 코드는 나와 무척 다르다. 나는 블랙 코미디를 이해는 하지만, 박장대소할 정도로 재밌다고 느끼지는 않기 때문이다. 인도 거리의 닭고기 조각을 쉬지 않고 쫓는 닭처럼 우리 가족의 자폐적 특징도 계속 이어진다는 표현의 기발함에 감탄할지언정 그 상황이 '엄청 웃기다'는 생각은 들지 않았다.

몇 분 뒤 뒤늦게서야 "저자폐 - 난 아냐!" 하고 댓글을 달며, 예

전 신경다양인 3명과 얘기했던 경험이 기억이 났다. 셋은 계속 공통
된 그들의 행동 특징을 나누며 "나도 나도" 하고 맞장구를 쳤지만,
그 옆의 나는 "아, 신기하다….'라는 말만 반복했다. 그러자 그중 한
명이 "세 명이 신경다양인이고 한 명이 아니면 누가 정상인 거야?"
했다. 그날의 경험은 후에 '정상'과 '비정상', '주류'와 '비주류'라는 경
계를 다시 바라보게 만들었다.

스누피가 은퇴 후 아무도 오지 않는 숲속의 집에서 기차 세트를
만들며 살고 싶다고 진지하게 말한다면 나는 그 바람을 과연 외면할
수 있을까.

죽음 앞에서

1년 반 전부터 아버지의 건강이 급격히 나빠지기 시작했다. 살
이 빠지고, 예전의 얼굴은 이미 오래전에 사라졌고, 기억력은 예고
없이 자리를 비우곤 했다. 늘 잘 쓰던 컴퓨터의 파일을 찾지 못하고,
안방을 찾아가지 못해 거실에 우두커니 앉아 계실 때마다 아버지에
게 지구에서의 시간이 빠르게 소진되고 있다는 불안감이 내 안을 덮
쳐왔다.

돌아가시기 6개월 전부터는 새벽이나 아침마다 습관처럼 핸드
폰을 확인했다. 부재중 전화나 문자가 와 있지 않을까, 두려운 예감이

현실이 되지는 않았을까 하는 마음으로. 그러던 어느 날 새벽 3시, 습관처럼 켠 핸드폰 속에는 보고 싶지 않았던 문자가 와 있었다.

마음의 준비를 해왔다고 생각했지만 막상 닥치니 정신이 하나도 없었다. 새벽 3시에 동생과 엄마와 통화를 하며 사태를 파악했고, 곧장 첫 기차와 비행기 시간을 확인했다.

그 사이, 스누피도 일어나 식탁 맞은편에 앉아 있었다. 아무 말도 하지 않고, 나를 안아주지도 않고, 다만 조용히 그림자처럼 앉아 있었다. 내가 첫 비행기를 예약했다고 말하자 그는 잠시만 더 자야겠다며 침대로 돌아가 눕더니 금세 잠에 빠져들었다.

그 모습을 바라보는 순간 내 가슴과 머릿속에서는 서로 충돌하는 감정이 솟구쳤다. 가슴은 소리쳤다. '내 아버지가 돌아가셨는데 어떻게 이렇게 태연히 잠이 올 수 있단 말인가? 두 시간 뒤면 내가 떠날 텐데, 그때까지 함께 깨어 있어야 하는 거 아닌가?' 그러나 머리는 달랐다. '죽음을 예견하고 있었으니 갑작스러운 사고처럼 충격적이지는 않았을 것이다. 내가 울지도 않으니 굳이 토닥이지 않은 걸 거다. 사람은 늙으면 떠나는 게 순리라고 여길 것이다. 더구나 지금은 내가 준비할 시간이고, 그는 그 준비에 방해되지 않으려 하는 거다. 그러니 차라리 잠을 자두는 것이 실용적이라 생각했을 거야.'

그러면서 나는 장례식장을 떠올렸다. 수많은 조문객 사이에서 스트레스를 받을 스누피의 모습을 그리며, 내가 먼저 내려가고 그는 사람들이 거의 다 왔다 갔을 무렵에 내려오는 게 낫겠다고 생각했다. 스누피는 사람이 하늘을 나는 것은 자연스럽지 않은 일이라며 주로 기차를 선호하기에, 곧바로 기차표를 확인하고 예매했다. 그러면서도 곤히 자는 그의 모습을 보는데 나도 모르게 화가 올라왔다.

그러나 다시 머리가 내 가슴을 달랬다. '스누피는 지금 무엇을 어떻게 해야 할지, 어떤 말을 해야 할지 전혀 모른다. 이런 상황에서 쓸데없는 위로보다 차라리 잠을 자는 게 현명할 수 있다. 설령 어떤 말을 건넸다고 해도 내가 그 말을 귀담아들었을까? 오히려 엉뚱한 말로 화를 돋웠을지도 모른다.'

결국 나는 그의 잠을 방해하지 않으려 방문을 닫고 조용히 현관문을 나섰다. 하지만 현관문 닫히는 소리에 그는 깼고, 인사도 없이 떠나버린 나를 몹시도 서운해했다. 우습게도 그것에 '서운해 함'이 오히려 내 '서운함'을 씻어주었다.

수년 전, 그의 아버지가 암으로 돌아가셨다. 병을 알았을 때 그는 평소에 아버지와 사이가 가깝지도, 따뜻한 추억이 많은 편도 아니었지만 갈 수 있는 한 여러 번 아버지를 찾아갔다. 한 번 가면 한동안 머물며 시간을 함께했다.

그런데 정작 아버님이 돌아가셨다는 소식을 들었을 때는 장례식에 가지 않겠다고 했다. 나는 깜짝 놀라 따졌다. "아버지가 돌아가셨는데 어떻게 장례식에 안 갈 수가 있어?"

그러자 그는 담담하지만 단호하게 말했다. "살아계실 때 한 번이라도 더 얼굴 보고 추억을 쌓는 게 중요하지, 돌아가시고 나서 가면 무슨 의미가 있어? 그래서 내가 살아계실 때 여러 번 갔잖아." "하지만 장례식은 남은 사람을 위로하는 자리잖아. 어머님이 얼마나 힘드실 텐데…." "아니야, 난 안 가."

그때 나는 무슨 수를 써서라도 스누피를 장례식에 가게 하고 싶었다. 하지만 내 바람대로 되지 않았다. 그리고 그 일은 오랫동안 내 마음에 아쉬움으로 남았다. 스누피가 왜 그렇게 고집을 부렸을까? 이제 와 돌아보면 그것이 그만의 방식이었기 때문인 것 같다. 그는 슬픔을 사회가 요구하는 방식으로 표현하지 않았다. 누군가의 시선이나 관습보다 자기 신념에 따라 살아가는 사람이었다.

작년 말, 스누피는 건강검진에서 대장암 말기 판정을 받았다. 아무런 증상도 없었는데 갑자기 암 말기라니. 믿을 수 없었지만 검진센터에서도, 종합병원에서도 같은 소견이었다.

검진센터에서 종합병원으로 넘어가기까지 시간이 조금 걸렸는데, 그 며칠 동안 나는 스누피의 결정체를 보는 것 같았다. 검진센터에서 돌아온 그 날, 그는 오후 내내 컴퓨터 앞에 앉아 있었다. 그다음 날도 마찬가지였다. 나는 뜻밖의 결과에 너무 충격을 받아 눈물만 흘리며 아무것도 할 수 없었고, 정신을 차리고 나서야 '그의 상태를 챙기지 못했다'는 걸 깨달았다.

"자기야, 뭐 해?"

"응, SNS 계정 다 없애는 중이야."

"왜?"

"사람은 세상을 떠났는데, 그 사람의 계정이 계속 돌아다니는 거… 별로 보기 좋지 않더라."

그 말을 그렇게 아무렇지 않게 하다니. 그리고 잠시 후, 그는 담담하게 덧붙였다.

"Life throws shit at you." (인생은 너에게 똥을 던지기도 하지.)

우리는 늘 삶의 무상함에 관해 이야기하곤 했지만, 막상 죽음을 마주해야 할지도 모르는 그가 이렇게 침착할 줄은 몰랐다. 그 순간의 스누피는 인간이라기보다 초연한 존재처럼 보였다.

하지만 사흘쯤 지나자, 그는 조용히 앉아 있다가 눈물을 흘리며 말했다.

"그래도… 아이들이 조금 더 자리 잡고 사는 모습을 보게 될 줄 알았는데…."

스누피는 세상 그 누구에 대해서도 신경 안 쓸 수 있는 사람이지만, 자신의 아이들만큼은 예외였다. 그들에 대한 걱정과 사랑만큼은 극한의 순간에서도 끝까지 놓지 못했다.

말이 아닌 언어

스누피는 동물들과 교감하거나 그들을 따라다니며 바라보는 일을 무척 좋아한다.

아파트 고층에 살던 시절, 창가에 새들이 자주 머물곤 했다. 난간인지 옥상인지 모를 가까운 곳에 새들이 모여들면, 스누피는 어김없이 창문가로 다가가 그들의 언어를 흉내 내며 대화하려 애썼다. "내 말을 알아들었을까…? 오, 들었어? 방금 나한테 대답한 거야!" "근데 무슨 말이었을까?" "하하, 몰라. 기분 나쁜 말은 아니겠지? 와 저기 가는 두루미 좀 봐!" 그는 창문을 옮겨 다니며 하늘을 가르는 두루미들을 끝없이 바라봤다.

우리 집 창문에서는 수직으로 하강하는 매도 보이고, 철새 떼도 보이고, 이름 모를 새들도 보였다. 그런데 늘 같은 새들인데도 스누피는 매번 처음 본 것처럼 감탄했고 아이처럼 행복해했다. 새들이 시야에서 사라질 때면 아쉬운 듯 창가에 한참을 서 있었다.

어느 날 길을 걷다가 추위를 피해 하늘을 가로지르는 거위 떼를 보았다. 그 순간에도 스누피는 행복한 얼굴로 그들을 바라보았다. 질서 정연한 비행을 따라가듯 발걸음을 멈추고 고개를 들어 한참 동안 하늘을 눈으로 좇았다. 나는 이미 걸음을 옮기고 있었지만, 스누피는 아직 그 자리에 서 있었다. 그의 눈에는 그저 지나가는 새들이 아니라, 마치 오래된 친구를 떠나보내는 듯한 기색이 어렸다.

예전에 우리 집에는 작은 수족관이 있었다. 그 안에는 거피와 바닥을 청소하는 물고기, 그리고 이름 모를 몇몇 종이 함께 있었다. 스누피는 그 앞에 앉아 종종 식사도 잊은 채 온종일 물고기들을 지켜봤다. 특히 거의 움직이지 않는 작은 생명들 곁에 지치지도 않고 오래 머물렀다. 내가 외출했다가 돌아와도 그는 여전히 그 자리에 앉아 있었다. 마치 그들과 한 몸이 된 듯이.

강가나 연못 근처를 지날 때면 작은 그림자 하나만 스쳐도 그의 눈빛이 달라진다.

"오, 저기 봐. 저기 물고기 보여? 아, 저기, 저기! 오, 봤어, 방금?" 그는 물속 물고기를 한참 동안 바라봤다. 그의 눈빛 속엔 세월의 흔적이 없었다. 나도 "우와!" 하며 감탄해 보지만 그건 어쩐지 선의의 연극 같다. 스누피 곁에 있으면 나는 참 동심도 감흥도 메마른 사람 같다는 조금은 슬픈 생각이 든다.

상추를 씻다가 작은 달팽이를 발견한 날, 내가 "이거 어떡하지?" 하고 묻자 스누피는 싱긋 웃으며 말했다. "귀엽다. 바깥 화단에 데려다주고 올게." 그는 손끝으로 껍질이 다치지 않게 조심스레 달팽이를 옮겼다. 마치 귀한 보물을 다루듯이. 집 안에서 거미를 만나도 그는 "아, 예쁘다. 오래오래 같이 살자." 하고 아무렇지 않게 말한다.

호주는 주택이 많아 길을 걷다 보면 울타리를 넘을 듯 짖어대는 개를 자주 만난다. 나와 아들이 지나갈 때는 사납게 짖던 개들이 이상하게도 스누피가 지나갈 때는 조용했다. 우리가 어떻게 그럴 수 있냐고 묻자 그는 웃으며 말했다. "그냥 똑바로 쳐다보면서 마음속으로 '굿 보이, 굿 보이'라고 말하면 돼." 우리는 해봐도 잘되지 않았는데, 스누피에게는 신기하게도 통하는 모양이었다.

스누피는 식물을 기르고 지켜보는 일도 진심으로 즐긴다. 산책

길에서도 나는 그냥 길을 걷지만, 그는 발걸음을 멈추어 꽃을 들여다보고, 나무의 이름을 묻고, 그 잎맥의 결을 사진으로 남긴다.

그가 바라보는 세상은 언제나 조용하고, 생명으로 가득 차 있다. 그는 동물과 식물의 마음을 읽어내며, 한결같이 그들과 대화를 이어간다. 나는 아직 그 언어를 완전히 알아듣지 못한다. 하지만 스누피가 바라보는 세상을 조금은 함께 보고 싶어진다.

스누피의 도시락

한국으로 돌아와 가장 기쁘고 놀라웠던 것은 더 이상 아이들의 도시락을 싸지 않아도 된다는 사실이었다.

호주에서의 아침은 늘 분주했다. 아이 둘, 스누피, 그리고 내 것까지 네 개의 도시락을 싸느라 앉아서 아침을 먹어본 날이 없었다. 숨 고를 틈조차 없이 하루가 시작되었고, 도시락은 내 하루의 첫 번째 노동이자 피할 수 없는 의무였다. 그런데 한국에 오니 학교 급식 덕분에 나는 드디어 도시락에서 해방될 수 있었다. 마치 오래된 짐을 내려놓은 듯 홀가분했다.

나는 당시 직장에 다니지 않았으니 스스로 도시락을 챙길 일도 없었다. 예전 한국에서의 직장 생활을 돌아보아도, 직장인 대부분은 굳이 도시락을 싸기보다는 구내식당에서 저렴하고 간단한 끼니를 해결하곤 했었다. 그래서 스누피 역시 그러리라 믿어 의심치 않았다. 그의 학교에는 아주 싼 식권으로, 내 기준으로는 꽤 맛있는 식사가 가능했기 때문이었다.

하지만 스누피는 매번 점심 무렵 집으로 돌아왔다. 그는 구내식당 음식이 형편없는데, 무엇보다 죄수들처럼 식판을 들고 줄을 서야 하는 상황이 견딜 수 없다고 했다. 집에서 대충 차린 한 끼가 훨씬 낫다는 것이었다. 물론 나는 그에게 밥에 간장만 비벼 내줄 수는 없었다. 그래서 그의 귀가 시간에 맞추어 늘 식탁을 차려두어야 했다.

한국에 돌아와서 처음 들은 단어 가운데 '삼식이'라는 말이 있었다. 하루 세끼를 집에서 챙겨 먹는 사람. 나는 스누피에게 그 단어가 한국에서 얼마나 많은 불만을 담고 있는지 알려주고 싶었다. 하지만 농담과 진담의 경계가 불분명한 그에게 그런 말은 블랙아이스와도 같았다. 차라리 피하는 것이 최선이었다.

그러다 학교에서 더 멀리 떨어진 곳으로 이사를 하면서 나는 자연스럽게 그의 도시락을 싸주기 시작했다. 내가 먼저 제안했는지 그가 부탁했는지는 기억나지 않는다. 다만 그것은 어느 순간부터 너무도 당연한 일이 되었다.

내가 힘이 넘칠 때는 괜찮았다. 그러나 기운이 다했을 때, 혹은 스누피가 미운 짓을 했을 때는 도시락을 싸지 않고 싶은 마음이 종종 밀려왔다. 그렇지만 단 한 번도 거른 적은 없었다. 그가 밖에서 식사하길 힘들어하는 데에는 말하지 않은 또 다른 이유가 있을 것 같았기 때문이다.

시간이 흘러 내가 스누피를 조금 더 잘 알게 되었을 때, 그의 눈으로 구내식당의 점심시간을 상상해보았다. 낯선 사람들 속에서 발을 동동 구르듯 불안에 휩싸인 그가 죄수 행렬 같은 줄에 스스로 몸을 섞을 리 없었을 것이다. 청각과 후각이 예민한 그에게는 사람들의 체취와 음식 냄새가 한 데 뒤엉킨 공기가 고통스러웠으리라. 사방에서 쏟아져 들어오는 소음은 모두 같은 크기로 들려왔을 테고, 그 혼란 속에서 혹여 누군가 함께 먹자고 권했다면, 그것은 아마도 지옥의 초대장 같았을 것이다. 불안은 금방이라도 폭발할 듯 치밀었을 텐데, 그 와중에도 그는 상대의 말을 듣고 적절히 반응해야 했을 테니까.

그걸 상상할 수 있게 된 나는 이제 '스누피의 도시락을 싸지 않는다'는 생각을 아예 하지 않게 되었다.

귀여운 유치함

아침에 눈을 떴는데 부엌이 연기로 가득했다. 싱크대 근처에서 연기가 끊임없이 피어올랐다. '아, 아침 배송이 도착했구나.' 생각했다. 스누피는 배송된 상자에 드라이아이스가 들어있으면, 가끔 그걸 싱크대에 물을 받아서 넣고는 구름처럼 뭉게뭉게 피어오르는 연기를 보며 아이처럼 신나 했다.

방에서 글을 쓰고 있는 나를 보러 스누피가 서둘러 달려왔다. 방에 들어서며 양말 신은 발을 빠르게 미끄러뜨리더니 '스윽'하고 능숙하게 브레이크를 걸었다. 아이들 어릴 때 자주 보던 장면을 키가 190에 가까운 성인 남자에게서 다시 보게 될 줄은 몰랐다. 문득 20년 뒤에도 그렇게 양말 슬라이딩을 하며 나를 보러 올 그를 상상하자 웃음이 새어 나왔다.

어느 날, 함께 길을 걷다가 그가 말했다. "여기서 나 한 발씩 들면서 폴짝폴짝 뛰어가고 싶어." "음… 그럼, 사람들이 좀 이상하게 쳐다보지 않을까? 50대의 덩치 큰 남성이 대로변에서 그렇게 뛰는 듯 걷는 걸 보면 정신적으로 문제가 있다고 생각할 수도 있는데, 그래도 괜찮으면 그렇게 걸어." 스누피는 볼멘소리로 말했다. "아, 왜 성인은 아이들처럼 기분이 좋아도 폴짝거릴 수 없는 거야? 사회는 그런 것을 이상하게 보면 안 돼. 성인도 자신 기분을 자기 방식대로 자유롭게 표출할 수 있어야 돼!"

그리고는 정말로 폴짝폴짝 뛰며 걸었다. 하지만 곧 폴짝 뛰기를 멈춘 그의 얼굴에는 세상의 부조리에 대한 불만이 가득했다. 그의 불평은 한참 동안 멈추지 않았다. 그때의 기억이 떠오를 때면 '왜 나는 그때 그를 말렸을까?' 후회가 된다. 다음엔 나도 스누피와 함께 한 발씩, 깡충깡충 뛰어가 볼 생각이다.

아주 가까운 지인 중에 어린아이처럼 "뻥이야!"를 외치며 장난치고 무척 즐거워하는 사람이 있다. 처음엔 재밌지만 두 번, 세 번이 되면 나는 솔직히 전혀 재밌지 않다. 하지만 스누피는 그 옆에서 자지러지게 웃는다. 자신이 하고 싶은 장난을 대신 쳐주는 그가 한편으론 고마운 것이다. 이따금 그런 스누피를 보며, 나에게도 아직 동심이 남아 있을까 내 안을 들여다보지만 실망만을 마주한다.

인터넷 선무당

이제 성인이 된 두 아이는 호주에서 직장 생활을 한다. 그래서 우리는 가족 단톡방에서 자주 이야기를 나눈다.

어느 날, 다음 날 일해야 한다는 얘기가 나왔고, 그 말에 둘째가 '노예들이 일하는 움짤'을 보냈다. 그걸 본 스누피는 '하하하! 오케이!'라고만 답했다.

그런데 한참 뒤, 문득 자신의 답변을 다시 보더니 내게 말했다.

"아까 그 흑인 노예 움짤을 보고 나는 내 생각만 했어. 그냥 하하 웃고 말았는데, 왜 '그래, 너도 열심히 일해' 같은 말을 못 했을까? 역시 난 사이코패스라서 그런가 봐."

그제야 그는 그 움짤에 반응하던 순간 자신이 자기 생각에만 머물러 있었고, 다른 사람은 생각하지 못했다는 사실을 뒤늦게 자각했던 것이다.

"무슨 소리야? 당신이 사이코패스라니?"

"온라인 테스트를 하면 거의 90퍼센트가 사이코패스로 나와. 난 진짜 정신에 문제가 있는 사이코야."

"그래? 그럼 하나만 물어볼게. 당신은 자신의 이익을 위해 다른 사람을 이용했거나, 필요하다면 그럴 수도 있겠다고 생각한 적이 한 번이라도 있어?"

"무슨 소리야! 절대 그런 생각 해 본 적 없어!"

"봐, 당신은 '공감 능력이 부족해서 사이코패스'라고 하지만, 나는 오히려 당신이 감정이 아주 풍부한 사람이라고 생각해. 다만 그걸 표현하는 방법을 잘 모를 뿐이지. 감정이 올라오면 오히려 나보다 더 잘 울잖아. 그게 어떻게 냉담한 사람이겠어? 오히려 너무 깊고 따뜻해서 상처받는 사람이잖아…. 당신이 나한테 왜 결혼했냐고 물을 때마다 내가 뭐라고 했는지 기억나?"

"마음이 따뜻해서."

"맞아. 물론 똑똑한 것도 좋았지만, 그보다 마음이 너무 따뜻해서 좋았어. 그런데 아무도 당신의 그런 면을 알아봐 주지 못했지. 당신 스스로도 자신이 따뜻한 사람이라는 걸 잘 모르고 있는 것 같아. 감정을 잘못 표현해서 누군가를 아프게 할까 봐 꾹꾹 눌러두는 모습, 그건 상처가 많았던 사람의 흔적이야. 우리 예전에 벨○○ 살 때 싸워서 쇼핑몰 통로 한쪽에 쌓아놓고 팔던 매대 카펫을 당신이 신발 신은 채 씩씩거리며 마구 밟고 지나갔던 거 기억나?"

"응."

"그때 집에 와서 내가 우리가 화난 건 화난 거지만 우리랑 전혀 상관없는 사람들이 파는 카펫을 신발 신은 발로 마구 밟고 지나간 건 무척 잘못된 행동이었다고, 무척 실망했다고 했던 거 기억나지?"

"응, 그랬지. 스스로도 너무 부끄러웠어."

"근데 그다음 날 자기가 그 가게에 다시 찾아가서 사과했잖아. 난 그 모습이 너무 멋있어서 잊히지 않거든. 만약 사이코패스라면 사과했다 해도 뭔가 이익을 얻기 위해 거짓으로 했을 거야."

"아니야! 난 진심이었어!"

"알아. 나도 느꼈어. 그때 난 당신에게 다시 반했거든…. 그리고 우리가 Y동네 살 때, 우리 집에 생쥐 들어왔던 거 기억나?"

"그 얘기 하지 마! 아직도 생각하면 슬퍼져."

"집 안에 생쥐는 돌아다니고, 잡긴 잡아야 하는데 마음이 아파서 죽이지도 못했잖아. 그러다 결국 책장 뒤로 도망친 걸 자기가 긴 막대기로 치다가 죽였지."

"… 진짜 슬펐어."

"그리고 그다음 주에 중국인가 일본에서 지진이 일어났는데, 그게 자기가 그 죄 없는 생쥐를 죽였기 때문이라고 몇 년 동안 자책했잖아."

"그건 지금도 마음 아파…."

"그러니까, 자기는 사이코패스가 아니라고. 그냥 신경다양성의 특징이 조금 있을 뿐이야. 이제 그런 온라인 테스트 같은 건 하지 마.

알았지?”

그날 이후로 나는 '선무당이 사람 잡는다'라는 말을 제대로 이해하게 되었다.

알게 되면, 그다음은?

얼마 전, 친한 동생이 물었다. “언니, 다른 사람들의 특징을 알게 되면 그다음엔 뭘 해? 알아도 그들이 쉽게 바뀌지는 않을 거잖아?”

나는 잠시 생각하다가 웃으며 말했다. “맞아, 사람은 쉽게 바뀌지 않지. 그래도 알아야 이해가 되고, 이해되어야 비로소 바뀔 가능성도 생기지.”

스누피는 지능이 높고 무척 논리적인 사람이다. 그래서 내 말을 듣고 이해가 되면 어떻게든 바꾸려 노력한다. 하지만 그 노력은 곧 '에너지의 추가 소모'이기도 하다. 그걸 아는 나는 어떤 것을 내 선에서 이해하고, 어떤 것을 그에게 언급할지를 결정한다. 모든 것을 다 바꾸려다 과부하에 걸려 뇌가 고장 나 버리면 안 되니까.

예를 들어, 밥을 먹을 때 스누피는 나보다 훨씬 빠르게 먹거나, 배고픔을 참지 못하고 혼자 먼저 먹기 시작하곤 했다. 하지만 나에게는 속도를 맞춰 함께 식사하는 것이 큰 의미란 걸 들은 스누피가 곰곰이 생각하더니, “그러면 내가 이렇게 해볼게. 조금 먹다가 수저를 내려놓고, 잠깐 얘기하다가 다시 먹고, 또 내려놓고."라고 했다. 혼자서는 2~3분 만에 밥을 다 먹어버리는 그는 수저를 들고 있는 한 속도를 늦출 수가 없다고 했다. 그렇게 우리는 서로를 이해하며 절충점을 찾아갔다.

하지만 모든 일이 그렇게 '조율'의 대상이 되진 않는다. 이를테면, 영양제 마지막 알을 먹고 빈 껍질을 약통에 다시 넣는다든지, 도마를 뒤집어서 쓴다든지, 먹은 자리에 쓰레기를 그대로 둔다든지, 양말을 뒤집어 신는다든지 하는 일들, 이런 건 그냥 내가 조용히 처리한다. 빈 껍질은 꺼내어 버리고, 도마는 양면으로 쓸 수 있는 걸로 바꾸고, 양말은 세탁 전에 돌려놓고, 쓰레기는 손에 잡히는 대로 버린다.

왜냐하면, 그에게는 이 모든 것들이 애초에 문제가 아니기 때문이다. "양면이 아닌 도마는 어디가 위쪽인지 어떻게 알아?" "이불의 안과 겉은 왜 정해져 있어?" "왜 쓰레기는 나중에 치우면 안 돼?" "왜 양말은 뒤집어 신으면 안 돼?" 하고 그는 진심으로 묻는다. 논쟁을 하려는 마음이 아니라 이해의 출발점이 다른 것이다.

그럴 때마다 예전에 내 동생이 했던 말이 떠오른다.

"굳이 싸울 필요가 뭐 있어? 옷을 잘 못 거는 사람이 있으면 잘 거는 사람이 걸면 되는 거지. 계획 세우는 걸 못 하면 그걸 잘하는 사람이 하면 되는 거고."

맞다. 누구나 잘하는 게 있고, 어려운 게 있다. 그걸 조금 더 이해하고, 덮어주고, 서로 돕는 일. 결국 그게 함께 산다는 것 아닐까. 다만, 나를 계속 힘들게 하는 일이라면 반드시 서로의 절충점을 찾아야 한다. 그것이 우리가 서로를 이해하며 살아가기 위한 최소한의 예의이자 배려니까.

고목 나무와 개미

25년쯤 전,《고목 나무와 개미의 자전거 여행》이라는 책이 있었다. 남편은 키가 190cm, 부인은 150cm가 조금 넘는 부부의 여행기였다. 그래서 사람들은 그들을 '고목 나무와 개미'라 불렀다. 나도 스누피와 키가 30cm쯤 차이 나니 그 부부가 문득 떠오른다. 주위에서 보면 우리도 어쩌면 '고목 나무와 개미'처럼 보일지 모르겠다.

하지만 이상하게도, 스누피와 단둘이 있을 때면 나는 '개미'가 아니라 오히려 '거인'이 된 것 같은 착각을 한다. 커다란 고목 나무가 나에게 심리적으로 기댈 때가 많기 때문이다.

"괜찮아? 여기 사람이 너무 많아서 좀 불편해? 나갈까? 아니면 손잡을래?"

"응, 손잡아줘. 손 놓고 날 잃어버리면 안 돼."

"자기야, 일하러 갈 때랑 올 때 이 버스 노선이 달라. 같은 버스를 타면 올 때는 엄청 돌아 돌아서 와서 15분은 더 걸리거든. 그러니까 먼저 지하철을 타고 ○○정류장에 내려서, 다른 버스로 갈아타고 오면 훨씬 더 빨리 올 수 있어. 알겠지? 오늘 올 땐 꼭 그렇게 해봐~"

"……"

"오늘도 같은 버스 타고 올 거지?"

"… 응. 다른 버스 타고 오는 건 다음에 해 볼게."

"솔직히 다음에도 안 해볼 거잖아? 내가 같이 갈까? 같이 가서 새로운 루틴을 만들어 볼까?"

"응. 손잡고."

"○○박사는 키가 진짜 작아서 내 가슴까지밖에 안 와."

"그럼 나랑 비슷하겠네?"

"아니야! 당신보다 훨씬 더 작아."

"나보다 훨씬 더 작기는 쉽지 않은데. 흐흐."

"어, 당신 바로 서 봐."

"나 이게 바로 선 거야."

"왜 키가 이렇게 작지? 머리가 하나쯤 더 있어야 될 것 같은데?"

"흐흐, 아니야. 나 원래부터 이랬어."

"아니야. 분명히 줄어들었어. 이상하다. 예전엔 여기 내 어깨쯤까지 왔는데…."

그런 스누피를 보고 있으면, 문득 내가 그에게 고목 나무가 아닌가 생각하게 된다. 그렇다면 나는 흔들리지 않도록 더 단단히 뿌리를 내려야겠지. 스누피가 편히 기대 쉴 수 있도록 말이다.

　스누피와 함께한 시간이 어느덧 25년을 넘어섰다. 그중 20년에 가까운 세월은 오해와 미움, 한숨과 눈물로 점철된 외로움의 시간이었다. 그를 떠날 수 없음을 받아들인 날, 나는 그를 이해하기로 결심했다.

　많은 신경다양인의 자전적 에세이는 있지만, 그들을 곁에서 바라본 사람의 기록은 그리 많지 않다. 그만큼 그들의 세계를 간접적으로 이해한다는 것이 어려운 일이기 때문일 것이다. 내가 이해하는 스누피의 세계가 그가 실제로 경험하는 것과 완전히 같지는 않을 것이다. 하지만 나는 그를 이해하기 위해 내가 할 수 있는 최선의 방법으로 다가갔고, 시간이 흐를수록 나는 그를 더 잘 이해하게 되었으며, 그 또한 나의 세계를 배워가며 변화를 보여주었다.

　그를 배우는 여정에서 가장 아쉬웠던 것은, 내가 그의 어린 시절을 함께하지 못했다는 사실이었다. 그 시절의 그는 얼마나 힘들었는지, 세상을 어떻게 바라보았는지, 부모님은 그를 어떻게 대했는지, 친구는 어떤 의미였는지… 궁금한 것은 많았지만, 대부분은 알 수 없었다. 그는 어려움이나 상처를 말로 꺼내는 데 익숙하지 않았고, 힘든 일은 기억의 밖으로 던져 버리거나, 자신도 찾을 수 없을 만큼 깊은 곳에 묻어두곤 했기 때문이다. 그가 자라온 세계와 환경, 관계를 알게 된다면 그를 좀 더 온전하게 이해할 수 있지 않을까….

그와 닿아있는 세계

I. 어린 시절

사람의 세계는 하루아침에 만들어지지 않는다.
스누피가 세상을 예민하게 느끼고, 깊이 반응하고,
조금은 독특한 방식으로 사랑하게 된 데에는
아주 오래된 어린 시절의 기억들이 있었다.
그때 그는 이미 남들과 조금 달랐지만
그 다름이 무엇인지, 왜 그런지 아무도 알려주지 않았다.
말이 되지 않는 감정, 설명되지 않는 불안,
이해받지 못한 외로움 속에서
그는 자신만의 언어로 홀로 느리게 세상을 배워야 했다.
이 장은 어린 시절 말하지 못하고,
세상을 이해하지 못했던 스누피의 기억에 기대어
엮은 조각의 모음이다.

말하지 못했다

나는 우리 주변에 '바보 온달'이 정말 많이 있을지도 모른다고 생각한다. 평생 자신을 '바보'라 믿으며, 온달처럼 훌륭한 장수가 될 기회조차 얻지 못한 채 살아가는 사람들 말이다. 스누피도 어쩌면 평생 그런 '바보 온달'로 살았을지도 모른다. 다행히 누군가 그에게 진짜 모습을 비춰 주었고, 그는 조금 다른 길을 걸을 수 있었다.

"당신은 글을 언제부터 읽었어?"

"나? 아주 어릴 때부터 읽었지. 부모님이 어딜 가실 때마다 나를 도서관에 두고 가셨어. 그래서 아주 어려서부터 책을 '봤던' 것 같아."

"근데 말은 많이 늦게 했다고 하지 않았어?"

"초등학교 3학년쯤부터 했어."

"헐! 그럼, 그전까지는 어떻게 소통했어?"

"손가락으로 가리키고, 고개로 '네' '아니오'를 표현했지. 발음은 웅얼웅얼했는데 사람들이 알아들을 수 있는 소리는 아니었어. 그래도 우리 형들은 대충 알아들었던 것 같아. 내 이름도 제대로 발음 못 해서 사람들이 내가 'dirty washing'(덜디 워싱, 더러운 빨래감)이라고 말하는 줄 알았대."

"어떻게 말을 시작하게 된 거야?"

"학교에서 언어에 문제가 있으니까 언어 중재를 받으라고 했어. 그게 초등 2학년쯤이었고, 3학년 때부터 알아들을 수 있는 말을 하기 시작했던 것 같아. 그때까지 사람들은 나를 그냥 '바보'라고 생각했지."

"영재학교는 어떻게 선발된 거야?"

"3학년 때 아이큐 검사를 했는데 거의 200 정도로 나왔어."

"거짓말! 200이라고?"

"진짜야. 어린이용 검사 기준이 어떻게 되는지는 모르겠지만, 어쨌든 엄청 높게 나왔어. 다른 검사도 했는데, 그 전체 결과를 보고 영재라며 데려갔지. 5학년 때부터 영재학교에 다녔어. 아이큐 검사는 정말 쉬웠거든. 도형 문제 같은 건 식은 죽 먹기였어."

"그럼 어릴 때 도서관에서 혼자 글을 깨친 거야?"

"그게, 사실 잘 모르겠어. 돌이켜보면 글자를 읽었다기보다는 그림을 봤던 것 같아. 멋진 다리 그림이나 도표 같은 걸 유심히 들여다보던 게 기억나. 그리고 형들에게 '여기 뭐라고 쓰여 있어?' 하고 물었던 것도 기억나고. 아마 나는 책 속 이미지들을 보며 혼자 이야기를 만들어 놀았던 게 아닐까 싶어."

"만약 3학년 때 검사를 안 받았고, 영재학교에 가지 않았다면?"

"나는 평생 스스로 바보라고 믿었을 거야. 학교는 지루했을 테고, 아마 문제를 많이 일으키다가 자극을 찾으려 마약 같은 걸 했을지도 몰라. 그러다 감옥에 갔을 수도 있지."

"가슴이 너무 아프다… 이 세상 곳곳에는 여전히 그런 아이들이 넘치도록 많겠지?"

"그러니까 당신이 사회를 흔들어야 해."

"흔든다고?"

"그래. 사람들이 너무 당연하게 여기는 걸 자꾸 깨야 해. Disrupt!(디스럽트)" 그는 그 단어를 유난히 또렷하게 발음했다. 'Disrupt'는 무언가를 방해하거나 혼란스럽게 한다는 뜻이다. 보통은 부정적인 의미로 쓰이지만, 스누피에게 그것은 편파적으로 정형화된 '틀을 깨는 힘'을 의미했다.

"그래도 요즘은 예전보단 나아졌잖아? 조금 늦게 배우거나 속도가 다르다고 해서 바보라고 하진 않잖아."

"아니야. 한국에선 아직 그래. 조금만 남들과 다르게 배우거나 느리면, 여전히 '멍청하다' '바보다' 하는 말을 들어. 대놓고 말하지 않아도 속으로는 여전히 그렇게 생각하는 사람들이 많아."

"그래? 그럼 더더욱 Disrupt! 해야지."

나는 그 말을 마음속 깊이 새겼다. 학교와 사회의 '당연함'을 흔드는 일이 누군가의 삶을 구하는 일일 수도 있다는 걸 알게 된 순간이었다.

어떤 표정을 지어야 해?

스누피의 어린 시절 사진들은 하나같이 비슷하다. 다른 아이들처럼 환하게 웃고 있는 사진은 거의 없다. 그렇다고 화가 나 있거나 무뚝뚝한 것도 아니다. 그저 아무 표정이 없다. 예전엔 그냥 예쁘다며 지나쳤던 사진들이었는데, 이제 다시 보면 그 무표정이 오래도록 마음에 남는다.

"당신은 왜 웃는 사진이 없어?"

"어렸을 땐 어떤 표정을 지어야 하는지를 몰랐어. 미소 짓는 게 어려웠거든. 부모님에게서 다양한 감정을 배운 적도, 표현하는 법을 들은 적도 없었어. 내 감정을 알아차리는 것도, 다른 사람의 마음을 읽는 것도… 너무 힘들었어."

스누피가 좀 더 감정이 풍부한 부모 밑에서 자랐다면 많이 달라졌을지도 모른다. 그의 부모는 자신만의 세계를 단단히 닫은 사람들이었고, 아이들은 그 바깥을 맴돌며 스스로 감정을 익혀야 했다.

그래서일까. 그는 지금도 웃을 때마다 잠시 멈칫한다. 입꼬리를 올리기 전에 머릿속 어딘가에서 '이게 맞는 표정일까?' 하고 스스로에게 묻는 것처럼.

그런 순간마다 나는 생각한다. 그는 얼마나 오랫동안 세상으로부터 감정을 배우지 못했던 아이였을까 하고. 지금이라도 조금씩 웃는 법을 배우고 있다는 게, 얼마나 다행스러운 일인지 모르겠다.

숫자엔 약한 레고 천재

스누피는 영재학교를 나온 수재다. 내가 그에게 반했던 이유 중 하나도 그것이었다. 전 세계를 돌며 수많은 똑똑한 사람들을 만났지만 스누피처럼 박학다식해 보이는 사람은 처음이었다.

"24 나누기 3은 뭐야?"

"8."

"18에 4를 곱하면?"

"72."

"9 곱하기…"

"아, 이제 그만! 너무 머리 아파!"

"당신은 그렇게 똑똑한데 계산은 어려워? 신기하다. 그럼 학교 다닐 때 수학은 잘 못했어?"

"아니, 잘했어."

"수학 공부를 열심히 한 거야?"

"아니, 난 학교 다닐 때 공부를 열심히 한 적 없어. 피곤하면 자고, 해야 할 때만 했지."

"공부도 안 하고 수학은 잘했다고? 그게 어떻게 가능해?"

"몰라. 계산은 어렵지만, 수학은 그냥 알았어. 설명하기 어려운데… 그냥 이해됐어."

"하긴 호주에서는 계산은 계산기로 하니까 불편하진 않았겠네?"

“그런가? 난 아직도 숫자 계산하는 건 너무 어려워. 수학은 너무 좋은데 산수는 싫어.”

스누피가 ‘숫자 계산’을 못하는 것은 아니다. 해야 한다면 집중해서 언제나 정확히 해낸다. 하지만 영재학교를 나올 정도로 머리가 좋은 그가 단순한 덧셈이나 곱셈 앞에서 잠시 멈추는 모습을 보면 늘 놀랍고 신기하다.

산수도 잘 못하고 자기표현도 서툴렀던 어린 시절의 스누피를 그의 엄마는 ‘멍청하다’고 생각했다고 한다. 주위의 다른 엄마들이 “우리 애도 어렸을 때 꼭 이랬어요.”라고 할 때면 그 말은 스누피에게 자신이 ‘조금 모자란다’는 의미로 들렸다고 했다.

그런데 초등학교 저학년 무렵, 우연히 참가한 레고 만들기 대회에서 남들보다 월등히 잘해서 결승전까지 올라간 적이 있었다. 1등은 하지 못했지만, 그때를 계기로 그의 엄마는 스누피가 멍청하지 않다는 사실을 비로소 ‘공식적으로’ 인정하게 되었다고 했다.

II. 그의 가족

스누피의 부모님은 언제나 나에게 이해하기 어려운 존재였다.
그들은 말수가 적고, 감정을 거의 드러내지 않았다.
오랜 세월을 함께한 가족이라기보다
한 지붕 아래 각자의 방에서 사는 이웃 같았다.
처음엔 그것이 단지 성격의 차이라고 생각했다.
하지만 시간이 지나면서
그들의 행동에는 어떤 일관된 결이 있다는 걸 알게 되었다.
그들의 세계에서는 '함께 있음'보다
'각자 조용히 존재함'이 더 중요해 보였다.
누군가와 섞이는 일은 그들에겐 너무 큰 에너지 소모였고,
그 피로를 견디느니 차라리 거리를 두는 쪽을 택한 듯했다.
나는 오랫동안 그 냉정함이 섭섭했지만,
언젠가부터 그것이 어쩌면 일종의 자기 보호일지도
모른다고 생각하게 되었다.

허허허 시아버지

　나는 시아버지가 돌아가시기 전까지 십 년이 넘는 시간 동안 가끔 함께 식사도 하고, 우리 집이나 시부모님댁에서 며칠씩 머물기도 했다. 내 기억 속의 시아버지는 늘 '허허허' 하고 웃던 분으로만 남아 있다. 그 웃음은 크게 기쁜 것도, 그렇다고 냉정한 것도 아닌 어딘가 애매하고 알 듯 모를 듯한 웃음이었다. 대화를 이어가기엔 다소 막막하고, 그렇다고 친근하다고 할 수도 없는, 그런 웃음이었다. 굳이 비유하자면, 한국 사람들이 당황하거나 멋쩍을 때 내는 '흐흐흐'와 같은 웃음에 가까웠다. 그럴 때 아무도 "왜 웃어요?" "제 말뜻을 이해하신 거죠?"라고 묻지 않는다. 그저 어색함을 덮는 웃음이니까. 내 시아버지는 늘 그런 식이었다. 알 듯 말 듯, 조금 가까워진 것 같다가도 끝내 더 다가가지는 못하게 만드는 거리감, 그 거리를 철저하게 지키셨다.

　시아버지에 대한 기억이 많지는 않지만 유독 선명하게 남아 있는 장면이 하나 있다. 한 번은 시아버지의 여행 가방을 들어드리려 했는데 "괜찮다!"며 무척 단호하게 내 손을 막으셨다. 그때 나는 그가 낯선 사람처럼 느껴졌다. 그 후로도 오래도록 그 장면을 곱씹었다. 왜 그토록 단호하셨을까.

　지금은 어렴풋이 짐작할 수 있다. 아마도 그분에게는 자신만의 원칙이나 믿음이 있었을 것이다. '짐은 남자가 드는 것'이라든가,

‘여성의 도움을 받지 않는다’는 식의 신념 말이다. 아니면 단지 부드럽게 거절하는 법을 몰라서 그 단호함이 더 차갑게 들렸을지도 모르겠다.

이런 그의 직업은 컴퓨터 프로그래머였다. 그것도 70년대에. 어쩌면 그는 사람과의 관계보다는 컴퓨터와 마주 앉아 있는 시간이 더 편했을지도 모르겠다. 그가 이 세상을 떠나기 전에 내가 지금 아는 걸 알았더라면 그와 조금 더 가까워졌을까? 아마 쉽지는 않았을 것이다. 하지만 적어도 그를 오해하지는 않았을 것 같다.

거기 날씨는 어때?

시아버지와 스누피는 ‘별다른 일 없이 안부 전화를 하는 법이 거의 없었다. 만약 그런 통화가 있었다면 그건 아마 내가 억지로 전화를 걸게 했기 때문일 것이다. 그마저도 안부를 전화보다는 이메일로 짧게 주고받는 편이었다.

아버지의 날Father's Day, 새해, 생일, 크리스마스 같은 특별한 날에는 주로 통화를 했다. 하지만 그 대화는 매번 첫인사만 달랐을 뿐 나머지는 거의 정해진 대본처럼 흘러갔다. 옆에서 듣고 있으면 단순히 ‘서로 살아 있음을 확인하는 의식’처럼 느껴졌다.

“Hi, Dad! 해피 파더스데이!”

"허허허, 땡큐!"

"오늘 오전엔 뭐 하셨어요?"

"엄마랑 카페에 가서 커피 마셨어. 뭐 특별한 건 안 했어."

"아, 그렇군요. 즐거운 하루 보내세요."

"허허허, 그래, 고맙다. 그런데 거기 날씨는 어떠냐?"

"오늘은 무척 화창해요. 피크닉 가기 딱 좋아요. 거긴요?"

"여기는 조금 쌀쌀하구나. 허허허. 이제 내가 너 하던 일을 방해하지 않는 게 좋겠구나."

"하하, 괜찮아요. 저 아무것도 안 하고 있었어요."

"오, 그렇구나. 허허허. 그런데 거기 날씨는 어떻지?"

"… 아, 네. 아직도 여전히 화창해요."

"허허허. 그래. 자, 인제 그만 너를 놔주는 게 좋겠구나."

"… 네. 저도 그러는 게 좋겠네요."

물론 부자지간에 특별히 나눌 말이 없는 건 전 세계 어디서나 비슷한 일일지도 모른다. 하지만 매년 이렇게 날씨 이야기를 반복하며, 상대가 아무 일도 하고 있지 않았어도 '하던 일을 계속하라'고 인사하며 전화를 마무리하는 건 과연 아무렇지 않은 일일까? 예전엔 단순히 사이가 그다지 가깝지 않아서 그런 줄 알았다. 하지만 이제는 어쩌면 그에게 '전화 통화를 한다'는 행위 자체가 이미 너무 많은 감정과 에너지를 요구하는 일이었는지도 모르겠다는 생각이 든다.

가족이라 할지라도 안부를 묻고 스몰토크를 나누는 일은 그 두

부자에게는 익숙해지지 않는, 조금은 많이 낯설고 어색한 의식이었
을지도 모르겠다.

이사, 그리고 술

시부모님은 시드니의 꽤 괜찮은 동네에 사셨다. 그런데 손해를
보면서까지 그 집을 팔고 뉴질랜드로 이사하셨다. 그곳에서는 대저
택과 투자용 아파트를 가지고 계셨고, 얼마 후에는 거의 성城에 가까
운 집으로 옮겨 비앤비Bed & Breakfast를 운영하셨다. 에어비앤비가 생
기기도 전이었다.

전 세계에서 온 손님들이 하루이틀 머물다 가는 그 집은 언제나
분주하고 활기가 넘쳤다. 하지만 그것도 몇 년뿐이었다. 두 분은 다
시 호주로 돌아와 퀸즐랜드의 수영장이 딸린 멋진 집에서 사셨고,
얼마 지나지 않아 또 다른 곳으로 이주하셨다.

일반적으로 호주에서는 한국처럼 자주 이사하지 않는다. 직접 집
을 짓거나 수리해 되파는 사람들을 제외하면 평생 한두 번 이사할까
말까다. 그런데 왜 시부모님은 그렇게 많은 집을 옮겨 다니셨을까?

두 분은 친구가 없었다. 적어도 우리가 본 적도, 들은 적도 없었
다. 직장 동료는 있었겠지만 그들의 이름이 대화에 등장한 적은 거
의 없었다. 스누피가 어릴 때 집에 손님을 초대한 일은 몇 번 있었지

만, 그마저도 '해야만 해서'였다고 그는 기억한다.

시아버지는 컴퓨터 회사에서 꽤 높은 직책을 맡고 계셨지만 집에 계실 때는 늘 무언가를 손보셨다. 울타리를 다듬고, 벽에 페인트를 칠하고, 잔디를 깎고, 나뭇가지를 쳤다. 그리고 더 이상 손볼 곳이 없어지면 이번에는 다른 색깔로 벽이나 울타리를 새로 칠하셨다.

말수가 극히 적었던 아버님은 집 안 곳곳에 술을 숨겨두셨다. 어머님이 절대 들여다보지 않을 만한 장소마다 작은 병들이 하나둘 숨어 있었다. 요리를 하면서 한 잔, 수리를 하면서 한 잔, 밤에 1층 창문을 잠그러 가면서 또 한 잔. 한 번도 술에 취한 모습을 본 적은 없지만, 언제나 술을 한두 잔 걸친 듯 기분이 좋아 보이던 모습은 자주 있었다. 아버님이 돌아가신 뒤 집을 정리하던 어머님은 곳곳에서 끊임없이 발견되는 술병들에 놀라워하셨다.

스누피도 예전에 요리할 때면 늘 와인을 사 들고 왔다. 그에게 요리란 와인 없이는 시작할 수 없는 일이었다. 아마도 그의 기억 속 요리는 언제나 아버지의 기분 좋은 취기와 함께 있었던 게 아닐까.

아버님은 어쩌면 술이 없이는 새로운 사람을 만나거나 편안하게 웃는 것이 어려운 분이었을지도 모른다. 사람과의 대화가 너무 복잡하고, 자신의 마음을 풀어내는 일이 서툴렀던 그는 잔 속의 알코올을 통해 잠시라도 부드러워졌을 것이다.

사람과의 관계를 오래 유지하는 일은 피곤했지만, 새로운 이야기를 듣는 것은 좋아하셨던 분. 그래서 세계 각지에서 온 사람들이

오랜 시간이 아닌, 딱 하루이틀 머물다 가는 그 숙소가 그분에게는
아마도 세상에서 가장 잘 맞는 공간이었을 것이다.

악수로 인사

시부모님이 퀸즐랜드에 사실 때, 우리는 비행기를 두 시간 가까
이 타고 그분들을 뵈러 갔다. 내 부모님은 늘 만날 때마다 꼭 안아보
자 하셨고, 헤어질 때면 항상 아쉬워하시며 기차역이든 공항이든 버
스터미널이든 끝까지 따라와 배웅하셨다. 그런 따뜻한 작별에 익숙
했던 나는 그토록 먼 거리를 찾아가면 시부모님은 얼마나 반가워하
실까, 상상하며 들떴다.

그런데 막상 도착하니 아버님은 무척 격식을 차려 우리를 맞으
셨다. 나에게는 '따듯하지만 좁혀선 안 되는 거리가 느껴지는' 미소
로, 그리고 아들에게는 손을 내밀어 '악수'로 맞았다.

포옹을 해도 모자랄 판에 고작 '악수'라니! 그게 정말, 오랜만에
아주 멀리서 온 아들을 맞이하는 인사일까. 나는 잠시 고개를 갸우
뚱했다.

그날 우리는 그곳에서 조금 떨어진 곳에 사는 스누피의 형을 만
나러 가야 했다. 시부모님의 차를 빌려 타고 갔는데, 돌아오는 길에
스누피는 무척 초조해 보였다.

"기름을 채워야 해. 청소도 해야 하고."

어둑해져 가던 그날 밤에 우리는 주유소를 찾아 기름을 가득 채우고, 차의 실내외를 꼼꼼히 청소했다. 마치 렌터카를 반납하는 느낌이었다. 집에 돌아와 차를 차고에 세우고 들어가자 아버님이 물으셨다.

"기름은 채워놨지?"

"네."

그때 나는 속으로 생각했다. '아… 이 분위기는 참 낯설다.'

돌아오는 날, 아버님과 스누피는 다시 한번 '악수'를 했다. 그리고 아버님은 짧게, 아주 단정한 목소리로 말씀하셨다. "바이."

그들이 피한 세계

"나 이제 오징어는 못 먹겠어. 도저히 씹을 수가 없어."

그의 말은 단순한 투정이 아니었다. 스누피는 오징어뿐 아니라 길게 자른 새송이버섯이나 고사리처럼 오래 씹어야 하는 음식은 잘게 씹어 삼키는 것이 어려웠다. 그는 부정교합이 심하고 치열도 고르지 못했기 때문이다. 아버지가 대기업 임원이었으니 치아 교정은 어렵지 않았을 것이다. 그런데 왜 스누피는 치아 교정을 받지 않았을까?

스누피는 치아 교정 이야기가 나오면 늘 잠시 말을 아꼈다. 대신 어린 시절 자신이 얼마나 운이 좋았는지를 자주 회상하곤 했다. "나는 영재로 발탁돼서 영재학교에 다녔으니 다행이지. 아니었으면 나도 공립학교에 갔을 거야." 호주의 공립학교는 한국보다 학업 스트레스가 적고 자연 속에서 뛰어놀 시간이 많다고 하지만, 대부분의 나라에서 사립학교가 제공하는 교육과 환경을 따라잡기란 어렵다.

스누피의 둘째 형은 나이 차가 거의 나지 않아 속 이야기를 자주 털어놓았다. 그가 오랫동안 마음속에 품은 원망은 자신은 공립학교에 다녔다는 사실이었다. "어린 나한테 '전학 갈래?' 하고 물었을 때, 내가 뭘 알았겠어? 친구들과 헤어지기 싫다고 말한 게 죄야? 그런데 그걸 내가 '선택하지 않았다'고 하는 게 말이 돼? 사립학교는 회사에서 주는 혜택 중 하나였다니까. 돈도 안 내도 되는 건데…."

그는 그 시절을 떠올릴 때마다 감정적으로 흥분했다. 사립학교에 다닌 친구들이 어떤 교육을 받고, 나중에 동문으로서 어떤 연대감을 누리는지를 뼈저리게 느꼈기 때문이었다. 그의 부모님은 사립이 공립보다 특별히 더 좋다고 생각하지 않으셨던 걸까, 아니면 다른 이유가 있었던 걸까?

우리는 한국에서 전통 혼례로 결혼식을 올렸다. 스누피는 아예 서양식으로 길게 의미있게 하거나, 아니면 한국식으로 하고 싶어 했기 때문이었다. 결혼식에 시부모님을 한국으로 초대하며, 며칠은 머물다 가시겠지 생각했지만 그분들은 결혼식 하루이틀 전에 도착해

식만 마치고 곧바로 돌아가셨다. 언제 도착하셨는지조차 기억이 희미한 건, 한국에 들어온 후 호텔에만 머물며 어떤 구경이나 만남도 원치 않았기 때문이다. 열 시간 넘게 비행기를 타고 와서 왜 그렇게 서둘러 돌아가야 했을까?

스누피는 오래전부터 자기 부모가 다른 사람들과 다르다는 걸 알고 있었다. 하지만 그들을 이해하는 일은 여전히 불가능했다. 그의 가족은 같은 지붕 아래 있어도 서로의 삶에 거의 간섭하지 않았다. 스누피는 부모에게서 사랑을 받아본 적도 없지만 간섭을 받아본 적도 없었다.

나는 오랜 세월 동안 그들을 이해하려 애썼지만, 결국 알 수 없었다. 다만 지금 와서 생각해 보면, 그들의 삶을 관통하는 한 가지는 '사람들과의 교류를 철저히 피했다'는 점이 아닐까 싶다.

부정교합이나 치열은 살아가는 데 큰 문제는 되지 않지만, 교정을 받으려면 몇 년의 시간과 수많은 상담, 대면, 전화 통화 등 의사소통이 필요하다. 사립학교 전학 역시 대기 명단 등록과 인터뷰, 학부모의 활발한 참여 같은 인간관계의 과정이 뒤따른다. 한국으로의 방문 또한 낯선 사람들과의 접촉, 예측할 수 없는 일정이 수반된다. 어쩌면 그 모든 것이 그들에게는 견딜 수 없이 피곤한 일이었을지도 모른다.

그 생각에 이르자, 스누피의 부모님이 조금은 다르게 보였다. 나는 여전히 알 수 없지만, 어쩌면 그분들만의 어려움이 있었을지도 모른다. 그리고 문득 깨달았다. 그분들도 다른 부모 아래에서, 다른 환경에서 자랐다면 다른 사람이 되었을지도 모른다는 것을.

스누피가 지금의 스누피인 것은 얼마만큼이 타고난 성향이고, 또 얼마만큼이 그가 자라온 세계의 흔적인지 그 경계가 궁금해졌다.

한국에 비해 서구 사회는 신경다양성에 대해 훨씬 열려 있고, 제도적 변화에도 적극적인 것으로 보인다. 하지만 세대가 올라갈수록 여전히 신경다양성이 무엇인지조차 잘 알지 못하거나, 그에 대한 편견을 그대로 지닌 경우도 적지 않다.

스누피는 자신의 이야기를 사람들에게 들려주고 싶어했지만, 그와 가까운 이들의 삶까지 내가 말하는 일에는 늘 조심스러움이 따른다. 다만 그의 가까운 친인척 중에는 어릴 때 자폐 진단을 받은 과학자도 있고, 사회적 교류를 최소화한 채 조용한 동네에서 예술 활동만 하며 살아가는 사람도 있다. 강박과 불안이 높아 늘 일정한 루틴에 집착하고, 예측 가능한 계획을 세우거나 미리 알지 못하면 극심한 불안을 느끼는 사람들도 있다.

굳이 자폐 진단을 받지 않았더라도, 자폐적 특성은 분명 가족력처럼 이어지고 있는 것이 아닐까 하는 생각이 든다.

III. 나와 우리 가족

우리 아이들이 일상에서 집중이나 관계 맺기에서

강박이나 불안으로 어려움을 겪을 때마다

스누피는 자신의 부족한 부분을 물려주었다고 자책했다.

하지만 그 어려움 속에는 분명한 강점도 있었다.

그는 다만 약점에 더 무게를 두었다.

아마 자신을 짓눌렀던 그 무게가 얼마나 무거운지

누구보다 잘 알고 있었기 때문일 것이다.

아이들은 스누피가 스스로를 이해해 가는 모습을 보며

조금씩 자신에 대해서도 배워갔다.

각자의 어려움 속에서도 도움을 구하고,

때로는 스스로 길을 찾아 나서면서.

스누피를 이해하려는 나의 여정은

그의 부모에게서 시작해 우리의 아이들로,

그리고 뜻밖에도 나의 아버지에게로 이어졌다.

세대를 거쳐 이어지던 긴 여정은

결국 내게로 돌아와 멈췄다.

마지막 퍼즐이 제자리를 찾은 것 같았다.

엄마 저 ADHD 확실해요

중3 무렵이었던 걸로 기억한다. 둘째 아이는 학교 가는 걸 무척 힘들어했다. 그 무렵부터 아이의 에너지는 눈에 띄게 줄어들었다. 아침에 일어나는 것도, 학교에 앉아 있는 것도, 과제를 하는 것도, 공부하는 것도 모두 버겁거나 하기 싫다고 했다. 누군가는 학교 가기 싫어하고 아침에 안 일어나면 깨우지 말고 그냥 두라고 했다. 하지만 그러면 아이는 정말로 하루 종일도 잘 기세였다.

어릴 때는 늘 뛰어다니고, 온갖 종류의 운동을 좋아했다. 축구, 야구, 농구, 자전거, 태권도, 수영까지 지치지도 않았다. 초등학교 2학년 때는 한 시간짜리 태권도 수업이 짧다며 성인부에 들어가 두 시간씩 운동했다.

그렇게 활력이 넘치던 아이가 초등학교 고학년이 되면서 점점 조용해지기 시작하더니, 서서히 모든 일에 의욕을 잃어가는 것처럼 보였다. 내가 뭔가 답변을 잘못해서 논리에 약간의 허점이라도 보이면, 대화의 끝은 은하계 반대편 어딘가로 향했다. 집요하게 논리와 증거에 집착했고, 정의와 부조리에 울고 격분했다.

어떤 일을 하기로 했다가도, 마음이 변하면 절대 억지로 시킬 수 없었다. 피아노를 다시 시작하기로 한 날 학원으로 가는 차 안에서 아이는 "하고 싶은 마음이 사라졌어요."라고 했고, 나는 어쩔 수 없이 수업을 취소했다. 연기학원에도 등록했지만 억지로 몇 번 나가다 결국 그만두었다.

그러던 어느 날, 아이가 말했다.

"엄마, 나 ADHD 확실해요."

몇 달 뒤, 우리는 정신과를 찾아가 몇 시간 동안 검사를 받았지만 ADHD는 아니라고 했다. 다만 불안 지수가 높고, 극으로 예민해서 타인의 감정에 쉽게 영향을 받는다고 했다. 필요하다면 상담은 권하지만, 약은 처방하지 않는다고 했다. 결국 달라진 것은 없었다. 다만 아이가 '불안이 높고 예민하다'라는 걸 전문가의 언어로 확인받았을 뿐이었다.

그 시절, 아이는 라바 램프나 LED 조명을 갖고 싶어 했다. 하지만 나는 그걸 '돈 낭비'라며 사주지 않았다. 지금 돌아보면 그 불빛이 아이에게는 자기 마음을 다스릴 수 있는 작은 안전장치였던 걸지도 모르겠다.

고1이 되었을 때, 아이가 말했다. "엄마는 내가 학교를 절대 자퇴하지 못하게 할 거란 걸 알아요!" 나는 그 말에 엄청난 충격을 받았다. 나는 항상 열린 마음의 편안한 엄마라고 생각해 왔는데, 아이에게 그런 통제적인 사람으로 인식되어 있었다는 사실 때문이었다. "자퇴해도 돼. 단, 그냥 도망치는 건 반대야. 무엇을 하고 싶은지 구체적인 계획이 생기면 바로 자퇴하자." 그 말에 아이는 놀란 눈으로 나를 봤다.

며칠 뒤 아이는 컴퓨터 사이버보안 관련 계획을 세워서 들고 왔다. 하버드 온라인 과정을 시작으로 자격증, 다른 온라인 코스, 목표까지 빼곡히 적혀 있었다. 그다음 날 우리는 함께 학교에 가서 자퇴서를 냈다.

시간이 많이 지나고, 신경다양성에 대해 눈을 뜬 나는 그제야 아이 안에 있던 강박을 보게 되었다. 블루베리나 M&M과 같은 초콜릿은 반드시 두 알씩, 혹은 같은 색으로만 먹었다. TV 볼륨은 5의 배수를 제외하고 모두 짝수에 맞춰야 했다. 냄새에 예민해서 음식의 향이 맛만큼 중요했고, 향수만 수십 병을 갖고 있었다. 어떤 생각이 머릿속에 들어오면 논리적으로 납득되지 않는 한 멈출 수 없었다.

어릴 적에는 틱도 있었다. 크면서 거의 사라졌지만, 완전히 사라지진 않았다.

아이는 믿기 어려울 만큼 뛰어난 공감력을 지녔다. 무척이나 미세한 주변의 감정 변화를 읽어내서 그 감정의 무게에 압도되어 보일 때도 있었다.

사람 만나는 것을 좋아하고 만나는 데 문제도 없었지만, 처음 보는 사람의 눈을 마주 보는 일은 의식적으로 노력해야 가능하다고 했다. 그렇지 않으면 자연스레 눈 주위를 보게 된다고 했다.

시감각에 민감한 그는 집안의 전등을 색깔이 변하는 은은한 조명으로 모두 바꾸었다.

그는 일을 시작하면 놀라울 만큼 빠르고 정확하게 해냈지만, 그 '시작'이 늘 가장 큰 산이었다. 그래서 1년 안에 따야 할 자격증을 미루다 연장비 몇천 달러를 더 낸 적도 있고, 여권을 제때 신청하지 않아 수백 달러를 내고 긴급으로 발급받은 적도 있었다.

나는 가끔 생각한다. 내가 이 아이를 억지로 계속 학교에 붙잡아 두고 원치 않는 대학까지 밀어 넣었다면 어땠을까. 생각만으로도 몸서리쳐진다. 초등학교 때 아이는 늘 집중을 잘한다고 선생님들의 귀여움을 받았다. 하지만 학교가 바뀌어 뛰어놀 시간이 줄고, 교실에 앉아 있는 시간이 늘어난 5학년 2학기 무렵부터 아이는 바뀌기 시작했다. 열아홉이 되었을 때 아이가 말해줬다. 겉으로는 무척 집중하는 것처럼 보이려 했지만, 사실 머릿속은 너무 산만했다고. 학교에서 가르치는 것들을 왜 배워야 하는지 도저히 의미를 찾을 수 없었고, 그러니 당연히 집중할 수도, 하고 싶지도 않았다고.

자퇴 후, 아이는 호주로 건너가 사이버보안 업계에 발을 들였다. 수많은 자격증을 따고, 스스로를 증명하며 열여덟에 대기업에 입사하고, 스무 살에 팀장이 되었다. 스물 한 살에는 여러 컨설팅 회사에서 러브콜을 받았다. 누가 봐도 직업적으로는 성공한 지금, 아이가 말했다. "엄마, 나 검사 다시 받아볼래요. 뇌를 자극하는 일이 아니면 집중이 너무 힘들어요."

인간의 두뇌와 성향을 하나의 이름으로 규정하는 일은 결코 단순하지 않다. 의사의 성별, 세대, 환경, 신념, 그리고 사회적 배경에 따라 판단은 달라질 수 있다. 어떤 의사는 약을 쉽게 처방하고, 어떤 의사는 끝까지 약을 반대한다. 그래서 나는 성인이 꼭 진단을 받아야 한다고는 생각하지 않는다. 오히려 중요한 건, 자신에 대해 스스로 이해하고 알아가는 과정이라고 믿는다.

물론, 진단이 큰 도움이 되는 사람들도 있다. 이름이 붙는(특정한 프레임으로 공식적으로 해석하게 되는) 순간 자신의 삶이 설명되고, 해방감을 느끼는 경우도 많이 있으니까. 그러나 한 사람의 의사가 내린 진단을 절대적 진실로 받아들이는 것에는 언제나 신중해야 한다. 진단은 '정답'이 아니라 그저 더 깊은 이해로 향하는 수많은 출발점 중 하나일 뿐이니까.

제가 지금 자폐라는 거예요?!

한국에 돌아온 뒤, 우연히 난독증이 있는 아이를 만나게 되었다. 그 아이를 도와주고 싶다는 마음에 독학으로 공부를 시작했고, 어느새 성인들에게 숨어 있는 난독증을 찾아내는 법까지 익히게 되었다. 그렇게 한 사람, 또 한 사람을 돕다 보니 결국 2025년에는 《난독증을 읽다》라는 책을 내게 되었다.

그 과정을 지켜본 내 가족들은 자연스레 '난독증' '신경다양성' '자폐스펙트럼' 'ADHD' '불안과 강박' 같은 단어를 자주 듣게 되었다. 나는 그저 새로 알게 된 것들을 나누고 싶었을 뿐인데, 그 용어들이 우리 가족의 일상에도 스며들었다.

스누피가 신경다양성의 특징을 많이 가지고 있다는 것을 알게 된 후에는 그의 부모님과 우리 아이들을 새롭게 바라보게 되었다. 그러자 예전에는 이해하기 어려웠던 모습들이 조금씩 다른 얼굴로 다가왔다.

둘째 아이는 스스로 ADHD 검사를 받아보고 싶다고 했었지만, 첫째 아이는 신경다양성과는 전혀 무관하다고 생각했다. 한국에 있을 때, 아이는 언제나 무대 위에 서는 걸 좋아했다. 사람들 앞에서 말하기를 즐겼고, 대중 앞에서도 자신감이 넘쳤다. 하지만 그건 겉모습이었다. 아이는 사람 많은 곳에 가거나 낯선 사람을 만날 때마다 이유를 설명하기 어려운 공포가 몰려온다고 했다. 그 공포를 이겨내기 위해 매번 죽을힘을 다해 자신을 버텨냈다고 했다.

그 말을 듣기 전까지 나는 한 번도 아이가 그럴 거라고 생각해 본 적이 없었다. 늘 주변을 살뜰히 챙기고, 사람들에게 따뜻한 말을 건네는 아이였으니까. 나는 그저 아이의 강한 사회성만을 보았던 것이다. 정작 그 속에서 아이가 얼마나 많은 에너지를 쏟으며 살아왔는지는 전혀 몰랐다.

호주 대학 재학시절, 아이는 반년간 교환학생으로 한국의 K대학에 다녔다. 그때 교내 식당에서 자신이 늘 앉던 코너 테이블에 다른 사람이 앉아 있는 것을 보고 멘붕이 온 적이 있었다고 했다. 앉을 곳을 찾지 못해 김밥 한 줄을 들고 화장실에 들어가 먹다가, 그 모습을 자각하고는 눈물이 봇물 터지듯 쏟아졌다고 했다. 이후 상담센터를 찾아 몇 달간 심리상담을 받았지만, ADHD는 아니라는 진단을 받았다.

세상을 보는 방식이 궁금했던 내가 아이에게 물었다. "넌 생각을 이미지로 해? 글이나 말로 해?" 아이는 잠시 고민하다가 말했다. "잘 모르겠어요. 하지만 머릿속이 항상 너무 시끄러워요."

아이는 늘 머릿속에서 음악이 흐른다고 했다. 불안은 그 음악의 낮은 베이스처럼 끊이지 않았다. 어떤 일이 잘못될 가능성에 대비해 플랜 B, C, D, E까지 세워놓지 않으면 마음이 진정되지 않는다고 했다. 일을 미루거나, 대화 중에 갑자기 딴 얘기를 꺼내고, 집중하지 못하던 아이의 모습들이 이제는 다르게 보였다.

지금 아이는 방송국 리포터로 일하며 글을 쓴다. 하지만 가족 단톡방에는 늘 아이가 쓴 오타투성이 문자가 올라온다. 사람들은 맞춤법을 틀리면 무식하다고, 난독증이 있으면 멍청하다고 쉽게 낙인찍지만 나는 안다. 아이의 생각이 너무 빠르게 회전해 손가락이 그 속도를 따라가지 못하기 때문이라는 것을. 천천히 바르게 쓰려면 쓸 수도 있지만 그건 더 많은 에너지를 소모시킨다. 흥미롭게도 전문적인 글을 쓸 때는 오타가 거의 없다. 왜 그럴까? 당연하게도 그때는 평소보다 더 많은 에너지를 꺼내 쓰기 때문일 것이다.

오타가 많으면 책을 많이 읽지 않아서 그렇다고 오해하는 사람도 있겠지만, 그렇지 않다. 아이는 세 살이 되기 전에 알파벳을 스스로 깨쳤고, 어릴 적부터 밤새 책을 읽었다. 과학책보다는 소설과 역사책을 좋아했다. 사실 역사책도 누군가의 시선으로 쓴 소설이니까.

첫째 아이는 호주에서 불안과 우울로 약을 처방받은 적이 있다. 약을 먹는 동안 아이는 삶을 훨씬 잘 다루었다. 계획을 실천하는 게 쉬워졌고, 염세적 태도도 줄었다. 그러나 약이 떨어지자 병원에 다시 가지 않았고, 갑작스러운 단약은 불안정한 시간을 남겼다. 약을 먹었을 때 아이는 분명 더 편안해지고 밝아 보였다. 약을 먹는 동안 분명 세상이 조금 더 질서 정연해졌지만, 자신의 정체성이 바뀌는 듯한 느낌 또한 들었다고 했다. 그런 느낌이 싫었던 아이는 약 없이도 살 수 있는 환경을 어떻게든 스스로 만들고 싶어 한다.

아이는 약을 먹으면 길게 집중해야 하는 일은 도움을 많이 받지만, 순간적인 영감이 중요한 일에는 도움이 되지 않는다고 했다. 첫째 아이는 음악을 만들고, 연주도 하고, 글도 쓰는 무척 창의적인 아이여서 힘들어도 약을 먹지 않겠다는 단호한 그의 의견을 이해하고 존중한다.

요즘 아이는 주중에는 기삿거리를 찾아다니고, 마감 직전까지 글을 써내며 부족한 도파민을 채운다. 금요일 밤이면 차를 몰고 아무도 없는 곳으로 낚시하러 간다. 주말에는 반나절을 자고, 강아지와 온종일 논다. 농장에서 자급자족하며 동물들과 함께 사는 삶을 꿈꾼다. 불필요한 자극 없이 단순하게, 자기만의 속도로 사는 세계를 추구한다.

약 처방을 받기 한참 전 어느 날, 신경다양성의 특징에 대해 얘기하다 내가 조심스레 말했다.

"너무 힘들면 병원에 가서 진단받아 보는 것도 도움이 될 거야."

그 말에 아이는 버럭 화를 냈다.

"제가 지금 자폐라는 거예요? 요즘 사람들은 다들 무슨 자폐가 유행이나 되는 것처럼 '나는 ASD(자폐스펙트럼)다' '나는 ADHD다' 하는데 저는 아무런 문제가 없다고요. 양말 짝을 맞추고, 신발 끈을 잘 묶고, 음식을 꼭꼭 씹어 천천히 먹고, 옷을 안 뒤집어 입고 이런 게 중요해요? 그게 그렇게 중요하면 저도 할 수는 있다고요, 하지만 그게 왜 중요한지, 왜 그런 쓸데없는 것에 제 소중한 에너지를 더 써야 하는지 모르겠어요!"

그 일이 있고 나서, 아이가 스스로 병원에 가기까지는 다시 1년의 세월이 걸렸다. 내 아이에게조차 편견 없는 시선을 전하기가 쉽지 않은데, 다른 사람에게는 얼마나 더 어려울까. '정상'과 '비정상'을 나누는 이 사회의 시선은 생각보다 훨씬 깊고 단단하게 박혀 있다.

내 아버지와 나

내가 스누피를 처음 만났을 때, 우리는 꼭 맞닿은 두 개의 직소 퍼즐 조각 같다고 생각했다. 하지만 시간이 지날수록 점 하나로만 겨우 닿을 수 있는 삼각형과 동그라미 같다는 생각이 들었다. 서로를 이해하지 못하는 끊임없는 갈등 끝에 나는 자폐스펙트럼을 만났다. 그를 이해하기 위해 신경다양성 공부를 시작했고, 그 과정에서 자폐뿐 아니라 ADHD가 그를 깊이 감싸고 있음을 알게 되었다.

이전에 쓴《난독증을 읽다》에서 나는 난독증이 단순히 '읽지 못함'의 문제가 아니라 스펙트럼 위에 존재하는 특성이라고 말했다. 사람들은 '난독증이란 문제'를 누구는 가지고 있고 누구는 없다고 생각하지만, 사실은 그것은 '문제'도 아니고 입체적인 스펙트럼으로 존재한다는 걸 알리고 싶었다. 공부를 하면 할수록 자폐와 ADHD 역시 그와 마찬가지라는 걸 알게 됐다. 굵고 분명한 선으로 구분할 수 없는 연속적인 흐름 속의 다양성이었다.

그런데도 나는 스누피를 이해하려 할 때마다 '이건 자폐 때문이구나' '이건 ADHD 때문이구나' 하며 끊임없이 '단정'지었다. 그와 나를 구분하고, 이해를 가장한 '선 긋기'를 하고 있었다. 생각이 거기까지 미치자 나는 문득 내 안의 스펙트럼을 들여다보게 되었다. 나는 정말 스누피와 나뉜 선의 정반대 쪽에 있을까? 평면의 반대쪽이 아니라, 입체적인 연속 스펙트럼상의 어딘가에 있는 건 아닐까? 그러다 자연스레 내 아버지를 떠올렸다. 나는 아버지를 잘 안다고 믿었지만 정말 그랬을까. 아버지를 이해한다는 말은 어쩌면 그분을 내가 아는 틀에 끼워 넣는 일이었을지도 모른다.

아버지에게는 틱이 있었다. 엄마는 그것이 틱인 줄 모르셨지만,

적어도 내가 또렷이 기억하는 스무 해 동안 아버지는 늘 목을 비우 듯 "음, 으흠" 하는 소리를 내셨다. 엄마는 끊임없이 "조용히 좀 하소." 하셨지만, 아버지는 어쩔 수 없으셨다. 그것은 참을 수 없는 일이 었으니까. 어쩌면 정말 많이 참으셔서 서너 번 할 것을 한 번만 하셨 는지도 모르겠다. 또한 눈도 깜박이고 코도 '크쿵' 하셨다. 늘 그러셨 기에 아버지는 원래 그러신다고만 생각했지, 그게 틱이라는 생각은 아주 나중에 공부를 하며 틱 종류에 대해 알게 되고 나서야 들었다.

아버지는 아침마다, 그리고 귀가 후엔 꼭 청소기를 돌리셨다. 누가 자고 있든, 엄마가 바닥에 앉아 나물을 다듬고 있든 상관없이. 나는 그걸 그저 '깔끔한 성격'이라 생각했지만, 이제 와 돌아보면 그것은 강박이었다. 내가 친정에 머물던 날, 나를 더 자게 하려고 청소기를 돌리지 않으셨는데 그게 얼마나 어려운 노력이었을까 생각하니 새삼 고마웠다. 아버지가 돌아가신 후 친정에 내려갔을 때 며칠 동안 단 한 번도 청소기 소리를 듣지 않았다. 엄마는 간단히 청소기를 돌리기보다 매번 힘들게 바닥을 일일이 닦으셨다. 평생 시시때때로 들어야 했던 청소기 소리가 지긋지긋해서 청소기에 손이 가지 않는다고 하셨다.

아버지의 책상과 컴퓨터 속 파일은 언제나 말끔히 정리 정돈되어 있었다. 모든 전선은 가지런히 묶여 있었고, 물건마다 라벨이 붙어 있었다. 모든 것은 제자리에 있어야 했다. 그 질서를 어기는 일은 거의 없었다. 엄마는 얼마 전 케이블 타이가 꼴도 보기 싫어서, 남아 있던 것은 모두 다 버렸다고 했다. 아버지가 평생 얼마나 모든 것을 묶고 정리하셨던지 가늠이 되었다.

옷은 늘 새것처럼 다려져 있었고, 양말 하나, 손수건 하나 허투루 놓이지 않았다. 물건을 버리지도 못하셨다. 엄마가 목 늘어난 양말을 버릴까 봐, 상자에 차곡차곡 쌓아 장롱 위 가장 깊은 곳에 두셨다. 너무 깨끗하고 가지런히 정리되어 있어 늘어난 목이 아니었다면 새 양말이라고 생각할 뻔했다.

약속 시간에는 절대 늦는 법이 없어서 항상 일찍 서두르셨다. 아직 시간이 한참 남았음에도 가족들은 늘 재촉당했고, 그게 늘 불평의 원인이었다. 돌아보면 우리 집의 각 방마다 달력과 시계가 있었다.

나는 평생 아버지가 뛰는 모습을 본 적이 없다. 언제나 천천히 걸으셨다. 영업 시간 마감이 임박한 마트에 가야 할 때도 서두르지 않으셨고, 뛰어야 한다면 오히려 가지 않는 편을 택하셨다. 한 번은 내가 서둘러 가게를 다녀와야 해서 잰걸음으로 앞서가자 "아이쿠, 잘도 걷네." 하시며 무척 힘겹게 따라오셨다. 딸을 혼자 가게 할 수는 없고, 힘들지만 불평을 할 수도 없었던 그 모습이 떠오르면 마음이 짠하기도 뭉클하기도 한다.

아버지의 몸에 근육량이 눈에 띄게 줄어들기 시작했을 때, 나는 늘 운동하시라 말씀드리곤 했다. 하지만, 아버지는 어느 순간부턴 내게 내려오지 말라 하셨다. "운동하라는 얘기 듣기 싫다."시면서. 누군가에겐 운동이 '마음만 먹으면 되는 일'이 아니란 걸 그때는 알지 못했다. 아버지를 위한답시고 당신을 힘들게 했던 것이 죄송하다.

아버지는 식탐이 있으셨다. 먹는 걸 좋아하셔서 매 끼니가 지나고 금방 다른 먹을 것을 찾곤 하셨다. 그중에서도 단 음식을 무척 좋아하셨다. 엄마는 그런 아버지를 위해 집에 먹을 것이 떨어지지 않도록 늘 식재료와 간식을 사다 날랐다. 그 모습을 본 이웃들은 "손님이 오셨나 보네요?" 하곤 했다. 아버지가 돌아가신 후 "제가 있는 며칠 동안은 요리하지 마세요."라고 했을 때, "정말? 아, 너무 신난다!"라고 하던 엄마의 모습이 너무 생경했다. 요리가 지긋지긋했지만 평생을 시할머니, 시어머니, 그리고 남편과 자식을 위해 부엌을 지키셨던 거였다.

아버지는 원칙을 무척 중시했다. 법과 규칙대로 하는 것을 좋아했고, 사람을 잘 믿었다. 다른 사람들도 당신처럼 모두 예를 갖추고, 도리를 알고, 법과 규범을 지킬 것으로 생각했지만 대부분이 그렇지 않았다. 그래서 손해를 많이 보셨다. 심지어 믿던 가까운 사람들에게 사기를 당하기도 했다. 그런 일들은 마지막 순간 눈을 감으실 때까지 가슴에 한을 남겼다.

그런 아버지는 사진을 사랑하셨다. 어디를 가든 카메라를 들고 다녔고, 인화하고 분류해 벽에 걸었다. 혹시 아버지는 이미지로 사고하는 분이 아니었을까 생각해 보지만 이제는 확인할 길이 없다. 아버지의 병세가 조금 나아지면 좋은 카메라를 사드리려 했는데 그 기회는 오지 않았다.

아버지에게는 분명 강박과 불안이 있었던 것 같다. 아마도 그걸 잠재우기 위해 술을 마셨을 것이다. 잘 취하면서도 늘 마셨다. 나중에 건강이 나빠지고 사람들과의 만남이 줄어들어서야 비로소 술을 놓으셨다.

이런 아버지를 아무도 제대로 잘 몰랐을 것이다. 우리는 늘 "술 좀 그만 드세요." "오늘은 청소하지 마세요." "빨리 걸으세요." "소리 좀 내지 마세요." "눈 좀 깜박이지 마세요." "운동 좀 하세요."라고 채근하곤 했으니까.

아버지의 '경직된 사고' 뒤에는 그의 불안이 짙게 깔려 있었을 것이다. 아버지의 불안을 볼 수만 있었어도 나는 아버지를 훨씬 다르게 대했을 것이다. 아버지의 삶에 **'불안' '경직된 사고'**란 이름을 붙이자 그 옆에 내가 보였다. 내가 평생토록 유연해지고자 노력했던 나의 '경직된 사고'가 보였다.

스누피와 내 아버지와 나…. 우리는 다르지만 결국 그렇게 다르지 않을지도 모르겠다. 그래서 나는 무의식적으로 해 온 '사람 사이의 선 긋기'를 이제 의식적으로 하지 않으려 노력한다. 우리는 모두 입체적인 인간스펙트럼 위 어딘가에 있을 뿐이니까.

3부

변화의 세계

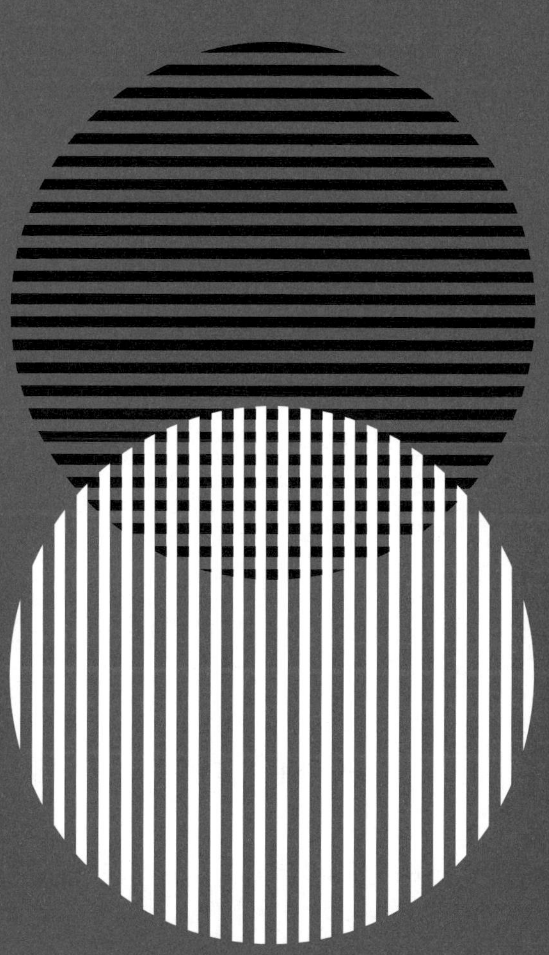

스누피는 남들과 조금 다른 감각, 다른 에너지의 흐름,

그리고 다른 감정의 온도를 지닌 사람이었다.

그의 '다름'을 알게 된 것은 우리에게 커다란 해방이었다.

오랫동안 우리를 괴롭혀 온 수많은 문제가

전혀 다른 각도에서 새롭게 보이기 시작했으니까.

그럼에도 불구하고, 그는 여전히

'어려움이 있는 사람' '이해받아야 하는 사람'이라는

보이지 않는 틀 속에 머물러 있었다.

그의 어려움은 왜 완전히 사라지지 않을까?

그의 뇌는 정말 어떤 특이점을 지니고 있을까?

지나친 카페인 의존을 계기로

뜻밖의 정신과 진료를 받게 되면서,

스누피는 전혀 새로운 세계와 마주하게 된다.

그는 익숙한 세계와 낯선 세계 사이에서 자신과,

그리고 타인과 다시 관계 맺는 법을 배워야 했다.

그가 새롭게 방문한

'다른 삶'이라는 여행지를 함께 둘러보며,

그곳으로 이주해도 괜찮을지, 짧은 여행지로 남겨둘지,

혹은 이 한 번의 경험으로 충분할지를

함께 고민해보는 여정을 시작한다.

I. 검사에 들어가며

커피와 도파민의 일상

"커피를 하루에 너무 많이 마시는 거 아니야? 커피는 기호식품 인데 서너 잔은 너무 과한 거 같아."

"아니야, 두 잔밖에 안 마셨어."

"두 배로 진하게 타면 그게 네 잔이지. 게다가 컵도 점점 커지고 있잖아."

우린 이런 대화를 지겹도록 반복했다. 처음엔 그의 건강을 걱정 해서였지만, 어느 순간부터는 언쟁의 불씨가 되었다. 그래서 나는 어느 날부터 스누피의 카페인 섭취에 대해 일절 말하지 않기로 했다.

그런데 어느 날, 뜻밖에도 그가 말했다. "조금 줄여봐야겠어." 그리고 그날 바로 커피를 끊었다. 며칠간 카페인 디톡스를 하겠다고 했다. 하지만 그날 오후부터 그는 머리를 부여잡았다. 온몸이 카페인을 향해 몸부림치는 듯했다. 카페인에 절대 굴복하지 않겠다던 그는 며칠 동안 거의 내리 잠만 잤다.

일주일쯤 지나자 통증은 사라졌고, 그는 다시 책상에 앉았다. 하지만 카페인의 도움 없이는 아무 일도 하지 못했다. 그저 멍하니 화면만 바라봤다. "도저히 내가… 내가 아닌 것 같아. 아무 생각도 떠오르지 않고 집중도 안 되고 아무런 일도 할 수가 없어. 그냥 머리가 텅 비어 있는 느낌이야. 다시 그 '검은 액체'에 기대고 싶진 않은데…."

아무런 일도 할 수 없었던 그는 결국 커피를 한 모금 마셨다. 곧 그는 아이처럼 방방 뛰면서 말했다. "와, 집중이 돼! 아이디어가 막 떠올라! 커피를 마시지 않는 나는 내가 아닌가 봐."

나는 조심스레 말을 골랐다. "아마 몸이 도파민을 계속 원하나봐. 커피든 설탕이든 끊임없이 자극을 찾는 거지." 그리고 이어 덧붙였다. "지인이 뇌파 검사를 했는데 자신도 몰랐던 불안 지수가 엄청 높게 나왔대. 검사 후에야 생활 속 많은 행동이 불안에서 비롯됐다는 걸 알았다고 하더라. 우리도 가서 뇌파 검사 한번 해볼까?"

스누피는 난감한 얼굴이었다.

"근데 검사하면 약 먹어야 하는 거야? 나는 약은 싫은데… 약 때문에 내 정체성이 바뀌는 건 정말 싫거든."

"약은 나중 얘기야. 그냥 당신 뇌가 어떤 상태인지 알고 싶지 않아? 난 궁금한데. 얼마나 도파민이 결핍되어 있는지도 궁금하고."

그는 조용히 고개를 끄덕였다.

"그래. 한번 해보자."

그렇게 우리는 갑작스럽게 정신과를 찾기 시작했다. 나는 스누피의 뇌파에서 그의 높은 불안이 드러나는지도 궁금했고, 내가 관찰한 그의 자폐적 특성이 자폐스펙트럼의 어디쯤 위치하는지도 알고 싶었다. 사실 ADHD는 가장 덜 궁금한 부분이었지만, 성인을 진료하는 대부분의 정신과는 ADHD 진단과 약 처방을 중심으로 하고 있었다.

한참의 검색과 몇 통의 전화 끝에 우리는 개원한 지 얼마 안 되고 후기가 따뜻한, 약간의 영어도 가능하다는 젊은 의사의 병원으로 예약을 했다.

II. 검사 중

정신과 상담실에서

2주 뒤, 드디어 예약일이 되었다.

"자기야, 오늘 9시 예약이니까 좀 일찍 나가자."

"오케이. 근데… 오늘 왜 병원에 가는 거지?" 스누피가 다시 물었다.

"뇌가 도파민에 얼마나 굶주려 있는지, 뇌파 그래프가 얼마나 요동치는지 궁금해서 가는 거잖아."

"아, 오케이."

병원은 낯선 동네에 있었다. 서둘러 나섰더니 예약보다 30분이나 일찍 도착했다. 우리가 앉아 대기하는 사이, 직원들은 청소를 하고, 의사는 모니터를 켜고 장비를 점검했다. 괜히 미안했다.

8시 58분쯤, 간호사가 우울증 관련 질문지 세 장을 건넸다.

나는 스누피 옆에 앉아 문항을 하나씩 영어로 번역해주고, 답을 대신 표시해 나갔다. 질문지를 다 채우고 조금 지나자 첫 상담이 시작됐다. 오십이 넘은 두 사람이, 약을 타러 온 것도 아니고, 특별히 생활이 힘든 것도 아니라고 했을 때, 의사의 눈이 궁금증으로 커졌다. "그럼, 어떤… 이유로 오셨나요?" "남편의 뇌가 궁금해서요. 혹시 도파민 결핍 상태는 아닌지 보고 싶어요. 가능하면 ADHD와 자폐스펙트럼 검사도 함께 하고 싶고요." 의사의 눈빛이 잠시 멈췄다. '참 독특한 사람들'이라고 생각하는 듯한 웃음이 스치면서, 더 많은 이야기를 듣고 싶어 하는 기색이었다.

의사는 스누피에 대해 들려달라고 했다. 나는 이 책 앞부분에 풀어놓은 내용을 마치 한 장으로 압축하듯 이야기했다. 그가 사회적 상황에서 불편해 하는 부분, 반복적 습관, 감각 민감성, 그리고 '자폐스펙트럼'이란 단어도 몇 번이나 꺼냈다. 그러나 의사는 자폐스펙트럼에 쉽게 동의하지 않았다. 오히려 신중하게, 조심스럽게 접근하는 모습이었다. 중간중간 "불안이 높으면 사고가 경직될 수 있습니다."는 말을 거듭 강조했다.

그 말을 듣는 순간, 나는 잠시 멈칫했다. 스누피의 사고가 '경직되어 있다'고 생각한 적은 단 한 번도 없었다. 표면적으로 비슷해 보일 수 있겠지만, '자폐스펙트럼' 혹은 '아스퍼거'와 '불안으로 인한 경직된 사고'는 완전히 다른 이야기처럼 느껴졌다.

의사는 스누피의 직업을 물었다. "대학에서 학생들을 가르칩니다." 그러자 의사는 흥미롭다는 듯 말했다. "교수인데 사람을 만나는 게 불안하다니… 재미있네요." 그 말에 나는 해외의 자폐스펙트럼상의 교수들이 떠올랐다. 나는 오히려 교수나 연구원 같은 직업이 그들의 장점을 빛내기에 아주 적합하다고 생각해 왔으니까.

나는 스누피에게 ADHD 특징도 꽤 보인다고 덧붙였다. 왜 그렇게 생각하는지도 차분히 설명했다. 상담이 영어로 가능할 거라 기대했지만 의사는 영어를 거의 하지 않았고 스누피의 한국어도 아직 서툴렀다. 결국 내가 대부분의 이야기를 대신 전했다. 과장 없이 사실 그대로 전하려 했지만 그가 직접 말할 기회가 없었다는 아쉬움이 남았다.

둘째 아이가 ADHD 검사를 받으러 갔을 때는 의사의 말이 9할이었는데, 지금은 내 말이 9할이었다. 어디까지 말해야 할지 고민하며 한참 동안 스누피의 특징을 설명했고 말끝은 항상 "그의 뇌가 궁금합니다."로 맺었다. "약 처방을 원하는 건 아닙니다."라는 말도 덧붙였다. 그런데도 의사는 내 얘기 사이사이에 "제가 도움을 드릴 수 있을 것 같습니다."라는 문장을 여러 번 꺼냈다. 그 말의 '도움'이 무엇을 뜻하는지 나는 알고 있었다. 하지만 스누피에게 통역하지는 않았다. 미리 겁먹고 병원을 나가버릴까 두려웠기 때문이다.

설문지와 뇌 검사

초진 상담이 끝나고, 우리는 뇌파 검사와 ADHD 검사를 진행하기로 했다. 간호사가 빽빽하게 인쇄된 70문항짜리 설문지를 건넸다. 노안에게는 혹독한 글자 크기였다. 나는 한 줄씩 통역해 주며 답을 표시해 나갔다. 그런데 작성하는 내내 몇 번이고 그만두고 나가고 싶은 마음이 들었다. 스누피의 대답이 나의 판단과 너무 달랐기 때문이다.

"다른 사람의 비난에 민감하다. '전혀 아니다'부터 '항상 그렇다' 사이 중 어디? "

"전혀 아니다."

"무슨 소리야? 엄청 민감하잖아."

"전혀 신경 안 쓰거든."

"남의 의견에 신경 쓰지 않는 거랑 민감한 거랑은 다르지. 민감하게 반응하지만 중요하다고 생각하지는 않는 거잖아."

"그럼 '가끔 그렇다'라고 해. "

"아니, 당신 생각이 중요하잖아." 결국 '전혀 아니다'에 표시했다. 다음 문항.

"쉽게 짜증을 낸다."

"전혀 아니다."

"엄청 짜증 자주 내잖아?"

"지금 짜증이 나려고 하긴 한다."

"…진심으로 짜증 잘 안 낸다고 생각해…?"

"응."

펜 끝이 허공에 멈췄다. 솔직히, 지금 이 설문지가 아무 의미 없을 것 같다는 생각이 스쳤다.

"그냥 당신 생각대로 혼자 다 해."

"아니, 그건 또 아닌 거 같으니까 이젠 그냥 당신이 말하는 대로 조용히 표시만 할게."

다시 몇 문항 뒤.

"글씨를 대충 써서 남이 알아보기 어렵다."

"전혀 아니다."

"자기 말고, 남이 알아보기 어렵다는 뜻이야."

"응, 알아."

그 뒤로 나는 말을 삼키며 설문지 칸만 채웠다.

"해야 하는 일을 자꾸 미룬다."

"네버Never." 그의 '마감 직전 질주'들이 스쳐 갔지만, 나는 입을 다물었다.

"체계적이지 못해서 일하는 게 어렵다, 시간이나 돈 관리, 계획 세우기, 일의 우선순위 정하기 등."

"네버."

"아니, 항상 돈 관리는 잘 안 되잖아."

"무슨 소리를 하는 거야?"

"알겠어. 그러니까 '전혀 아니다'라는 거지?"

70개의 설문 속 한 줄짜리 질문 앞에서 나는 자주 멈칫했다. 그가 느끼는 자신과 내가 바라봐 온 그 사이에는 적지 않은 간극이 있었다. 이 종이 위의 질문들이 과연 그를 어디까지 담아낼 수 있을지, 문득 궁금해졌다.

설문이 끝나자 다음은 뇌파 검사였다. 나는 뇌파 검사라길래 어딘가에 오래 누워 정신세계의 파동이라도 읽어내는 줄 알았다. 그런데 5분도 안 돼서 "끝났습니다."라는 말이 들렸다. 조금 허무했다. 우리가 그토록 찾아 헤맸던 뇌파 검사가 이렇게 싱겁게 막을 내리다니. 뇌파 검사를 하지 않는다고 해서 제외했던 병원들이 몇 군데 떠올랐다. 어쩌면 뇌파 검사는 우리가 생각했던 궁금증을 해소해 주지 못할 것 같은 의구심이 스쳤다.

그리고 마지막으로 워낙에 많이 들어봤던 CAT 테스트(종합 주의력 검사)✦. 컴퓨터 앞에 앉아 스누피가 한참 동안 혼자 진행해야 했다. 처음엔 쉽고 가벼웠다. 그러다 점점 난이도가 오르자 신경이 날카로

✦ CAT(종합 주의력 검사): 원하는 정보에 집중하고, 문제 해결을 위해 집중력을 유지하며, 필요할 때 주의력을 전환하는 능력인 주의력을 종합적으로 평가하는 검사로 6가지 유형의 주의력을 평가한다. 단순선택주의력(시각), 단순선택주의력(청각), 억제지속주의력, 간섭선택주의력, 분할주의력, 작업기억력을 정상/경계/저하의 수준으로 분류한다.

워졌다. "나 집중해야 하니까, 시야에서 좀 벗어나 줄래?" 목소리에 짜증이 살짝 섞였다. 나는 조용히 뒤로 물러났다. 테스트가 길어질수록 그의 집중력은 눈에 띄게 떨어져 보였다. 도중에 포기하겠다고 할까 봐 조마조마했지만 다행히 그는 끝까지 버텨냈다.

III. 검사 후

갈색 무지 봉투

테스트가 끝나고 우린 말없이 대기 공간에 앉아 있었다. 한참 후 드디어 화면에 그의 이름이 떴다. 진료실에 들어서자 의사는 읽기 어려운 표정으로 앉아 있었다. 우리 뒤로 진료실 문이 닫히자 의사는 잠시 우리를 바라보다가 말을 꺼냈다. "설문지 결과만 보면 두드러진 ADHD 성향은 없습니다." 이미 예상한 대답이었다. 내가 진짜 궁금했던 건 설문 결과보다 뇌파 검사였다. 5분 남짓의 짧은 검사로 얼마나 알 수 있을까 싶기도 했지만 그래도 그의 뇌 상태를 들여다

볼 수 있을 거란 기대에 차 있었다.

뇌파 검사 결과, 그의 뇌는 높은 스트레스와 과부하 상태에 놓여 있었다. 집중력은 매우 높지만 그만큼 뇌가 많은 부담을 받고 있었다. 인지 부하 80%. 인지능력 29%. 나는 숨을 삼켰다. 인지능력 수치가 29%라는 건 뜻밖이었다. 똑똑함에 대한 확신은 언제나 굳건했는데, '원래부터였을까, 나이가 들며 떨어진 걸까.' 머릿속을 비집고 낯선 생각들이 스며들었다.

의사는 가장 중요한 건 CAT 검사라고 했다. 의사가 돌려 보여 준 화면 속에는 빨간 선들이 눈을 찌르듯 여러 군데서 두드러졌다. 6가지 항목 중 시각적·청각적 단순선택주의력을 제외한 네 영역에서 경계 혹은 저하 소견이 나왔다.

의사는 침착하지만 단호한 목소리로 말했다. "CAT 검사 결과를 보면 ADHD의 가능성이 큽니다. 하지만 이 부분은 제가 도와드릴 수 있습니다." '도움'이 약 처방을 의미하느냐고 묻자 예상대로 고개를 끄덕였다.

의사는 차분히 설명을 이어갔다. "지금 단계에서 자폐로 단정 짓기보다는 불안 지수가 아주 높으니, 일단은 불안을 낮춰 보지요. 불안이 높으면 사고가 경직될 수 있거든요. 불안이 낮아지면 이전에는 크게 느껴졌던 일들이 아주 작게 느껴지고, 생각도 훨씬 유연해질 겁니다. 그리고 자폐의 특징은 사실 뭐 누구나 어느 정도는 가지고 있다고 볼 수도 있으니까요. 일주일이면 큰 차이를 느끼실 겁니다."

"그럼 자폐 진단 검사는 굳이 하지 않아도 된다는 말씀이신가
요?"

"네, 맞습니다. 불안이 낮아지면 약에 대한 생각도 조금 더 열릴
수 있을 거예요."

나는 스누피가 '약 처방을 받지 않는다'는 걸 전제로 검사를 진
행했기에 잠시 그를 바라보았다. 그러나 예상과 달리 그는 거부하지
않았다. 담담한 표정이었다. 놀란 마음이 컸을까, 논리적인 그 앞에
펼쳐진 진단과 검사 데이터 때문일까, 확신에 찬 의사의 어조 때문
이었을까…. 스누피는 잠시 고민하더니, 일주일간 약을 먹어보기로
동의했다.

수납을 마치자 작은 갈색 종이봉투가 손에 쥐어졌다. 군밤이나
붕어빵이 몇 개 들어 있을 것 같은 봉투. 이름도, 약명도, 병원명도 없
는 완전히 무지無地의 봉투. 그 속에는 그의 인생을 조금은 바꿔놓을
지도 모르는 작은 알약 일주일 치가 들어 있었다. 아무도 정신과 약
이 들어있는지 모르도록, 은밀하게 위장한 군밤 봉투를 조심스레 쥐
고 정신과를 나섰다. 왠지 그곳의 방문은 비밀스러워야 한다고 속삭
이는 것 같았다. 갈색 무지 봉투가.

엘리베이터 앞에서 첫 알을 삼키며 스누피가 물었다.

"이 약을 먹으면 어떻게 되는 거야?"

"부족한 건 채워주고, 넘치는 건 줄여준대."

그는 눈썹을 찌푸리며, 조금 우울한 얼굴로 말했다.

"그럼 난 이제 감정 기복이 전혀 없는, 아주 단조로운 기분만 느끼는 거야?"

"아닐 거야. 자기는 커피를 마실 때랑 안 마실 때 완전히 다른 뇌로 바뀐다고 했잖아. 이 약은 일어나자마자 카페인부터 찾지 않아도 되도록 도와주는 게 아닐까?"

그날 아침 스누피는 뇌파 검사에 혹시라도 영향을 줄까 봐 커피를 억지로 참았었다. 하지만 커피는 조금 미루고 먼저 식당으로 향했다. 그는 말없이 따라왔지만 밝지도 않고 화가 나지도 않은 것 같은 표정에, 불안과 우울이 한 스푼 그리고 설명하기 어려운 슬픔이 한 겹 더해져 있는 얼굴이었다. 카페인이 끊기고 루틴이 흐트러지기만 해도 그의 하루는 통째로 망가질 수 있었다.

그의 감정을 최대한 자극하지 않기 위해 식당의 한쪽 코너에 자리 잡았다. 커피를 마시지 못한 그는 매운 육개장을 시켜 먹었다.

그런데, 약을 삼킨 지 한 시간도 채 지나지 않아 그의 얼굴은 웃음을 띠었다. "아, 이제 기분이 좋아. 배가 불러서일까? 약 때문일까?" 이유는 몰라도 그 순간부터 그의 얼굴은 계속 미소를 띠고 있었다.

식당을 나와 거리를 걸으며 커피숍을 찾는 동안 그는 살짝 어지럽다고 했다. "처음으로 맥주를 마셨을 때처럼 머리가 살짝 핑 도는 느낌이야." 하지만 그렇게 말하면서도 그의 얼굴은 연신 웃고 있었다.

우리는 근처 커피숍 창가에 자리를 잡았다. 커피숍 창밖으로 폭우가 쏟아졌지만 스누피는 전혀 불평하지 않았다. 평소 같았으면 '비가 너무 많이 쏟아지네. 난 이런 날은 싫어. 나중에 걸어갈 때 신발 다 젖겠어.' 하며 오만가지 인상을 쓰며 투덜거렸을 텐데, 그저 미소를 머금고 있었다. 그 모습이 참 생경했다.

빗소리를 음미하던 그의 손에는 핸드폰이 들려있었다. 논리와 근거를 중시하는 그는 자신이 방금 복용한 약을 검색하고 있었다. "이건 조현병, 양극성 장애, 주요 우울장애, 뚜렛증후군, 자폐에 주로 쓰인다는데? 뭐야, 거의 모든 정신적 문제를 다 커버하는 약이네. 도파민이랑 세로토닌을 조절하는 거래…." 잠시 후 그는 자신의 핸드폰 화면을 보여주었다. 부작용 목록이었다. '시야 흐림, 침 분비 증가, 근육 경직, 떨림, 불안, 안절부절못함, 체중 증가, 메스꺼움, 변비, 식욕 증가 또는 감소, 어지럼증, 졸림, 피로감, 수면 문제(불면증)….'

'이런 약은 먹을 수 없겠다'는 얘기를 기대했으나 의외로 담담하게 그는 말했다. "살이 찔 수도 있으니까 운동해야겠다. 오늘 밤에 잘 잘 수 있으려나?" 뜻밖의 말에 나는 웃으며 가볍게 대답했다. "부작용이 심하면 언제든 끊으면 돼. 게다가 용량이 어린아이들도 먹을 만큼 아주 소량이라고 했으니 일단은 맘 편히 지켜보자." 곧 스누피는 다시 핸드폰을 내밀었다. 거기엔 '도박, 폭식, 쇼핑 등에 대한 강박적이거나 통제할 수 없는 충동'이라고 적혀져 있었다. 추가적인 부작용을 찾았던 거였다. 우려는 되었지만, 우리는 소용량이니 괜찮을 것이라는 믿음을 고수하기로 했다.

"근데, 자기 아까부터 계속 미소 짓고 있는 거 알아?" 내 말에 그는 환하게 웃었다. "그래? 나도 모르겠는데 자꾸 웃음이 나와. 맥주 두 잔 마셨을 때 딱 그 기분이야. 걱정도 사라지고 긴장도 없는 그런 상태." 그때의 스누피는 어색할 만큼 낯선 얼굴이었다. 그는 무척 편안했고, 유연했고, 표정엔 따뜻한 빛이 돌았다.

커피숍을 나와 버스 정류장까지 함께 걷는 동안 그는 우산을 챙겨오길 정말 잘했다며 기뻐했고, 건널목을 건너다 넘어진 아주머니를 부축하며 괜찮으시냐고 물었다. 버스에서 내리며 기사님께 "감사합니다."라는 인사도 잊지 않았다. 지하철역에서 우리는 서로 반대 방향으로 가야 했는데, 걸어가면서도 연신 내 쪽을 돌아보며 환하게 웃었다.

집으로 돌아오는 지하철 안에서 나는 그의 새로운 표정과 낯선 밝음을 떠올렸다. 나는 늘 그에게 웃으라고 했고, 긍정적인 생각을 하라고 했으며, 이유 없이 우울한 표정은 짓지 말라고 했었다. 그런데, 그렇게 바꾸는 것이 그저 의지와 노력의 문제가 아니라는 것이 분명했다. 그의 뇌와 신경물질이 작동하는 방식이 생각보다 훨씬 깊이 그의 삶에 관여하고 있었다. 소량의 약 한 알이 불러온 변화는 그간의 나와 그의 일상과 감정, 태도까지 크게 흔들었다.

그동안 그는 얼마나 답답하고, 또 억울했을까. 그저 있는 그대로의 자신일 뿐이었는데, 나는 알게 모르게 그 자신이 조금 부족하다고 느끼게 했던 것 같다. 그 생각이 마음을 무겁게 했다.

전철에서 헤어진 지 여섯 시간쯤 지나 그가 돌아왔다. 그는 아직 웃음을 잔뜩 품고 있었다.

"오늘 회의는 어땠어?"

"좋았어!"

"저녁도 먹었나 봐?"

"응. 게다가 저녁값도 내가 안 내도 됐어. 하하."

"여러 명이랑 같이 먹은 거야?"

"다섯 명. 근데 전혀 긴장되거나 불안하지 않더라고. 신기했어. 그런데 말은 좀 냉소적으로 나오더라. 약을 먹는데 왜 말은 여전히 냉소적으로 나가는 거지?"

"하하 그건 자기 성격 아니야? 불안이 줄어든다고 성격이 바뀌면 되겠어?"

"아, 그런가? 하하."

그리고 신이 난 아이처럼 이어 말했다,

"지하철에서 이어폰으로 음악을 들으며 가는데, 내가 좋아하는 노래가 나왔어. 근데 막 따라 부르고 싶은 충동을 느꼈어."

"그래? 평소에도 가끔 그래?"

"아니. 늘 노래를 듣지만 따라 부르고 싶다는 생각이 든 건 처음이었어. 그리고 하나 더 신기한 건, 식당에서 소리가 평소보다 훨씬 크게 들리더라고. 보통은 문 닫는 소리가 그렇게 크게 들리지 않는데, 오늘은 내가 몇 번이나 놀라서 돌아봤거든. 그건 왜 그런 걸까?"

"글쎄… 예전엔 모든 소리가 한꺼번에 들려서 구분이 안 됐는데, 약 덕분에 잡음이 줄어드니까 오히려 특정 소리가 더 또렷하게 느껴진 걸 수도 있겠다."

"그럴 수도 있겠네. 어린아이가 먹을 정도의 소용량이 이렇게 큰 차이를 만들 수 있다니 너무 놀라워." 그는 씁쓸하게 웃었다. "이걸 30년 전에 알았더라면…." 그 웃음 뒤에 숨은 그의 혼란과 힘들었던 시간을 보았다. 그리고 이제서야 마음이 조금 편해졌구나 싶었다.

출근하는 날이면 그는 그날의 일정과 상관없이 늘 같은 시각의 버스를 탔다. 단 한 번의 예외도 없이 아침 6시 25분 버스였다. 가끔 내가 "오늘은 수업이 늦게 시작하니까 조금 더 자고 천천히 가도 되잖아?"라고 하면 "아니야. 일찍 가야 해. 난 일찍 도착해서 미리 준비하는 게 좋아."라며 늘 그 루틴을 지켰다. 그에게 루틴을 깨는 것은 거의 금기였다.

그런데 그다음 날 아침, 알람에 맞춰 일어난 스누피가 물었다. "나 너무 피곤한데 좀 더 자도 될까?" "당연하지!" 그리고 스누피는 다시 자리에 누워 한 시간을 더 잤다. '내가 방금 무슨 소리를 들은 거지?? 목숨과도 같은 루틴을 스스로 깼단 말인가? 이렇게 아무렇지 않게?!'

그가 더 자는 동안 나는 현실인지 가상인지 헷갈리는 세상에서 그의 점심 도시락을 준비했다. 6시 반이 되자 그는 방에서 나와 '활짝 웃으며' 말했다. "굿모닝, 자기야!"

그리고 일주일 후, 우리는 다시 병원을 찾았다. 우리는 그의 급격한 변화를 설명하고 약을 추가로 처방받았다. 우리는 여전히 부작용에 대한 우려를 나누었지만, 의사는 "용량이 아주 소량이라 어린아이도 복용할 수 있고, 거의 부작용이 없어 평생 먹어도 괜찮을 겁니다."라며 안심시키려는 듯 말했다. 나는 물었다. "그럼 약을 일정 기간 복용한 뒤, 삶을 대하는 태도가 바뀌면 그때는 끊어도 괜찮을까요?" 의사는 고개를 저었다. "사람의 두뇌는 태어날 때부터 다르게 태어납니다. 아주 어릴 때부터 약을 먹으면 뇌가 약간 바뀔 수도 있지만, 지금 같은 경우엔 그럴 가능성이 거의 없습니다. 평생 드셔도 괜찮습니다." 의사는 '평생'에 힘주어 말했다.

그날 이후 스누피는 내게 연이어 놀라움을 안겨주었다. 내가 온종일 외출했다 돌아온 날, 그가 말했다. "나 오늘 해외에서 물건 주문했어." 평소 같으면 개인통관번호가 없다고 나에게 부탁했을 일인데, 그가 직접 통관번호를 발급받고 주문까지 완료한 것이었다. 그게 놀라웠던 이유는 그 번호를 받기 위해서는 일련의 거쳐야 할 단계가 여러 개 있었는데, 그걸 스누피가 차근차근 참고 밟았다는 뜻이기 때문이었다. 차근차근 순서대로 하는 일을 견딜 수 없어 하며 힘들어했던 스누피가 "왠지 이번엔 할 수 있을 것 같아서 해봤는데, 생각보다 어렵지 않았어."라고 했다.

그가 처음으로 해외직구로 산 것은 틴휘슬(아일랜드의 작은 금속 피리)이었다. 무료 배송을 맞추기 위해 좋은 것 하나, 저렴한 것 하나, 그리고 틴휘슬 악보를 함께 주문했다. 그는 아이처럼 자신의 틴휘슬이 도착하기를 손꼽아 기다렸다. 기다리는 동안 유튜브에서 매일 연주 영상을 찾아 들었다.

드디어 틴휘슬이 도착한 날 이웃에게 피해를 주지 않기 위해 '오후 5시까지만 불기'라는 규칙을 정하고, 하루도 빠짐없이 연습했다. 외출했다 4시 반에 귀가하면 무엇보다 먼저 틴휘슬 30분을 불었다. 5시 이전에 귀가할 수 없는 날이 많아지자 7시까지는 괜찮을 거라며 7시로 시간을 늦추어 연습했다. 매일 꾸준히 악기를 연습하는 그의 모습이 신기했고, 악보와 영상을 보며 천천히 따라가는 모습이 낯설 만큼 새로웠다. 물론, 나는 가늘고 높은 금속 피리 소리를 매일 들어야 했지만 견디기보다 즐기기로 했다. 그건 그가 변하는 소리였으니까.

피리를 불지 않을 때면 그는 조용히 앉아서 한자를 썼다. 한 획 한 획 숨을 고르듯 같은 글자를 반복해서 쓰며 그 옆에 해당 글자가 들어간 한국어 단어를 적었다. 스누피의 책꽂이에는 이미 한자책과 한국어 교재가 빼곡했지만 그의 공부는 늘 기초 단계에 머물렀었다. 조금만 흥미가 떨어져도 지속하기가 어려웠기 때문이다. 그런데 이번에는 달랐다. 하루이틀 하고 말 줄 알았는데 매일 "어, 오늘 한자 연습을 안 했네!" 하면서 한자를 썼다. 흥미와 상관없이 의지대로 지속할 수 있게 되었거나, 흥미를 조금 더 오래 유지할 수 있게 되었거나, 뜻밖의 것에 흥미를 느끼게 되었거나, 이유가 어찌 되었든 그가 바뀐 것은 확실했다. 스누피가 언제나 얼굴에 웃음을 띠고, 한자를 연습하는, 피리 부는 아저씨가 되었다.

틴휘슬을 한 손에 들고 스누피가 말했다. "꾸준히 새로운 걸 배우면 뇌에 새로운 시냅스가 많이 생길 거야. 그러면 1년쯤 후엔 약을 끊어볼 수 있을지도 몰라. 그때는 내 뇌가 조금 달라져 있을 수도 있잖아." 나는 말없이 고개를 끄덕였다. 그가 바라는 건 단지 '나아지는 것'이 아니라 '스스로 나아지는 것'이었다.

어쩌면 그의 뇌는 의사가 말한 대로 바뀌지 않을지도 모른다. 하지만 나는 믿는다. 그의 피리 소리는 그를 변화로 이끌 거란 것을.

초록 알약

영화 〈매트릭스The Matrix〉에서 모피어스가 네오에게 선택지를 제시하며 건네는 '파란 알약'과 '빨간 알약'의 장면은 너무나 유명하다. 파란 알약을 먹으면 '불편한 진실'을 외면한 채, 지금까지 알던 세상이 전부인 양 안전한 환상 속에서 계속 살아갈 수 있다. 반대로 빨간 알약을 먹으면 매트릭스라는 가상 세계에서 깨어나, 인류가 기계에게 지배당한 암울한 현실을 직시하게 된다. 스누피가 약을 삼키는 모습을 보며 나는 문득 그 장면을 떠올렸다.

그가 먹은 약은 파란 알약일까, 빨간 알약일까.

그건 파란 알약도, 빨간 알약도 아니었다. 그의 현실은 암울하지 않고, 또한 결코 현실을 피해 도망가지도 않았으니까. 세상은 오히려 그에게 조금 더 밝아지고 선명해졌다. 그래서 나는 그 약을 '초록 알약'이라고 부르기로 했다.

예전의 나는 끊임없이 바랐다. 내가 기쁘게 해주지 않아도 그가 스스로 미소 짓기를. 작은 일에 심하게 상처받거나 짜증 내지 않기를. 사람들과 함께 있어도 편안하기를. 한 번 하겠다고 말한 일을 꾸준히 이어가기를. 걱정만 하는 날이 조금이라도 줄어들기를…. 그리고 또 바랐다. 나도 언젠가는 '보통 사람들'(?)처럼 걱정할 필요 없는 것을 걱정하지 않는 삶을 살아보고 싶다고.

그런데 어느 날 갑자기 모든 소원이 단숨에 이루어져 보였다. 한순간이었다. 나는 여전히 믿기지 않아 그가 웃지 않는 순간을, 짜증 내는 순간을 찾아보려 했다. 하지만 첫 번째 '초록 알약' 이후로는 그런 순간을 만나지 못했다. 나는 그제야 깨달았다. '아, 스누피는 원래 참 밝고 따뜻한 사람이었구나.' '다만 오랫동안 너무 높은 불안이 그를 그늘지게 했을 뿐이었던 거구나.'

IV. 흔들렸기에 알게 된 것들

스누피의 정체성

얼마 전 저녁을 먹다가 스누피가 웃으며 말했다.

"오늘 ○○교수에게 커피를 한 잔 사다 줬어. 사무실 청소하시는 분께도."

"평소에도 자주 그랬었어?"

"아니. 오늘 처음으로 그런 거야. ○○교수는 편의점 갔다 오면서 가끔 콜라를 사다주기도 했거든. 그런데, 전에는 왜 나도 뭔가 주고 싶다는 생각이 들지 않았는지 모르겠어. 커피를 들고 사무실에 들어가니까 거의 충격받은 표정이더라고. 하하.”

“청소하시는 분들이 사무실 물건 뭔가 들고 갈까 봐 늘 경계했었잖아. 이 세상 누구도 믿어선 안 된다면서. 근데, 이젠 그런 걱정은 안 돼?”

“하하 맞아, 내가 그랬었지. 근데 그런 의심이 전혀 안 들어. 아예 그런 불안이 없어.” 그는 유쾌하게 웃으며 이어 말했다. “요즘은 그냥 마음이 편안해. 농담도 많이 하게 되고, 사람들이 내가 너무 재밌어 졌대. 그리고 만나는 사람마다 나보고 무슨 즐거운 일이 있냐고, 왜 항상 웃고 다니냐는 말을 많이 해. 난 태어나서 그런 말은 처음 들어 봐. 한 사람도 아니고 너무 많은 사람들이 그래.”

“아… 진짜 너무 신기하다.”

“그리고 오늘 퇴근길에 너무 재밌는 걸 많이 봤어.”

“재밌는 거? 어떤 거?”

“스쿠터를 타고 쌩쌩 달리는 아들과 아빠, 바퀴가 3개 달린 자전거에 물건을 싣고 가는 사람….”

“그건 재밌는 게 아니라 흐뭇한 풍경 아니었어?”

“그런가? 그런데 나는 왜 자꾸 웃음이 나왔을까? 지금도 그때를 생각하면 자꾸 웃어지거든. 그리고 오늘 걷다가 우연히 내 옷을 봤는데 모두 다 파란 계열이더라고. 블루진, 청 셔츠, 남색 재킷, 그리곤 또 웃음이 터졌어.”

“보통은 그런 상황이면 어땠을 것 같은데?”

"아마도, '이런 젠장'이라고 했겠지. 그리고 기분이 별로 안 좋았을 것 같아. 그런데 오늘은 그냥 기분이 좋더라고. 그냥 그런 상황들이 재밌고, 우습고, 자꾸 웃음을 짓게 했어."

"오, 진짜 신기하다."

"그런데 이런 생각도 들어. 약을 먹은 후 내가 이렇게 바뀌었다면 이건 여전히 나인가 아닌가… 정체성이 좀 혼란스럽긴 해. 큰 애가 말한 게 바로 이런 건가 싶기도 하고. 그럼, 약을 끊으면 나는 다시 과거의 내 모습으로 돌아갈까?… 나는 완전히 새로운 시도를 더욱더 많이 할 거야, 새로운 신경세포가 만들어지도록. 그러면 언젠가는 약의 도움 없이도 세상을 밝게 볼 수 있을지도 모르잖아." 기적처럼 찾아온 변화를 스누피는 자기 힘으로 유지하고 싶어 했다. 그동안 그는 자신의 내면 어딘가에서 이런 모습으로 살아가길 꿈꿔왔던 것은 아닐까 생각했다.

초록 알약을 먹기 시작한 이후, 스누피와 나는 정체성에 대해 몇 번 얘기한 적이 있다. 무엇이 '진정한 나'인가에 대해. 하지만 그건 존재에 관한 쉽지 않은 물음이었다. 세상을 보고 느끼는 방식, 삶을 대하는 방식, 사람에 대한 반응이 달라졌다면 같은 사람일까, 아니면 다른 사람일까?

스누피는 약을 먹은 뒤부터 급격한 변화를 보였다. 불안이 줄자 표정이 부드러워졌고, 생각도 한결 유연해졌다. 수시로 노래를 부르고, 가끔은 춤을 추기도 한다. 하지만 선형적 사고는 여전히 어려워

한다. 레시피를 제대로 못 따라 하고, 봉지 끈을 매듭짓지 못하며, 화장지 심도 잘 끼우지 못한다. 빨래를 개지 못해 키친타올 감듯이 둘둘 말아버리고, 재활용 분리도 힘들어한다. 사람을 만나는 불안은 줄었지만, 약속 시간엔 여전히 몇 시간씩 일찍 출발하고, 상대의 비논리성을 힘들어하며, 유머 코드는 예전과 비슷하다. 운동을 꾸준히 하지 못하고, 단 것은 여전히 너무 좋아한다. 내가 하는 말을 반복하며 즐거워하는 것도 사라지지 않았고, '친근한'과 '친절한'의 차이를 여전히 알 수 없어 하는 것도 그대로다. 당연히 은유법은 아직 어렵다.

그는 같은 스누피이지만, 동시에 이전과 같은 스누피는 아니다. 하지만 어차피 어제와 오늘이 같지 않고, 오늘의 내가 내일의 나를 보증하지 않는다. 어쩌면 우리는 매일, 조금씩 다른 사람이 되어가는지도 모른다. 스누피처럼 갑자기 급격하게 바뀌지 않는다 하더라도. 결국, 변하지 않는 '진짜 모습' 같은 건 없을지도 모르겠다.

중요한 것은, 그의 삶이 어떤 식으로든 훨씬 편안해졌다는 것이다. 예전에는 너무나 힘들었던 일들이 이제는 쉬워졌다. 무수한 불안이 짓눌렀던 얼굴이 한결 환해졌다.

우리는 여전히, 새로운 그의 모습에 적응하는 중이다. 그 과정에서 그가, 그리고 우리가 무엇을 잃고 무엇을 되찾을지는 아직 알 수 없다. 하지만 지금으로는 그것만으로도 충분하다.

도움과 의존의 경계 – 그는 자폐인가?

이 책의 목적이 약이나 진단을 이야기하는 데 있지는 않지만, 지금까지 읽어온 사람이라면 스누피가 결국 약을 계속 먹게 되었는지, 그리고 자폐가 맞는지 궁금할 것이다. 그래서 아주 개인적인 내 생각을 조심스럽게 나누려 한다. 어디까지나 나의 사적인 견해일 뿐이라는 점을 기억해주면 좋겠다.

스누피를 탐구하며 전문의를 만나고, 약을 시도해보고, 그의 정체성에 대해 함께 고민하는 과정을 겪는 동안 내 머릿속에는 두 가지 질문이 남았다.

첫째, 스누피는 정말 자폐가 맞는가?

둘째, 그에게 약이 필요한가?

내가 그를 만나고 결혼해 오랜 시간 함께 살아오면서 나는 스누피가 자폐스펙트럼이 맞다는 확신을 갖게 되었다. 그리고 그 사실을 알게 된 것이 큰 도움이 되었다고 느꼈다. 하지만 그 확신은 절반만이 진실이었다. 그의 자폐적 특성을 이해하고 나니 그의 세계를 조금은 상상할 수 있고, 그의 어려움도 더 잘 이해하게 되었다. 문제는, 그를 '자폐'라는 하나의 틀에 넣어 버리는 순간부터 그의 모든 어려움을 그 틀로 설명하려 했다는 점이다.

사실 어떤 행동이든 그 배경에는 너무나 다양한 요인이 있을 수 있다. 유전자에서부터 시작해 어린 시절 경험, 성취 압력, 인지 부조화, 문화적 충돌, 성별의 차이, 누적된 거절과 실패의 상처까지. 하지만 내가 그를 자폐로 이해한 후로는 이런 복합적인 요인들은 '자폐'라는 틀에 들어맞지 않을 때만 겨우 떠올랐다. 내가 그를 지나치게 하나의 틀 안에 가두려 했다는 깨달음이 오자, 자연스럽게 이런 물음이 생겼다. '자폐란 무엇인가?' '누가 자폐를 정의하는가?'

특히 어린 시절에 자폐스펙트럼으로 진단받지 못한 성인들의 이야기는 아직 사회적으로 충분히 알려지지 않았지만, 자폐 커뮤니티 안에서는 다양한 경험과 관점이 활발히 공유되고 있다. 그곳에서는 특히 '용어'가 중요하게 다뤄진다. 자폐를 이야기할 때 '자폐증' '자폐스펙트럼' '아스퍼거' 같은 표현이 모두 쓰이지만, DSM-5 이후 '아스퍼거'는 공식적으로 '자폐스펙트럼' 범주에 포함되었다. 즉, (논란의 여지가 있긴 하지만 상대적으로) 사회생활에 큰 어려움이 없어 보이는 사람부터 혼자 일상생활이 어려운 사람까지 모두가 하나의 넓은 스펙트럼 안에 묶인 것이다.

그래서 여전히 '아스퍼거'나 '자폐증' 같은 단어를 사용하면, 특히 '아스퍼거'라는 표현을 쓰면 무지하다고 공격받는 경우도 있다. 그렇다면 용어는 왜 이렇게 바뀌는 것일까? 누가 이런 결정을 내리는 것일까? 그 결정은 과연 얼마나 객관적일까? 이런 질문들이 자연스럽게 내 안에서 맴돌기 시작했다.

이 궁금증은 제임스 데이비스James Davies의 《정신병을 팝니다》를 읽고 어느 정도 해소되었다. 책에서는 극히 '조그만 팀'이 진단 기준을 협의해 정했고, 제안서를 주고받은 뒤 결국 '투표'로 결정된다는 인용이 언급된다. 물론 세계적으로 저명한 정신의학자들이었겠지만, 그들의 결정이 감정적 유대나 금전적 이해관계와 완전히 무관했다고 할 수는 없었다. 그 내막이 지나치게 복잡하고 민감해 여기서 자세히 다루기는 어렵지만, 다음 DSM 개정판에는 그 기준과 범위가 얼마든지 다시 바뀔 수도 있겠다고 생각했다.

나는 스누피가 마음만 먹었다면 자폐스펙트럼 진단을 받는 데 큰 어려움이 없었을 것이라 생각한다. 운이 좋으면 두 번째 방문한 곳에서, 아니면 네 번째나 다섯 번째 다른 병원에서는 받았을 것이다. 심리치료센터 같은 곳에서는 더 쉽게 진단이 나왔을 수도 있다. 하지만 동시에, 스누피가 혼자 생활하기 어려운 중증 자폐와 같은 범주로 묶여도 괜찮은가 하는 생각도 늘 나를 따라다녔다.

공식적인 진단명은 정부 지원이나 특정 서비스 이용과도 직접적으로 연결되기 때문에 신중하게 사용해야 한다. 그럼에도 나는 비공식적 언어로서 '아스퍼거'라는 표현이 여전히 필요하다고 생각한다. 현실에서는 같은 '자폐스펙트럼' 안에서도 개인의 삶의 난이도와 필요가 크게 다르다. 그런데 이들을 모두 하나의 범주로만 묶어버리면, 정작 더 많은 지원이 필요한 사람들이 자원과 기회를 충분히 받지 못하게 될 수도 있다.

물론 어떤 사람들은 '아스퍼거'가 겪는 어려움을 과소평가하게 만든다며 이 용어 사용에 반대하기도 한다. 하지만 단일한 용어로는 다양한 경험을 충분히 설명할 수 없다. 그래서 사람들의 현실적 필요와 차이를 섬세하게 드러낼 언어 역시 여전히 필요하다는 생각이 든다. 의료 용어가 대중화되어 쓰이고는 있지만, 그것이 사회 속에서 살아가는 사람들에게 필요한 언어와 반드시 같을 필요는 없지 않을까?

만약 스누피가 학교나 회사 제출용 서류가 필요했다면, 혹은 정부 지원을 받아야 했다면 그는 ADHD와 자폐스펙트럼을 각각 혹은 함께AuDHD 어떻게든 진단받았을 것이다. 하지만 우리는 제출해야 하는 서류도, 받을 혜택도 없었다. 전문의가 스누피에게 ADHD 경향이 많고, 작업기억이 낮으며, 불안이 높고, 자폐적 특성이 많다는 점을 설명해준 것만으로 충분했다.

어떤 사람은 이렇게 오해할지도 모른다.

"그렇다면 자폐스펙트럼을 굳이 알 필요가 없다는 뜻인가?"

나는 오히려 그 반대라고 생각한다. 내가 지금 스누피를 '그냥 스누피'로 온전히 받아들이고 이해할 수 있게 된 것은, 그의 자폐적 특징을 알고, 그 특징이 그의 세계를 어떻게 구성하는지 배우려 노력했기 때문이다. 바로 그 이해가, 그를 오해하거나 하나의 틀에 가두는 대신 더 넓고 정확한 시선으로 바라보게 해주었다. 그를 대하며 내 감정이 크게 흔들릴 때마다 그의 특성을 이해한 이성이 균형을 잡아 주었다. 더 많은 사람이 자폐스펙트럼의 다양한 특징을 알고 이해할 필요가 있다. 그래야 서로를 불필요한 오해 없이 바라보고, 각자가 세상을 살아가는 방식에 더 편안하게 다가갈 수 있기 때문이다.

사회생활을 하는 데 큰 어려움이 없는 성인이 자폐 진단을 받는 일이 반드시 큰 의미를 갖는다고는 생각하지 않는다. 그러나 자신에게 어느 정도의 자폐 성향이 있는지를 아는 것은 오히려 자기인식을 높이는 데 더 도움이 될 수 있다. 약으로 치료한다는 개념조차 없는 자폐를 진단받거나 알게 되는 일은 궁극적으로는 자신을 이해하고, 나아가 타인을 이해하기 위한 과정이 아닐까.

검색창에 'Autism Spectrum Quotient'(AQ, 자폐스펙트럼지수)를 입력하면 자폐 성향을 가늠해 볼 수 있는 무료 검사를 쉽게 찾을 수 있다. 대부분 50~80문항 정도로 구성된 간단한 테스트로, 자신의 성향을 알아보기 위한 첫 단계로는 충분하다고 생각한다. 미국의 대표적인 자폐 관련 비영리 단체인 오티즘 스픽스Autism Speaks에서 제공하는 AQ 테스트의 경우, 결과를 수치에 따라 '자폐 성향 없음' '거의 없음' '약하게 있음' '경계 수준' '가능성 높음'으로 제시한다.

만약 자신의 자폐 성향이 높게 나타난다면 그것에 맞게 생활 환경이나 직업, 인간관계의 방식 등을 조정해 볼 수도 있을 것이다. 중요한 것은 진단 그 자체가 아니라 그 정보를 통해 자신을 더 정확히 이해하고 스스로에게 맞는 삶의 방식을 찾아가는 것이다.

스누피가 작업기억이 낮은 ADHD가 있고 자폐적 특징이 많다는 걸 알게 된 후, 나는 어디까지가 그에게 도움이 되는 '안전한 지원'이고, 어디서부터가 '위험한 의존'인지를 오랫동안 고민했다.

얼마 전 친한 동생 정민을 만났다. 그녀는 오래 가슴속에 담아두었던 답답함을 꺼내 놓았다. "언니, 나는 운동이 사치라고 생각해 본 적이 한 번도 없어. 하루 종일 아이를 돌보다가 남편이 퇴근하면 한두 시간 테니스를 치거나 달리기하러 나가. 그런데 남편은 그걸 이해하지 못해. '애가 있는 엄마가 어떻게 자신의 욕구를 먼저 챙길 수 있냐'는 거야. 하지만 나한테 운동은 사치가 아니라 생존이야. 운동하지 않으면 정말 죽을 것 같거든."

예전의 나라면 아마 그녀의 남편 편을 들어줬을지도 모른다. "맞아요, 여자는 결혼하면 가족을 먼저 생각해야 하는데 정민이가 너무 철이 없나 봐요." 이런 밥맛없는 소리를 아무렇지 않게 했을 것이다. 하지만 이제는 안다. 사람의 뇌는 모두 다르고, 그 다름이 서로가 서로의 세계를 이해하는 데 방해가 될 수도 있다는 것을. 그래서 지금의 나는 정민이 그렇게 느꼈던 이유를 조금은 알 것 같다.

세상에는 수많은 '정민'과 '스누피'가 있다. 그들은 자신의 어려움을 어렴풋이 알고 있지만, 늘 그래왔기에 그냥 '그러려니' 하고 살아간다. 그들은 살아내기 위해 자가치료 self-medication를 한다. 전문가의 도움 없이, 스스로의 감정이나 불안을 완화하기 위해 '진정제처럼 작용하는' 물질이나 행동을 찾는 것이다. 술, 담배, 카페인, 설탕 같은 물질들이 대표적이고, 과도한 운동이나 일, 쇼핑, 게임 같은 행동도 그 범주에 들어간다.

정민은 카페에 가면 늘 설탕이 듬뿍 들어간 음료나 디저트를 함께 먹었다. 가방에는 항상 카페인 음료가 있었다. 그리고 늘 뛰거나, 테니스를 치거나, 다른 무슨 운동이라도 했다. 그 모든 것은 그녀가 '살기 위해' 터득한 생존 방식이었다.

그녀는 단 하루도 잠을 깊이 자 본 적이 없다고 했다. 나는 하룻밤만 제대로 못 자도 다음 날 정신이 흐릿해지는 사람이기에 그 말이 도무지 믿기지 않았다. 그런데 정민은 웃으며 말했다. "난 그게 일상이야. 밤에 애들이 깨서 피곤하겠다고 말하는 사람들을 보면 이해가 안 돼. 나는 피곤하지 않은 상태를 경험해본 적이 없거든." 그 말을 듣는데 도무지 어떻게 사람이 그렇게도 살 수 있는지 믿기지 않았다. 매일 안개 속에서 사는 기분이 어떤 걸까. 그건 '사는 것'이라기보다 '억지로 살아내는 것'에 가까울 것 같았다.

뭐라 할 말을 찾고 있는데 정민이 말했다. "한국에 와서 처음으로 대장내시경을 했는데, 의사가 내 대장이 70대 노인 같대. 하하하." 그녀는 웃었지만, 나는 웃을 수 없었다. 정민이 지금껏 얼마나 힘들었을지 가늠도 되지 않았기 때문이다.

나는 여느 때처럼 의미 없는 충고를 늘어놓았다.

"카페인은 몸에 안 좋아. 밀가루 줄이고, 설탕 끊고, 인스턴트 음식은 피하고…" 하지만 말을 하는 중에도 그게 아무런 도움이 되지 않을 걸 알았다. 정민은 이미 햇빛을 매일 충분히 보고, 운동을 열심히 하고 잠을 자기 위해 애쓰고 있었다. 어린아이 둘을 키우며 혼자 운동할 시간도 부족한 사람에게 건강한 자연식만 하며, 몸이 요구하는 '뇌를 자극'하는 음식까지 참을 방법은 산속에 들어가 혼자 사는 것 말고는 없었을 것이다.

그래서 내가 말했다.

"정민아, 호주로 돌아가기 전에 혹시 시간이 나면 병원에 한 번 들렀다 가. 잠이라도 좀 편히 자게 해 줄 약이 있을지도 모르잖아."

정민은 대수롭지 않게 웃어넘겼지만 사실 나는 꽤 진지하게 말했었다. 정신과에 가서는 "약 처방은 원하지 않습니다."라고 단호하게 말하던 내가 이제 약을 권하고 있으니 아이러니하기도 했다. 그렇다면 나는 약 복용을 적극적으로 지지하게 된 것일까?

정신과 약에 대해서는 전문가들 사이에서도 여전히 의견이 첨예하게 갈린다. 의료적 필요라고 보는 쪽과 과잉 처방이라고 비판하는 쪽, 여기에 이해관계까지 얽혀 있어 더 복잡한 문제이기도 하다. 나 역시 약 복용 후 스누피의 엄청난 변화를 바로 곁에서 지켜봤기에 단순히 찬반으로 말하기가 어렵다.

스누피가 약을 처방받았을 때, 우리는 이미 우리가 바꿀 수 있는 생활 습관은 거의 다 바꾼 뒤였다. 인스턴트 음식, 정제 탄수화물, 밀가루, 알코올은 일찌감치 끊었고, 설탕과 카페인도 늘 조심하며 살았다. 규칙적인 운동을 하고 충분한 수면을 취했다. 그럼에도 스누피는 과다한 카페인과 설탕에 대한 강한 충동은 계속 이겨내지 못했고, 때로는 그게 다툼의 시작이 되기도 했다.

정신과에서 스누피는 세 가지 약을 처방받았다. 병원에 가기 전까지만 해도 정신과 약에 대해 거의 아는 것이 없었지만, 그것이 내 삶 속으로 들어오면서 약은 결코 단순하거나 가벼운 문제가 아니라는 걸 알게 되었다.

스누피가 처음 처방받은 약은 ADHD 증상에 도움이 되면서 동시에 불안을 낮춰주는 약이었다. 앞에서 이야기했듯, 그 변화는 거의 '마법의 약' 같았다. 초등학생도 복용한다는 아주 소량으로 시작했는데도 효과는 즉각적이었다. 식단과 생활 습관을 바꿔서 소통의 어려움이 10에서 7로 줄었다면 약을 먹은 후에는 단숨에 1로 떨어지는 느낌이었다. 1~2시간 만에 눈앞에서 사람이 바뀌는 듯했고, 그 모습은 충격적일 만큼 놀라웠다.

스누피는 늘 웃었고, 가벼운 농담도 하고, 노래하고 춤을 추고, 새로운 시도를 두려워하지 않았다. 내가 오래도록 바라던 '이상적인 파트너'가 갑자기 눈앞에 나타난 듯했다.

그러나 하루, 이틀, 일주일, 한 달이 지나도록 인상 한 번 찌푸리지 않는 그의 얼굴을 보고 있자니, 어느 순간 이상한 기분이 들기 시작했다. 마치 보톡스를 맞아 주름이 사라진 얼굴을 보는 것처럼. 어떤 얘기를 해도 아무렇지 않게 웃으며 넘기고, 하루 종일 들떠 있는 모습은 두세 병의 맥주를 마신 사람 같았다.

그렇게 늘 웃고만 있는 그의 얼굴은 어느새 낯설게 느껴졌다. 사람에게는 희노애락이 모두 있어야 하는데, 스누피에게는 이제 '희'와

'락'만 남은 듯했다. '노'와 '애'가 빠진 자리엔 수면장애가 찾아와 있었다.

그는 밤이 깊어질수록 정신이 더 또렷해졌고, 새벽 1~2시에 겨우 잠들어도 3~4시면 어김없이 깼다. 한 번 깨면 다시 잠들지 못했다. 그런 날들이 쌓이자 표정은 여전히 환했지만 몸은 점점 지쳐갔다.

결국 우리는 약의 부작용이 이 정도라면 단약을 진지하게 고려해야겠다고 이야기했다. 그러나 나는 그때 스누피의 눈빛을 잊을 수 없다. "하지만… 난 이 약을 그만 먹는 게 두려워. 지금이 너무 완벽하거든."

그 말을 듣는 순간, 나는 '도움'과 '의존'의 경계가 생각보다 훨씬 더 흐릿할 수 있겠다고 느꼈다. '마법의 약'을 만드는 마법사가 아닌, 내가 눈을 마주치고 싶지 않았던 호주의 길거리 바이올린 연주자가 스누피와 겹쳐보였다. 그때 나는 사실 마음이 크게 흔들렸다.

스누피는 처음 처방받은 약의 부작용이 심해 용량을 절반으로 줄였고, 수면을 돕는 약도 함께 받았다. 하지만 그는 수면을 도와주는 약에는 손도 대지 않았다. 그다음 병원에 갔을 때는 ADHD에는 직접적 효과가 없지만 수면을 방해하지 않는 완전히 다른 약으로 바꿔보기로 했다. 하지만 집으로 돌아온 뒤 스누피는 새 약을 쉽게 먹지 못했다. 역설적이게도, '새로운 것'에 대한 불안이 너무 높아서 불안을 낮춰주는 새로운 약을 먹을 수 없었던 것이다.

그렇게 약 없이 열심히 피리만 불던 날들이 지나갔다. 그러다 어느 날, 불안이 평소보다 훨씬 높아진 순간 스누피는 어느새 새로운 약 한 알을 입에 털어 넣고 있었다. 그러나 그날 내 눈에는 스누피에게 별다른 변화가 보이지 않았다. 다음 날에는 외출할 일이 없어 약을 먹지 않았다. 그리고 그는 이미 그 새로운 약에 대해 뭔가 다른 점을 눈치챈 듯 물었다. "근데 이거… 필요할 때마다 먹어도 돼? 4주쯤 지나야 효과가 나타난다고 하던데." 약을 받을 때 '필요시 복용'이 가능한지 정확히 물어보지 않았던 게 아쉬웠다.

정신과 약 중에는 SSRI(선택적 세로토닌 재흡수 억제제) 계열이 있는데, 이는 즉각적으로 신경전달물질을 조절하는 다른 약들과 달리 신경 회로를 서서히 재조정하는 과정을 거쳐야 한다. 그래서 최소 2~6주 정도 지나야 효과가 나타난다고 한다. 즉, 스누피가 받은 새로운 약은 수면에는 방해가 없지만 필요할 때 한 알씩 먹는 방식으로는 효과를 기대할 수 없는 종류였던 것이다.

담당 의사는 별 부작용이 없어서 어린아이들도 먹고 스누피에게도 평생 먹어도 괜찮다고 했지만, 신경계에 직접적으로 관여하는 화학물질을 우리는 아무런 우려 없이 받아들일 수는 없었다. 특히나 첫 번째 약으로 스누피가 얼마나 순식간에 완전히 다르게 변할 수 있는지를 본 나는 어떠한 종류의 약도 가볍게 생각할 수 없었다.

하지만 생각을 조금 바꾸어보니 카페인, 알코올, 초록 '마법의 약'은 사실 서로 다른 낙인과 맥락이 덧씌워진 같은 부류의 것이라는 데까지 생각이 미쳤다. 사회가 역사적으로, 문화적으로 얼마나 거부감 없이 받아들여왔느냐의 차이일 뿐이었다. 술만 해도 맥주에서 와인, 위스키에 이르기까지, 그리고 한 잔에서 한 박스에 이르기까지 상황에 따라 용인되거나 이해되고 때로는 부추겨지기까지 한다. 그 경계는 아이러니하게도 무척 모호했다. 그래서 나는 '초록 알약'이 사회적 허용도의 스펙트럼 어디쯤에 놓일 수 있을지 아무리 고민해보아도 명확한 결론을 낼 수 없었다. 종류도 너무 많고 작용 방식도 복잡했기 때문이다.

데이비드 B. 스테인은 《Ritalin Is Not the Answer》(한국어판 《ADHD는 병이 아니다》)에서 약물에 의존하는 치료 방식에 대해 단호히 반대했다. 그의 가장 큰 걱정은 약을 너무 일찍 선택함으로써 스스로의 힘으로 변화를 시도해볼 기회를 잃게 된다는 것이었다. 약이 일상의 어려움을 해결해주는 '정답'이 되어버리면 그 약이 더 이상 듣지 않을 때 우리는 또 다른 약, 더 강력한 약을 찾게 된다. 그렇게 반복되는 의존의 고리가 결국 중독이나 금단의 고통으로 이어질 수 있다는 것이다.

나는 이 문제를 스누피를 곁에서 지켜보며 더 실감하게 되었다. 신경계를 즉각 활성화시키는 것 중 가장 흔한 커피나 콜라 같은 자극에 스누피가 얼마나 의존적이었는지, 그리고 금단의 고통이 얼마나 심각했는지를 익히 봤기 때문이다. 그래서 약 자체에 대해 더욱 신중해질 수밖에 없었다.

스누피는 '초록 알약'을 먹은 뒤 세상의 색깔이 완전히 달라지는 경험을 했다. 세상이 선명하게 빛나고 모든 것이 따뜻하게 다가오는 그 '마법'같은 순간의 감각을 그는 처음엔 놓치고 싶지 않아 했다. 하지만, 변화가 지나치게 급격하고 극적이어서 그도 조금은 조심스러운 것 같았다. 어떤 일이든 '너무 좋으면' 조심해야 하는 법이니까.

요즘은 아이들이 ADHD 진단을 받고 약을 처방받는 장면이 낯설지 않다. 가끔 나는 생각해 본다. 내 아이들이 훨씬 어릴 때 전문의가 약 복용을 권했다면 나는 어떤 선택을 했을까? 그러나 막상 상상해 보면 그 결정이 얼마나 어려웠을지 쉽게 가늠할 수 없다.

내 큰아이는 성인이 된 후 코로나로 봉쇄된 아파트에서 홀로 긴 시간을 보내는 동안 이전에는 본인만 느끼던 어려움이 겉으로 선명하게 드러나기 시작했다. 마음의 근육은 늘 단단하게 굳어 있었고, 불안은 높았으며, 청각과 시각은 예민하게 반응했다. 어떤 때는 하나에 깊이 파고들 만큼 과몰입하다가도, 또 어떤 때는 지나치게 산만해졌다. 감정 기복은 컸고, 사소한 일에도 예민하게 반응하거나 깊은 우울감에 빠지곤 했다.

나는 큰아이를 볼 때마다 '타고난 예술가'라는 말이 어떤 의미인지 알 것 같다. 아이의 머릿속에는 늘 이야기와 음악과 영상이 흘러넘쳤고, 손을 대는 모든 것이 소설이 되고, 음악이 되고, 그림이 되었다. 누구도 떠올리지 못하는 방식으로.

첫 직장을 시작하기 전, 아이는 잠시 SSRI 계열의 약을 복용했다. 그 시기 아이는 눈에 띄게 차분해졌고, 그의 삶을 따라가는 나의 호흡도 조금은 가벼워졌다. 하지만 몇 달 뒤 갑작스레 단약을 했고, 일상은 다시 예전처럼 빠르게 돌아갔다. 매일 새로운 곳을 취재하러 정신없이 뛰어다니는 삶이 더해지자 아이는 더 숨 가쁘게, 더 바쁘게, 더 강하게 자신을 몰아붙이는 것처럼 보였다. 우울감을 느낄 겨를조차 없어 보였다.

얼마 전, 아이는 일주일간 휴가를 얻어 혼자 바닷가 바로 앞 숙소에서 지냈다. 낚시를 하고, 음악을 듣고, 산책을 하고, 무엇에도 치일 필요가 없는 시간이었다. 그 일주일 동안의 아이는 놀라울 만큼 편안해 보였다. 불안도 거의 사라져 있었다. 비로소 숨을 고르고 평안해진 얼굴이었다.

그 모습을 보며 나는 비로소 깨달았다. 애초에 문제가 '아이에게 있었던 것'이 아니었음을. 사회가, 학교가, 직장이 아이를 끊임없이 경쟁으로 내몰고, 할당량을 채우게 하고, 멈추지 못하게 만들고 있었던 것이다. 그 경험을 통해 나는 문제를 아이에게서만 찾던 시선에서 벗어나 사회와 제도가 만든 구조적 문제를 처음으로 진지하게 바라보게 되었다.

둘째 아이는 심한 불안과 과도한 발한으로 오래 고생해 왔고, 결국 약을 선택할 수밖에 없었다. 긴장이 조금만 높아져도 땀이 주체할 수 없을 만큼 흐르고, 그러다 보니 불안이 다시 치솟는다. 불안이 극심해지면 땀은 더 심해지고, 그 악순환은 마치 어느 쪽이 먼저인지 알기 어려운 닭과 달걀의 관계처럼 보였다.

가끔 회의에도 참석해야 하고, 결혼식 같은 사회적 상황에도 빠질 수 없었다. 안전한 다른 해결책을 찾지 못한 아이는 결국 마지막 수단으로 '필요할 때마다' 약을 먹는다. 심한 부작용도 감수하면서 말이다. 그 아이에게 나는 약을 먹지 말라고 차마 말할 수 없었다. 그 말을 할 수 있을 만한 다른 대안이 있었다면, 정말이지 나는 한달음에 달려가 전했을 것이다.

나는 상대방의 상황과 심각성을 알지 못한 채 약을 먹어라 먹지 말라고 쉽게 말해서는 안 된다고 생각한다. 하지만 동시에 약이 너무 손쉬운 대안이 되어서도 안 된다고 생각한다. 약이라는 선택지보다 식단이나 생활 습관, 환경개선, 상담과 인지훈련 같은 비약물적 노력이 충분히 선행되어야 한다. 약은 정답이 아닐 수도 있지만, 어떤 순간에는 마지막 남은 유일한 방법이 되기도 한다. 결국 중요한 건 약을 먹느냐 마느냐가 아니라, 그 약을 어떤 마음으로 마주하느냐일 것이다. 약을 '의존'이 아닌 '도구'로 볼 때 후회가 가장 적은 결정을 하게 될 것이다.

스누피는 극적인 변화를 경험했던 첫 번째 '초록 알약' 이후에도 계속해서 변화하는 중이다. 우리는 무엇이 그의 타고난 특성이고, 무엇이 조절되거나 연습을 통해 달라질 수 있는지 함께 배우며 찾아가는 중이다. 그 과정에서 한 가지 분명해진 점이 있다. 그는 더 이상 자신이 이전에 알던 세계만으로 자신을 규정하지 않는다. 세상은 바라보는 방식에 따라 전혀 다르게 펼쳐질 수 있으며, 그만큼 훨씬 더 다채롭다는 사실을 그는 다시 배우고 있다.

　그리고 스누피의 변화 못지않게 중요한 변화가 하나 더 있다. 그것은 바로 나의 시선이다. 내가 그동안 스누피를 규정하려고 단단하게 붙들어 두었던 틀이 서서히 느슨해진 것이다. 자폐적 특성을 알게 된 것이 그를 '라벨'로 가두는 일이 아니라, 오히려 그를 있는 그대로 이해하게 하는 열쇠가 되었다. 그래서 나는 어떤 진단이나 규정의 이름을 넘어 그냥 '스누피' 자체를 더 온전히 사랑하게 되었다.

4부
스펙트럼의 세계

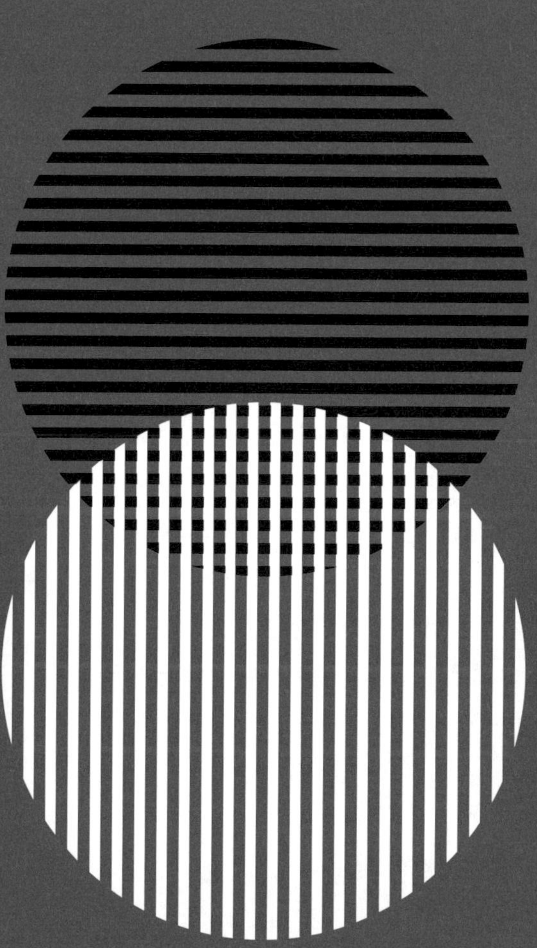

4부

세상은 관계 속에서 만들어진다.

너의 경직성, 그걸 바라보는 나의 경직성

그리고 우리를 둘러싼 사회의 경직성 속에서

우리는 조금씩 굳어간다.

너의 방식이 낯설게 느껴질 때

그 낯섦은 내 안의 경직성을 비추는 거울이 된다.

우리가 마주한 불편함의 대부분은

'너'의 특이함 때문이 아니라

'나'의 기준이 너무 단단하기 때문일지도 모른다.

너를 이해하려는 일은 곧 나를 해석하는 일이다.

내가 불편해하던 너의 모습 속에는

내가 오래 눌러두었던 나의 일부가 숨어 있을지도 모른다.

유연해진다는 것은 타인을 바꾸는 일이 아니라

나의 경계를 다시 그리는 일이다.

이제 나는, 너의 다름을 통해

나를 조금 더 알아가려 한다.

I. 선 위의 점이 아니다

우리가 세상을 바라보는 방식은 이미 태어날 때부터 뇌에 깔린 배선이 어느 정도 결정한다. 그래서 같은 영화를 보고도, 같은 풍경을 보아도, 같은 일을 겪어도 우리는 서로 다르게 기억하고 다르게 느낀다. 이 다름은 때로 오해를 낳지만, 바로 그 덕분에 우리의 삶은 단조롭지 않고 다채로워진다.

한 사람의 성격과 신념은 교육, 환경, 관계 속에서 형성되지만, 그 바탕에는 스스로 선택할 수 없는 뇌의 고유한 리듬이 깔려 있다. 이미지형의 뇌는 '보이거나 그려지는 장면'을 중심으로 사고하고, 선형형의 뇌는 '시간의 흐름'을 따라가며, 패턴형의 뇌는 '의미의 연결과 구조'를 중심에 둔다. 그래서 이미지형에게는 "그 장면이 어땠어?"가 의미 있는 질문이지만, 선형형에게는 "언제, 무슨 일이 있었어?"가 더 자연스럽다. 반면 패턴형에게는 "그 일이 왜 그렇게 된 것 같아?" 혹은 "서로 어떤 관련이 있어 보여?" 같은 질문이 더 효과적이다. 그러니 어떤 사람에게 단순해 보이는 일이 다른 사람에게는 결코 단순하지 않을 수 있다. 우리는 모두 같은 세상에 존재하지만 각자는 서로 다른 세계를 살아간다.

지하철역 플랫폼에 도착하면, 나는 빈자리가 눈에 들어오면 자연스럽게 앉는다. 하지만 스누피는 절대 앉지 않는다. 그는 플랫폼의 한쪽 끝에서 다른 쪽 끝까지 천천히 걷는다. 그게 그에게는 더 안정감을 준다.

호텔에 도착하면, 나는 가방을 내려두고 창문을 열어보거나 침대에 몸을 던진다. 하지만 스누피는 먼저 가방을 열고, 안의 물건들을 자신이 기억할 수 있는 자리에 차례로 배치한다. 그가 세상을 만나는 방식에는 언제나 질서와 예측 가능성이 먼저다.

가게에 가면, 나는 필요한 물건뿐 아니라 다음 달에 쓸 것까지 한 번에 사려 한다. 반면 스누피는 세 가지를 사러 갔다가 단 하나만 사서 나온다. 그 하나라도 종류가 너무 많으면 잠시 패닉 상태를 경험하고, 아무것도 사지 못한 채 나올 때도 있다.

이건 옳고 그름의 문제가 아니다. 단지 세상을 받아들이는 감각과 리듬이 다른 뇌의 다양성이다. 뇌의 결이 다르다는 것은 세상을 다르게 번역한다는 뜻이다. 이 차이를 이해하지 못하면 우리는 너무 쉽게 상대의 느림을 '비효율'로, 상대의 집요함을 '집착'으로, 상대의 불안을 '유난스러움'으로 오해하게 된다.

난독증, 자폐스펙트럼, ADHD, 강박, 운동협응의 어려움은 각각 다른 이름을 가지고 있지만 생각보다 많은 특징을 공유한다. 하지만 사람들은 이들을 나누고, 각각 다른 문제로 정의하며, '있음'과 '없음'으로 구분하려 한다. 그러나 경계란 결국 인간이 그어놓은 선일 뿐이다. 산의 초입이 평지인지 산인지 구분할 수 없는데, 우리는 끊임없이 선을 긋고, 담을 쌓고, 철조망을 세워 나누고 또 나눈다. 정교한 언어를 구사하고 도구를 사용할 수 있는 것이 인간이 동물과 다른 특징이라고 배웠지만, 사실은 '정상'과 '비정상', '우열'과 '열등'으로 끊임없이 나누려는 경향이 그 특징인 것 같다.

나도 예전에는 '정상'과 '비정상'이라는 말이 당연한 줄 알았다. 하지만 이제는 다르게 생각한다. 그저 '주된 시스템'이 있고, 거기에 적응하기 어려운 특징이 있을 뿐이다. 그것은 열등이나 결함이 아니라 '다양성'이다. 시스템을 바꾸지 못한다면, 최소한 그 안에서 두뇌가 다르게 작동하는 이들을 도와야 한다. 어떠한 낙인도 없이.

어릴 때부터 감각이 유난히 예민했던 사람들, 질문의 의도를 파악하기 어려웠던 사람들, 머릿속 이미지를 말로 옮기기 힘들었던 사람들, 두 명 이상과 함께 있으면 에너지가 빠르게 소진되는 사람들, 지시를 기억해 처리하는 과정이 늘 버거웠던 사람들…. 이들 중 일부는 '자폐스펙트럼' 'ADHD' 'AuDHD' 'HSP'(선천적 민감성 기질) 같은 이름을 갖기도 한다. 그러나 이런 이름이 반드시 약 처방을 위한 기준이 되어야 하는 것은 아니다. 중요한 것은, 그들이 '자기 자신을 이해할 수 있는 길'이 언제든 열려 있는 것이다. 어떤 특징에 이름을 붙이는 과정은 증상을 고치는 치료가 아니라, 어려움의 본질을 정확히 아는 데 목적이 있다. 자신의 태생적 특징을 이해하고 나면 비로소 각자는 자신에게 맞는 대응법을 찾을 수 있기 때문이다.

예전의 나는 스누피를 이해할 방법을 몰랐다. 그래서 그의 세계를 읽을 수 있는 언어를 찾으려 했고, 가장 손쉬운 해답은 '공인된 이름'이라고 믿었다. 돌이켜보면 나는 스누피를 '자폐'라는 틀 안에 넣음으로써 '문제가 있는 그'를 돌보는 '괜찮은 나'로 스스로를 안심시키고 싶었던 건지도 모르겠다. 오래도록 힘들고 외로웠던 내가 사실은 이해받고 싶었던 것은 아니었을까.

사람의 뇌와 마음은 몇 개의 단어로 잘라 담을 수 없다. 이름은 다름을 설명하고 이해하기 위한 도구일 뿐, 그 사람을 규정하거나 제한하기 위한 라벨이 아니다. 그런데도 나는 이름이 붙으면 모든 게 나아질 거라 믿었고, 그래서 그의 진단명에 매달렸다. 하지만 ADHD 진단을 받고, 자폐적 특성과 높은 불안, 낮은 작업기억을 확인하고 나서야 깨달았다. 우리가 원했던 것은 진단명이 아니라, 그 이름을 넘어 비로소 선명하게 드러나는 '스누피 그 자체'였다는 것을. 아마 그 과정이 없었다면 지금도 나는 그를 어떤 틀 안에 가두어 이해하려 애쓰고 있었을지도 모르겠다.

'초록 알약' 이후 나는 그동안 가려져 있던 스누피의 또 다른 면을 보게 되었다.

진단명과 약이 필요한 이유가 있다면 그것은 사람을 구분하거나 차별하기 위해서가 아니라 잠들어 있던 가능성을 드러내기 위해서다. 상대가 스펙트럼 안에서 어느 좌표쯤에 있는지를 알게 되면 우리는 서로를 더 쉽게 찾고, 더 정확히 다가갈 수 있다.

예전의 나는 스누피가 서 있는 좌표조차 알지 못해 그가 바라보는 세상을 이해하지도 상상하지도 못했다. 하지만 이제 그는 내가 보지 못하던 각도의 세계를 보여주고 나는 내 자리에서 바라본 풍경을 그와 나눈다. 그렇게 서로 다른 풍경을 함께 바라보며 다름을 품은 채 서로를 보듬는다.

우리는 모두 서로 다른 '밀도'를 가진 존재들이다. 생각의 밀도, 감각의 밀도, 감정의 밀도. 이 밀도들의 조합은 사람마다 다 다르고, 그 차이가 곧 인간 스펙트럼을 만든다. 인간의 감각, 인지, 정서, 사고는 단일한 축으로 설명될 수 있는 것이 아니라, 여러 방향의 결이 겹겹이 포개져 만들어내는 다차원적 구조다. 어쩌면 이 스펙트럼은 서로 다른 빛이 투사되어 형성되는 입체 홀로그램에 더 가까울지 모른다. 겉으로는 비슷한 인간의 모습을 하고 있을지라도, 그 안을 구성하는 수많은 빛의 조합은 각자 완전히 다르다. 한 사람을 그 어느 한 면만으로 평가하거나 이해해서는 결코 안 되는 이유다.

그렇기에 우리는 어느 한 기준으로 '정상'과 '비정상'을 나눌 수 없다. 우리는 그저 서로 다른 밀도와 결을 가진, 저마다의 입체 홀로그램 같은 존재일 뿐이다. 그리고 그 홀로그램 속에서 각자 서 있는 좌표에는 우열이 있을 리도 없다.

II. 내 안의 스누피

스누피와 오래 살아오면서, 도무지 이해할 수 없는 순간들이 나를 종종 옥죄었다. '왜 내가 하는 말을 듣지 않는 것처럼 보일까?' '왜 문제가 생기면 말로 설명하면 안 될까?' '왜 모든 말을 액면 그대로 받아들일까?' '농담은 분석하지 않고 그냥 웃어주면 안 되는 걸까?' 그를 이해할 수 없는 이유를 늘어놓자면 하루 종일 이야기해도 모자랄 것이다. 하지만, 초등학생이 들어도 말이 안 된다고 할, 바로 그 사건(초입부에 언급했던 타일러 관련 얘기) 하나를 계기로 나는 그를 꼭 이해하고 싶다고 결심했다. 그리고 결국 지금 여기에 다다랐다.

그를 이해하는 여정에서 나는 수많은 공식·비공식적 진단명과 견해들을 만났다. 공식적으로는 자폐스펙트럼, ADHD, 난독증이 있었고, 비공식적으로는 아스퍼거, ADHD스펙트럼, 난독증스펙트럼, AuDHD, 그리고 '사냥꾼과 농부 Hunters and Farmers' 같은 비유적 개념들도 있었다. ADHD를 '결함'이 아니라 '농경사회라는 환경에 적응하기 어려운 사냥꾼'으로 설명한 톰 하트만의 비유는 환경이 인간의 특성을 어떻게 규정짓는지를 보여준다. 또한 HSP Highly Sensitive Person(매우 민감한 사람)라는 개념도 접했다. 심리학자 엘레인 아론 Elaine N. Aron이 제안한 이 용어는, 뇌가 감각과 정서를 더 깊고 강하게 처리하는 사람들을 뜻한다. 이는 질병이 아니라 하나의 기질에 가깝다.

이렇게 다양한 명칭과 관점을 배우면서도 나는 그것이 오직 스누피를 이해하기 위한 탐구라고만 생각했다. 그 여정이 어느 순간 내 아버지에게로 이어지고, 마침내 나 자신에게 닿기 전까지는 말이다.

과연 나는 정말 아무런 '문제'가 없고, 스누피만 '어려움'을 안고 있을까?

예전에는 그렇게 믿었다. 나는 멀쩡하고, 스누피가 문제투성이라 그를 이해해야 한다고 여겼다. 그에게 붙는 꼬리표는 점점 늘어났다. '자폐스펙트럼' 'AuDHD' '불안' '운동협응의 어려움'…. 그럴수록 나는 그를 조금 더 이해하게 되었다고 착각했다.

하지만, 스누피에게만 '문제가 있다'는 관점을 내려놓자 비로소 나의 모습이 보이기 시작했다.

나는 자유로운 영혼으로 살았다. 성적이나 직업과 상관없이 배우고 싶은 것에는 깊이 몰두했고, 하기 싫은 일은 아무리 강요받아도 하지 않았다. 종이학 접기에 한동안 푹 빠져 수천 마리를 접었고, 즉흥적으로 여행을 떠났으며, 원색의 옷을 머리끝부터 발끝까지 입고 다닌 적도 있다.

나는 불법주차, 폭식, 약속 어기기, 꾀병, 음식 남기기 같은 '내가 정해둔 규칙'을 어기는 사람을 참을 수 없었다. 그만큼 융통성이 없고, 스스로 만든 기준에 갇혀있었다.

스누피와 달리 나는 머릿속에 이미지를 떠올리는 게 어려워 소설을 읽는 일이 힘들었고, 감각적으로 특별히 예민한 부분도 없었다. 어쩌면 그래서 오히려 원색의 옷을 입으며 감각 자극을 스스로 추구했는지도 모르겠다. 남의 시선을 신경 쓰지 않고 삭발을 했고, 모두가 선생님께 혼날 때 나만 고개를 뻣뻣이 들고 있었으며, 시월의 마지막 날에는 방송실 문을 잠그고 '시월의 마지막 밤'을 틀어버렸다. 조지 윈스턴의 '캐논'을 테이프에 반복 녹음해 수십 년 동안 그 한 곡을 들어온 것도 나다. 미용실에서는 "예쁜 건 필요 없어요. 무조건 특이하게 해주세요."라며 머리에 은실을 섞어 땋기도 했다. 중학교 시절, 수학 연습장 10장 숙제를 매일 해온 거의 유일한 학생이었다. 그러나 여전히 나는 글을 빨리 읽지 못하고 노래 가사를 외우지 못한다.

이렇게 되짚어보니, 내 안에는 오랫동안 억눌려 있던 또 다른 내가 있었다는 걸 알게 되었다. 나는 왜 이런 모습들을 숨긴 채 살아왔을까? 형광색 옷을 입은 교사는 신뢰할 수 없고, 삭발한 엄마는 학부모회에 참석할 수 없으며, 책을 많이 읽는 사람은 글도 빨리 읽어야 한다는 식의 우리 사회에는 보이지 않는 틀이 있었다. 나는 그 틀에 맞춰 '이상적인 나'를 만들어 왔다. 어느 순간 그것은 내 안의 기준이자 모범이 되었고, 여태 나는 그런 삶을 살아왔던 것이다.

스누피를 이해하려는 여정은 결국 나 자신을 이해하는 여정이 되었다. 스누피를 통해 나는 인간이 얼마나 다층적이고 복합적인 존재인지를 깨달았다. 그의 감각과 질서, 관계의 방식이 '비정상'이라 생각했지만 힘을 빼고 바라보니, 사실 그는 나와 크게 다르지 않았다. 그 안에는 내가 미처 보지 못했던 내 모습이 있었다.

다름은 생각보다 멀리 있지 않았다. 내 안에도 스누피가, 그의 안에도 내가 있었다.

스누피에게 결함은 없었다.

그는 단지 세상을 이해하는 또 다른 방식을 가지고 있었을 뿐이다. 알게 되면 이해할 수 있고, 이해하면 함께 살아가는 일이 훨씬 수월해진다. 이제 나는 스누피와, 그리고 내 안의 또 다른 나와 조금 더 조화로운 삶을 살아갈 수 있을 것이다.

III. 물결에 파동을

"스누피처럼 자폐적 특징이 있는 성인들이 많을 텐데요. 이들이 한국에서 진단받기 어렵다는 말씀이신가요?" 내가 의사에게 물었다.

"네, 맞습니다. 사실 자폐적 특징은 누구에게나 어느 정도 있습니다. 다만 그 정도와 기준에 따라 진단이 달라질 수 있는데, 한국에는 성인 자폐를 전문적으로 진단할 수 있는 전문가가 거의 없습니다. 성인이 자폐 진단을 받았다면 대부분은 어릴 때 이미 진단받은 경우지요. 또 스누피처럼 사회생활을 잘 해내는 사람들이 많습니다. 그중에는 진단받기를 원하는 사람도 있고, 반대로 원치 않는 사람도 있습니다."

"한국 사회가 자폐스펙트럼에 낙인을 너무 강하게 찍기 때문인
가요?"

"그보다는 자폐스펙트럼이 너무 넓고 다양한 특성을 포괄하기
때문이에요. 자폐 자체를 '고친다'는 개념은 없습니다. 누구에게나
조금씩 존재하는 특성이니까요. 다만 그로 인해 일상생활이 어려운
수준이라면 그 부분을 돕는 게 필요하겠죠. 예를 들어 자해나 타해
처럼 위험한 행동은 치료가 필요하지만, 스트레스를 받을 때 자기
뺨을 때리는 정도는 반드시 고쳐야 할 문제로 보긴 어렵습니다."

의사의 말을 들으며 나는 한국 의료의 방향이 '치료'에 지나치게
초점을 맞추고 있다고 느꼈다. ADHD는 '치료할 수 있는 약물'이 있
으니 진단을 내리지만, 자폐스펙트럼은 '치료제'가 없으니 진단 자체
가 의미 없다고 여기는 것처럼 보이기도 한다. 하지만 '치료할 수 있
어야만' 어려움의 본질을 이해할 의미가 있는 걸까?

입양된 아이의 예를 들어보자. 부모와 생김새도, 행동과 관심사
도, 재능도 달라 가족의 일원이라는 느낌을 충분히 받지 못한 채 자
란 아이가 있다고 하자. 이제 그는 성인이 되었고, 가족은 그를 진심
으로 사랑한다. 그렇다면 그에게 진실을 알려주는 게 맞을까? 아니
면 입양 사실을 알려주지 않는 게 옳을까. 나는 당연히 전자라고 생
각한다. 그가 자신의 뿌리를 알고 싶다면 함께 찾아보고, 자신을 이
해할 수 있도록 도와야 한다. 그러면서도 여전히, 그가 나와 다르더

라도 변함없이 사랑하면 된다.

마찬가지로 신경다양인도 자신의 어려움의 뿌리를 알게 되면 해방감을 느낄 것이다. 지금껏 아무리 노력해도 무언가가 계속 발목을 잡아당기는 것 같았던 이유를 알게 된다면, 그다음은 전문가의 도움을 받든, 생활의 방식을 바꾸든 스스로 결정할 수 있다. 성인 신경다양성을 공식적으로 평가받는 일은 그런 점에서 자신을 이해하고 수용하기 위한 의미 있는 출발점이 될 수 있다.

한국에는 '신경다양성'을 다루는 학술서들이 이미 많다. 그러나 여전히 자폐, ADHD, 난독증 등을 '정상'의 반대편, 혹은 '결함'의 친절한 표현으로 포장하는 경우가 많다. '환자' '학습장애' '문제아' '병' '치료' '고치다' 같은 단어가 아직도 설명의 중심에 있기 때문이다. 하지만 인간의 뇌 다양성을 '정상'과 '비정상'의 대립으로만 이해하는 한 우리는 서로를 영원히 오해하게 될 것이다.

707명의 아이들을 오랜 세월 자식처럼 가르친 《선생 박주정과 707명의 아이들》의 저자 박주정 선생님은 한 강연에서 아이들에게 했던 말을 인용하셨다. "아, 이 ADHD 선생 때문에 너희가 고생이 많다…." 그 말을 들으며 나는 그분의 단단한 내면을 느꼈다. 머지않은 미래에는 ADHD뿐만 아니라 자폐 특성에 관한 말들도 자연스럽게 오갈 수 있었으면 좋겠다.

그런 미래가 오려면 더 많은 사람들이 스누피처럼 자신의 이야기를 들려주어야 한다. 스누피의 세계는 분명 나와 다르지만, 그 다름은 결코 나와 완벽히 분리되어 있지 않다. 우리는 높이 쌓아 올린 마음의 담을 넘어 서로의 세상을 완전히 볼 수는 없을지도 모른다. 하지만 누군가 먼저 창문을 열고 자신의 세계를 보여준다면, 그 용기가 또 다른 누군가의 창문을 열게 할 것이다. 나는 이 스누피 이야기가 그 물결의 시작이었으면 좋겠다. 그리고 언젠가, 우리 모두가 자신의 빛깔로 세상을 비추는 다채로운 '인간스펙트럼'의 이야기를 함께 나눌 수 있기를 바란다.

스누피의 세계로 통하는 문은 여기서 닫히지만 그가 펼쳐보인 세계는 또 다른 수많은 세계로 이어지는 길을 열어줄 것이다. 그리고 그 길 위에서는 이런 말들이 자연스레 오갈 수 있기를 바란다.

"제가 자폐적 특징이 좀 많아서요. 이 사무실의 불빛이 너무 힘듭니다. 이 소리가 저를 불안하게 합니다. 제 생각을 말로 빨리 표현하지 못합니다. 순서를 어기면 견디기가 힘듭니다…."

맞닿은 두 개의 조각

20년 전의 스누피는 지금과 크게 다르지 않았지만, 그 시절의 나는 그를 참 많이도 미워했다. 이기적이고, 배려심 없고, 눈치도 소금 알갱이만큼도 없다고 생각했다. 그는 내게 시지프스의 바위 같았다. 끝없이 밀어 올려야만 하지만 결국엔 다시 굴러내려 오는 존재.

그런데 사실 그 바위는 한 번도 내 머리 위에서 나를 짓누르려 한 적이 없었다. 그저 그렇게 그 자리에, 그런 모습으로 있었을 뿐이었다. 그걸 깨닫고 나니 그토록 가파르게 보였던 언덕이 조금은 완만하게 느껴졌다. 내가 에너지가 충만한 날에는 바위가 더 이상 굴러내리지 않는 것처럼 느껴지기도 했다. 내가 바위의 존재를 있는 그대로 이해했을 때 나는 헤어날 수 없는 형벌 속에 있는 게 아니란 걸 깨달았다. '왜 내가 이 바위를 밀어야만 하는가' 하는 부조리한 질문도 더 이상 하지 않게 되었다. 그건 그저 내게 주어진 삶이었고, 동시에 내가 선택한 바위였다. 언덕의 기울기는 결국 내 마음과 체력의 상태에 달려 있었다.

시간이 조금 더 흐르자, 바위를 끊임없이 굴러 내리게 했던 '언덕'은 애초에 존재하지 않았음을 알게 되었다. 내 삶에는 바위가 비단 하나뿐 아니라 여러 개가 있었는데, 그들은 그저 제자리에서 자신의 무게를 감당하고 있었다. 문제는 그 바위들이 굴러가지 못하는 것을 본 내가 그 모든 바위를 한 번에 하나, 혹은 두 개씩 밀어 올리고 있었다는 사실이었다. 언덕이 그토록 가파르게 느껴졌던 건 그 바위들이 거대하고 무겁다고 '지각'했던 나의 인식 때문이었다. 그걸 깨닫기까지 20년이 걸렸다.

스누피는 가끔 눈가를 적시며 말했다.

"내가 나를 잘 몰라서 당신과 아이들을 너무 힘들게 했어. 아이들이 태어나기 전에 나 자신에 대해 알았다면 훨씬 더 좋은 아빠가 될 수 있었을 텐데…"

세상에는 수십만 종의 꽃과 수백만 종의 동물이 있다. 그중 흔한 것이 있고 그렇지 않은 것이 있을 뿐, 불필요한 것은 하나도 없다. 사람도 마찬가지다. 모두 제각각의 쓰임과 모양이 있을 뿐, '완벽한 존재'란 없다. 그저 '완벽하다고 여겨지는 기준'이 있을 뿐이다.

채소의 모양이 반듯하지 않으면 '못생긴' '못난이' '어글리어스' 혹은 완벽하지 않다는 뜻의 '임퍼펙트'Imperfect(불완전한)를 변형한 'I'mperfect'I'm perfect(나는 완벽해) 같은 이름으로 불리곤 한다. 하지만 그 말들 속에는 여전히 '결핍'의 뉘앙스가 남아 있다.

그런데 얼마 전 '제각각'이라는 이름으로 '획일적으로 이상적이지 않은' 야채들을 판매하는 브랜드를 보았다. 꽤 인상 깊었다. 대형 마트는 일정한 기준에 맞지 않으면 하품下品 취급하며 내치지만, 사실 '제각각'의 모양이야말로 더 자연스럽고, 더 건강한 것이다.

우리도 그렇다. 모두 제각각의 모양으로 태어나, 각자의 쓰임을 찾아가는 존재들이다. 우리 사회가 '제각각'이 하찮은 것이 아니라 '당연한 것'임을 받아들일 때 세상은 비로소 조금 더 유연해질 것이다.

이 세상 모든 '제각각'이 서로 어울려 살아가는 세상이 머지않았기를 바란다.

감사의 글

이 책은 스누피의 용기와 허락이 없었다면

결코 세상에 나오지 못했을 것이다.

이 책의 모든 공로는 그에게 있다.

그리고 이 글을 통해,

그와 같은 마음으로 살아가는 누군가가

'나는 혼자가 아니었다'라고 느낀다면

그것만으로도 이 이야기의 여정은 충분히 의미를 가질 것이다.

나를 더 나은 인간으로 이끌어 준

내 평생의 반쪽 조각 스누피에게 사랑과 깊은 감사를 전한다.

2025년 겨울에 새로 올 봄을 기다리며
지은정

- 고윤주, 《루돌프 코는 정말 놀라운 코: 자폐스펙트럼, 소통 못하는 특별함에 대하여》, (궁리, 2020)
- 김모니카, 《아스퍼거 남편과 살고 있습니다: 조금 다른 사람을 사랑하는 방식에 대하여》, (다온북스, 2023)
- 김중술·이한주·한수정, 《사례로 읽는 임상심리학》, (서울대학교출판부, 2012)
- 김지혜, 《선량한 차별주의자》, (창비, 2019)
- 나종호, 《뉴욕 정신과 의사의 사람 도서관》, (아몬드, 2022)
- 노나미 츠나, 《내 남편은 아스퍼거 1: 결혼 전에는 특이한 사람, 결혼 후에는 이해되지 않는 사람》, 김우주 옮김(알에이치코리아(RHK), 2018)
- 노나미 츠나, 《내 남편은 아스퍼거 2 - 평소에는 상냥한 아빠, 하지만 무슨 생각을 하는지 알 수 없는 아빠》, 김우주 옮김(알에이치코리아(RHK), 2018)
- 노나미 츠나, 《내 남편은 아스퍼거 3 - 새롭게 찾아가는 행복의 길》, 지소연 옮김(알에이치코리아(RHK), 2018)
- 라우라 비스뵈크, 《내 안의 차별주의자: 보통 사람들의 욕망에 숨어든 차별적 시선》, 장혜경 옮김(심플라이프, 2020)
- 로버트 멜릴로, 《좌우뇌 불균형 아이들》, 우영민 옮김(범문에듀케이션, 2012)
- 루아나, 《나는 멜버른의 케어러: 이민, 장애, 나이듦, 그리고 돌봄의 세계에서 내가 배운 것》, (메멘토, 2025)
- 루크 잭슨, 《별종 괴짜, 그리고 아스퍼거 증후군: 아스퍼거 증후군 청소년을 위한 생활지침서》, 이주현 옮김(학지사, 2009)
- 류승연, 《아들이 사는 세계》, (푸른숲, 2024)
- 박주정, 《선생 박주정과 707명의 아이들》, (김영사, 2023)

- 브래디 미카코, 《타인의 신발을 신어보다: 공감을 넘어선 상상력 '엠퍼시'의 발견》, 정수윤 옮김(은행나무, 2022)
- 사이먼 배런코언, 《패턴 시커: 자폐는 어떻게 인류의 진보를 이끌었나》, 강병철 옮김(디플롯, 2024)
- 신석호, 《비언어성 학습장애, 아스퍼거증후군》, (시그마프레스, 2016)
- 수잰 오설리번, 《진단의 시대: 진단은 어떻게 우리를 병들게 하는가》, 이한음 옮김(까치, 2025)
- 스티브 실버만, 《뉴로트라이브: 자폐증의 잃어버린 역사와 신경다양성의 미래》, 강병철 옮김(알마, 2018)
- 안희경, 《인간 차별: 그러나 고유한 삶들의 행성》, (김영사, 2025)
- 애비게일 마시, 《착한 사람들: 사이코패스 전문가가 밝히는 인간 본성의 비밀》, 박선령 옮김(와이즈베리, 2017)
- 올리버 색스, 《아내를 모자로 착각한 남자》, 조석현 옮김(이마고, 2008)
- 이수인, 《우리는 모두 다르게 배운다: 누구나, 언제나, 저마다의 속도로》, (어크로스, 2024)
- 이수현, 《누가 뭐라든 너는 소중한 존재: 발달이 느린 자녀를 키우는 엄마의 가슴 따뜻한 희망 메시지》, (스타라잇, 2022)
- 이와세 도시오, 《ADHD·자폐인이 보는 세계》, 왕언경 옮김(이아소, 2024)
- 이케가미 에이코, 《자폐 스펙트럼과 하이퍼월드: 가상 공간에서 날개를 펴는 신경다양성의 세계》, 김경화 옮김(눌민, 2023)
- 이현정, 《독특한 아이의 세계: 평범한 일상이 흥미진진한 신경다양성 자폐 아이의 좌충우돌 성장기》, 전선진 그림(마음책방, 2025)
- 일레인 아론, 《타인보다 더 민감한 사람》, 노혜숙 옮김(웅진지식하우스, 2017)
- 제임스 데이비스, 《정신병을 팝니다: 신자유주의는 어떻게 우리 마음을 병들게 하는가》, 이승연 옮김(사월의책, 2024)
- 조제프 쇼바네크, 《우리는 모두 다른 세계에 산다: 자폐인이 보는 세상은 어떻게 다른가?》, 이정은 옮김(현대지성, 2022)
- 존 돈반·캐런 저커, 《자폐의 거의 모든 역사: 자폐는 어떻게 질병에서 축복이 되었

나》, 강병철 옮김(꿈꿀자유, 2021)

- 크리스 메르코글리아노, 《두려움과 배움은 함께 춤출 수 없다》, 공양희 옮김(민들레, 2005)
- 크리스 메르코글리아노, 《가만히 있지 못하는 아이들: ADHD 꼬리표 붙이기의 함정에 빠지지 않기》, 조응주 옮김(민들레, 2009)
- 크리스 메르코글리아노, 《길들여지는 아이들: 내면의 야성을 살리는 길》, 오필선 옮김(민들레, 2014)
- 크리스티 사카이, 《아스퍼거 패밀리가 사는 법》, 박현옥·이효정 옮김(한울림스페셜, 2013)
- 템플 그랜딘, 《어느 자폐인 이야기》, 박경희 옮김(김영사, 2011)
- 토니 애트우드, 《아스퍼거 증후군 아이들》, 이상연·조장래 옮김(궁리, 2023)
- 토드 로즈, 《평균의 종말: 평균이라는 허상은 어떻게 교육을 속여왔나》, 정미나 옮김(21세기북스, 2021)
- 토머스 암스트롱, 《증상이 아니라 독특함입니다: 부모와 교사를 위한 신경다양성 안내서》, 강순이 옮김(새로온봄, 2019)
- 토머스 웨스트, 《글자로만 생각하는 사람 이미지로 창조하는 사람》, 김성훈 옮김(지식갤러리, 2011)
- 파울라 틸리, 《달라도 너무 다른 나의 아스퍼거 인생》, 정보람 옮김(피치마켓, 2018)
- 피터 우드, 《다양성: 오해와 편견의 역사》, 김진석 옮김(해바라기, 2005)
- 혼다 히데오, 《자폐 스펙트럼: 장애와 비장애 사이, 어떻게 인식하고 어떻게 지원할까》, 이윤정 옮김(마고북스, 2022)
- 호시노 요시히코, 《발달장애를 깨닫지 못하는 어른들》, 임정희 옮김(이아소, 2010)
- Camilla Pang, 《Explaining Humans: Winner of the Royal Society Science Book Prize 2020》, (Penguine Books Ltd., 2021). 카밀라 팡, 《자신의 존재에 대해 사과하지 말 것》, 김보은 옮김(푸른숲, 2023)
- Camilla Pang, 《Perfectly Weird, Perfectly You: A Scientific Guide to Growing Up》, (Hachette Children's Group, 2022). 카밀라 팡, 《남달라도 괜찮

아》, 장한라 옮김(동녘, 2023)

- Clara Tönvall, 《The Autists: Women on the Spectrum》, Alice E. Olsson (영문으로)옮김(Scribe Publications, 2023).

- Daniel Tammet, 《Born on a Blue Day: Inside the Extraordinary Mind of an Autistic Savant》, (Free Press, 2007). 다니엘 타멧, 《브레인맨, 천국을 만나다》, 배도희 옮김(북하우스, 2007)

- David B. Stein, 《Ritalin Is Not the Answer - Action Guide》, (Jossey-Bass, 2002). 데이비드 B. 스타인, 《ADHD는 병이 아니다》, 윤나연 옮김(전나무숲, 2024)

- David D. Burns, 《Feeling Good: The New Mood Therapy》, (William Morrow and Company, 1980). 데이비드 D. 번즈, 《필링 굿》, 차익종·이미옥 옮김, (아름드리미디어, 2023)

- Devon Price, 《Unmasking Autism: Discovering the New Faces of Neurodiversity》, (Harmony, 2022). 데번 프라이스, 《모두가 가면을 벗는다면 - 자폐인 심리학자가 탐구한, 자신의 모습으로 살아가는 법》, 신소희 옮김(디플롯, 2024)

- Donna Henderson, PsyD·Sarah Wayland, PhD·Jamell White, PhD, LCSW-C, 《Is This Autism? - A Companion Guide for Diagnosing》, (Routledge, 2024). 도나 헨더슨·사라 웨일런드·제멜 화이트, 《자폐증인가요 1-임상가와 모두를 위한 지침서》, 신민섭·이가영·신다예 옮김(학지사, 2025)

- Donna Williams, 《Nobody Nowhere: The Extraordinary Autobiography of an Autistic》, (Avon Books, 1994). 도나 윌리엄스, 《도나, 세상을 향해 뛰어》, 차영아 옮김 (평단문화사, 2005)

- Elaine Halligan, 《My Child's Different: How Positive Parenting Can Unlock Potential in Children with ADHD and Dyslexia》, (Crown House Publishing, 2018)

- Francesca Baird, 《Label Me: My Journey Towards an Autism Diagnosis》, (Indigo State Publishing, 2021)

- Gabor Maté·Daniel Maté, 《The Myth of Normal: Trauma, Illness, and

Healing in a Toxic Culture》, (Avery Publishing Group, 2022). 가보 마테·대니얼 마테, 《정상이라는 환상- 인간성을 외면한 물질주의 사회의 모순과 치유》, 조용빈 옮김(한빛비즈, 2024)

- Jenara Nerenberg, 《Divergent Mind: Thriving in a World That Wasn't Designed for You》, (HarperOne, 2021). 제나라 네렌버그, 《유별난 게 아니라 예민하고 섬세한 겁니다 - 세상과 불화하지 않고 나답게 살아가는 법》, 김진주 옮김(티라미수 더북, 2021).

- Jesse J. Anderson, 《Extra Focus: The Quick Start Guide to Adult ADHD》, (Vada Press, 2023). 제시 J. 앤더슨, 《왜 나는 쓸데없는 일에만 집중할까 - 산만함과 과집중을 오가는 성인 ADHD를 위한 1분 전략》, 최지숙 옮김(한문화, 2025)

- Jodi Rogers, 《How To Find A Four-Leaf Clover: What Autism Can Teach Us About Difference, Connection and Belonging》(호주/뉴질랜드판 제목: Unique), (Profile Books, 2024).

- John Elder Robison, 《Switched On: My Journey from Asperger's to Emotional Awareness》, (One World, 2017). 존 엘더 로비슨, 《나는 감정이 없다고 생각했습니다 - 뇌과학이 뒤바꾼 자폐의 삶》, 이현정 옮김(동아엠엔비, 2019)

- John Elder Robison, 《Look Me in the Eye: My Life with Asperger's》, (Broadway Books, 2008)

- Julie Dachez·Mademoiselle Caroline, 《Invisible Differences: A Story of Autism, Adulting, and Living Life in Full Color》, (Oni Press, 2025). 쥘리 다셰·마드무아젤 카롤린, 《제가 좀 별나긴 합니다만⋯: 아스퍼거 증후군 이야기》, 양혜진 옮김(이숲, 2017)

- Kim Holderness·Penn Holderness, 《ADHD Is Awesome》, (Harper Horizon, 2024)

- Liane Holliday Willey, 《Pretending to Be Normal: Living with Asperger's Syndrome》, (Jessica Kingsley Publishers, 1999). 리안 할러데이 윌리, 《아스퍼거증후군이 아닌 척하다》, 김세주·김민석·김유리 옮김(시그마프레스, 2014)

- Lori Gottlieb, 《Maybe You Should Talk to Someone》, (Houghton Mifflin

Harcourt, 2019). 로리 고틀립, 《마음을 치료하는 법》, 강수정 옮김(코쿤북스, 2020)

- Mel Robbins, 《The Let Them Theory: A Life-Changing Tool That Millions of People Can't Stop Talking About》, (Hay House UK Ltd, 2024). 멜 로빈스, 《렛뎀 이론 - 인생이 '나'로 충만해지는 내버려두기의 기술》, 윤효원 옮김(비즈니스북스, 2025)

- Melvin D. Levin, 《A Mind at a Time: America's Top Learning Expert Shows How Every Child Can Succeed》, (Simon & Schuster, 2003)

- Michael McCreary, 《Funny, You Don't Look Autistic: A Comedian's Guide to Life on the Spectrum》, (Annick Press, 2019). 마이클 매크리어리, 《네, 자폐 맞고요 코미디언도 맞습니다 - 자폐 코미디언 마이클 매크리어리의 유쾌한 세상 적응기》, 박신영 옮김(롤러코스터, 2025)

- Pete Wharmby, 《Untypical: How the World Isn&t Built for Autistic People and What We Should All Do About It》, (HarperCollins Publishers, 2024). 피트 웜비, 《나에겐 너무 어려운 스몰토크 - 나의 특별하고도 평범한 자폐 스펙트럼의 세계》, 임슬애 옮김(윌북, 2025)

- Rita Eichenstein, 《Not What I Expected: Help and Hope for Parents of Atypical Children》, (Perigee, 2015)

- Roy Richard Grinker, 《Unstrange Minds》, (Basic Books, 2008). 로이 리처드 그린커, 《낯설지 않은 아이들: 자폐증의 치료와 교육을 위한 어느 아버지의 보고서》, 노지양 옮김(애플트리태일즈, 2008)

- Rudy Simone, 『Aspergirls: Empowering Females with Asperger Syndrome』 (Jessica Kingsley Publishers, 2010). 루디 시몬, 《아스퍼걸 - 자폐·여자·사람을 위한 생애 안내서》, 이윤정 옮김 (마고북스, 2020)

- Temple Grandin, 《Thinking in Pictures, Expanded Edition: My Life with Autism》, (Vintage Books, 2006). 템플 그랜딘, 《나는 그림으로 생각한다 - 자폐인의 내면 세계에 관한 모든 것》, 홍한별 옮김(양철북, 2005)

- Temple Grandin, 《Visual Thinking: The Hidden Gifts of People Who

Think in Pictures, Patterns and Abstractions》, (Ebury Publishing, 2022).
템플 그랜딘, 《템플 그랜딘의 비주얼 씽킹 - 언어로 가득한 세상에서 시각적 사고
자로 살아가기》, 박미경 옮김(상상스퀘어, 2023)

- Thom Hartmann, 《ADHD: A Hunter in a Farmer's World》, (Healing Arts Press, 2019). 톰 하트만, 《ADHD 농경사회의 사냥꾼》, 백지선 옮김(또다른우주, 2024)
- Time, 《TIME Special Edition: Autism》, (New York: Time USA, LLC, 2025).
- Thom Hartmann, 《Adult ADHD: How to Succeed as a Hunter in a Farmer's World》, (Park Street Press, 2016)
- Uta Frith·Elisabeth Hill, 《Autism: Mind and Brain》, (Oxford University Press, 2004)

알아차리기 어려운 성인 신경다양성 이해를 위한 참고 영상

- **Chris Packham: Asperger's and Me**, (영국 BBC, 2017).
- Inside our minds-S1 (ep.1-2) (영국 BBC, 2023). (*시즌1은 한글로 된 영상을 찾을 수 있다)
  S1: **Inside our autistic minds** 자폐, 그 내면의 세계
  Ep.1: 자폐는 티가 난다? 우리가 몰랐던 자폐의 또 다른 얼굴
  Ep.2: 강박 행동의 진실, 정해진 시간만이 유일한 정답인 삶
- Inside our minds-S2 (ep.1-2) (영국 BBC, 2025).
  S2 ep.1: **Inside our ADHD minds**
  S2 ep.2: **Inside our dyslexic minds**
- **The Assembly** (호주 버전, 호주 ABC, 2024; 영국 버전, UK ITV, 2025).

같이 살아도 서로 다른 세계를 산다면

초판 1쇄 펴낸 날 2026년 3월 12일

지은이 지은정
펴낸이 이후언
편집 이후언
디자인 윤지은
인쇄 아람P&B
제본 강원제책사

발행처 새로온봄
주소 서울시 관악구 솔밭로7길 16, 301-107
전화 02) 6204-0405
팩스 0303) 3445-0302
이메일 hoo@onbom.kr
홈페이지 www.onbom.kr

© onbom, 2026. Printed in Seoul, Korea

ISBN 979-11-987413-7-0 (03180)